これでわかる！着地型観光
地域が主役のツーリズム

尾家建生・金井萬造 編著

学芸出版社

はじめに

　「着地型観光」という用語を、比較的早くに使い始めたのは、地方自治体であった。2003〜04年頃からであろうか、地域づくりの最前線に立つ自治体の地域振興や産業振興部門が、着地型観光を地域づくりのキーワードとして、地域政策に盛り込み始めた。またその頃、各地での観光ボランティア活動は、団体設立のピークを迎えている。

　観光業界では、㈳全国旅行業協会が、2003年に開催した「第1回国内旅行活性化フォーラム」のテーマを〈着地型旅行への取り組み〉とし、以来、毎年そのテーマでの全国フォーラムを開催している。一方、旅行会社では、「着地型」という用語自体は以前から用いられていたが、現在の着地型観光とはやや意味合いが異なっていた。国土交通省では、2005年に「着地型旅行商品」という用語を、報告書で用いたのが最初であろう。

　こうしてみると、「着地型観光」という用語は中央や大企業ではなく、地方から発信され始め、定着した言葉といえる。着地型観光には地方の行動と主張が込められている。地域の文化を、そこに住む人々が、観光を通じ、付加価値の高い体験観光商品として発信を始めたのは、ここ数年のことである。

　本書は、着地型観光の全容を概論編と事例編に分け、できるだけわかりやすく、実践向けに解説したものである。筆者らが着地型観光の研究調査を始めた3年前と比較しても、現在、着地型観光は一層、拡大し広く取り組まれている。

　地域づくりという課題に対して、着地型観光がひとつの地域再生事業モデルとなることは間違いないだろう。地域資源は、観光交流によって、現代に活かすことができる。とはいえ、着地型観光の事業としての成功例はまだ少なく、観光事業の推進に必要な着地型のビジネスモデルが確立されているわけではない。その成功と定着のためには、地域側の事業者が旅行商品づくりや販売のノウハウを身につけることが必要であり、また、それに連動した流通システムと都市住民への需要喚起が必要である。

　本書は、その考え方と実践手法を、豊富な事例に基づいて述べたものである。地域の観光の現状が伝わり、その方向を議論する場となれば、本書の意図するところである。読者諸氏の忌憚のない論評をいただければ幸いである。

執筆者を代表して　尾家建生

目次

はじめに 3

序章 地域はなぜ観光へ向かうのか 7

1 着地型観光現象 7
2 地域観光を変革する波 8
3 着地型観光のルーツはまちづくり 11
4 着地型観光は地域が主役 12

第Ⅰ部 着地型観光の手法［概論編］ 15

第1章 着地型観光と地域資源の活用 16

1 着地型で目覚め、出番を待つ地域の資源 16
2 地域資源をどう捉え、どう商品化するか 20
3 商品化につながる地域資源の磨き方 25
4 地域資源を活用する着地型観光の役割 34

第2章 着地型観光の事業主体 36

1 多様な主体による着地型観光事業の可能性 36
2 攻めの観光に転じる観光協会 44
3 地域の旅行会社による着地型観光事業 47
4 持続的事業展開に向けたヒント 49

第3章 着地型観光の商品企画 54

1 着眼点とコンセプト―北海道らしさの追求　54
2 美瑛感動の丘から網走感動の径へ　56
3 地元らしさを追求したオプショナルツアー　59
4 寄り道観光商品　62
5 地域連携ネットワークとしての着地型観光　63
6 地域販売商品としての宿泊地長期イベント　68
7 着地型観光における本当に売るべきものとは　70

第4章
着地型観光の流通・販売とマーケティング　73

1 二つの販売チャネル　73
2 旅行会社への卸売販売　75
3 買い手への直接販売　79
4 販売チャネルのマネジメント　81
5 着地型旅行商品の今後の流通形態　83

第5章
着地型観光で期待される住民の役割　86

1 着地型観光における住民の役割　87
2 着地型観光で脚光を浴びる地域案内人　89
3 地域案内人の事例　91
4 これからの地域案内人　99

第Ⅱ部　着地型観光のマネジメント［事例編］　103

第6章
体験交流開発型　106

事例1　南信州観光公社〈長野県〉　地域ぐるみの着地型旅行会社の先駆者　106
事例2　若狭三方五湖観光協会〈福井県〉　農業・漁業を組み合わせた広域観光圏づくり　112

事例3　松浦体験型旅行協議会〈長崎県〉　民間主導による地域ぐるみの体制　116

[第7章]
ニューツーリズム開発型　125

事例4　鹿角観光ふるさと館〈秋田県〉　道の駅を中心に資源と顧客・旅行会社を結ぶ　125
事例5　飯山市観光協会〈長野県〉　複数の観光地を結びグリーン＆ヘルスツーリズムを追求　131
事例6　紀南ツアーデザインセンター〈三重県〉　体験プログラムの達人を育てる　137
事例7　出石まちづくり公社〈兵庫県〉　住民主体のTMOによる観光まちづくりの推進　143
事例8　おおず街なか再生館〈愛媛県〉　えひめ町並博を契機に着地型観光を展開　150
事例9　伏見夢工房〈京都府〉　観光資源と商店街を結ぶクーポンを開発　156
事例10　天神天満町街トラスト〈大阪府〉　民間の力で文化施設をつくり文化体験コースも開発　161
事例11　堺観光コンベンション協会〈大阪府〉　地元や発地の旅行会社と連携した体験ツアーを開発　166

[第8章]
観光地再生型　171

事例12　阿寒観光協会まちづくり推進機構〈北海道〉　温泉地一体で展開する着地型観光　171
事例13　斎藤ホテル〈長野県〉　ホテルによる着地型旅行商品の開発　179
事例14　KAGA旅・まちネット〈石川県〉　周辺観光のための二次交通を運営　185
事例15　海島遊民くらぶ〈三重県〉　環境にも地元にもやさしいエコツアーを実現　192
事例16　観光販売システムズ〈三重県〉　旅行会社の強みを活かした販売ルートを確立　199
事例17　田辺市熊野ツーリズムビューロー〈和歌山県〉　合併後も存続した各観光協会の連携　207

[終章]
地域が活きる着地型観光　215

1　ニューツーリズムの台頭　216
2　子ども農山漁村交流プロジェクト　217
3　オンライン・トラベルと着地型旅行商品　218
4　ツアーオペレーターのマネジメント　220
5　外国人観光と日本文化　221

おわりに　223

地域はなぜ観光へ向かうのか

1 着地型観光現象

　今世紀に入って、地域の観光に新たな事業展開が見られる。それは地域住民が主体となって観光資源を発掘、プログラム化し、旅行商品としてマーケットへ発信・集客を行う観光事業への一連の取組みである。このような地域仕立ての観光事業の多くは現地集合・現地解散という旅行パターンをとり、「着地型観光」と呼ばれている。

　先進的な例を挙げれば、1988年に青森県五所川原市金木（当時、金木町）の地元住民からなる任意団体「津軽地吹雪会」が冬の雪原に強風で巻き上がる地吹雪を馬ぞりに乗って体験するという体験観光を仕立て、ストーブ列車の中では地元のご婦人が津軽弁でスルメと地酒の接待をするツアーを始めた。このツアーは名物の地吹雪を体験できるとあって人気を呼び、ハワイからもグループが参加するまでとなって21年間続いている。住民主体の企画と集客で実施された「地吹雪体験ツアー」は着地型観光の元祖といえる。

　90年代後半から農山村地域を中心として農業団体、観光協会、行政、商工会などで農林業体験や自然体験などのプログラムが全国的に企画され始めた。2000年に入るとプログラムの提供にとどまらず、地域で発着する着地型旅行商品として企画され、インターネットや印刷物などで募集が行われ始めた。また、一方では㈱南信州観光公社のように、200コースの体験プログラムをベースに2泊3日の修学旅行商品として学校や旅行会社に直接営業を行う地域観光事業

者も現れた。2004年頃からそのような観光現象を観光業界や自治体で「着地型観光」と呼び始めた[1]。

現在、着地型観光は全国各地に広がり、増加している。地方小都市、農山漁村、大都市、既存の温泉観光地と、地域タイプを問わず事業展開が見られる。ツアーの内容も、農林漁業体験、定住体験、各種観光体験、町並み歩き、遺産観光、ヘルスツーリズム、達人の案内するツアー、エコツーリズムなど多彩である。また、事業主体も観光協会を中心に、まちづくり団体、NPO、行政、ボランティア団体、地元旅行会社、道の駅、宿泊業者、温泉旅館組合などさまざまであるが、コース企画やプログラム運営の面での住民参加は、着地型観光の大きな特徴となっている。

2 地域観光を変革する波

これまで、旅行ビジネスは都市部に拠点を置く旅行会社が観光客を出発地（発地）から観光地（着地）へ、企画から手配、販売（集客）、実施という一連の生産・販売過程を経て実施する送客型ビジネスが主流であった。特に1960年代から80年代にかけてのマスツーリズム（大量団体旅行）の時代には、旅行会社の企画力と集客力が観光産業の発展の大きな原動力の一つであったといえる。

20世紀は観光産業が飛躍的に発展した世紀であった。船舶、鉄道から自動車、航空機へと発達する輸送技術と交通産業は、第二次世界大戦後の先進諸国に「マスツーリズム」と呼ばれる大量送客観光をもたらした。その原動力となった団体旅行とパッケージツアーの旅行商品を企画・集客・実施したのが旅行業であった。

旅行業は旅行者が居住する「発地」において、交通機関を含んだ旅行商品を企画、募集し、観光目的地である「着地」を訪れて再び「発地」へ戻る行程を管理・運営した。このような旅行業の一連の事業形態を「発地型観光」と呼ぶことができるが、実際には、そのような旅行事業形態が一般的であったため、「発地型観光」という用語をわざわざ使用する必要はなかった。宮内順は、「発地型商品の問題点は、効率化が優先されるため、ツアーの内容が画一的になり、消費者の高度なニーズになかなか対応しにくいこと、送客側が優位に立ちやす

く、受け入れ側である当着地側への配慮が十分でないことがあげられる」[2]と指摘する。

図表1は発地型観光と着地型観光を図にしたも

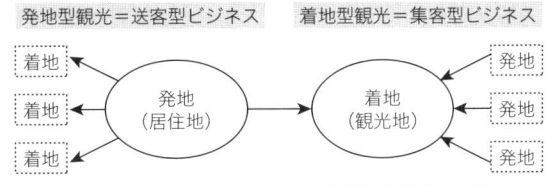

図表1　発地型観光と着地型観光

のである。発地型観光は観光地までの移動を含んだ送客型ビジネスであり、着地型観光は観光地を拠点とした集客型ビジネスであることがわかる。

この着地型観光の登場の背景には、次のようないくつかの経済社会的要因が挙げられる。

①消費者の観光ニーズが成熟して、体験・交流・本物への志向が高まるとともに、市場の多様化が顕著となった。最近の観光客は、観光名所や風光明媚な景色を見て、土産物を買うというだけの観光パターンでは満足しない。顧客ニーズに応じた体験や学習・交流のメニューを豊富に用意しなければ、観光地として成り立たなくなったのである。そのようなメニューの企画と運営には地域住民の経験と知識と協力が欠かせない。地域資源の開発と観光商品化、および地域観光の運営に住民の参加が必要となってきた。

②インターネットの進歩と普及により、観光地から消費者へのダイレクトな情報発信が容易に、かつ安価になった。インターネットの出現は旅行商品の販売に大きな影響をもたらしつつある。インターネットの文字・映像の情報量、即時性、24時間利用、通信費の経済性、簡易な操作、情報刷新の容易性は従来の新聞、雑誌、テレビなどの販売メディアや、チラシ、パンフレットなどの販売ツールと比べると格段に優位である。

③交通手段の多様化と個人化により、移動の選択肢が増えた。マイカーの普及と高速道路網の拡充、新幹線による時間短縮とその延伸、航空運賃の自由化による低廉化など、観光に欠かせない移動の便宜性が格段に向上した。団体旅行運賃のメリットが減少し、旅行者は発地からの移動を含んだ旅行商品を、必ずしも利用する必要がなくなった。また、自宅から観光地に直接移動が可能なマイカーの便宜性は高く、観光の交通手段としてのマイカー利用率は70%に達している。

④地場産業と第一次産業・第二次産業の衰退により、地域が観光産業振興策をとらざるをえなくなった。60 年代からの都市への人口流出、80 年代の全国的なバブル経済と土地価格の暴騰、90 年代に急進展した経済のグローバル化などに翻弄されながらも、この 40 年余、地方は経済活性化への試行錯誤を繰り返してきた。総人口の減少と少子高齢化という新たな状況の中で、旧来の都市農村問題が再び、大都市圏の繁栄と地方の衰退という経済格差問題へとつながっている。

⑤外国人観光客の増加に対して、地域のよりきめ細かい対応が必要とされている。外国人が日本観光にやって来る動機としては日本人のライフスタイルや生活文化への関心が最も大きい。特に欧米からの観光客にその傾向は強いが、最近は台湾人観光客にもそのような傾向が見られ、新滝祥子によれば、「日本人そのものに興味のある人が来日している」[3] という。ショッピング目的の中国人観光客においても、いずれ電化製品等の関税が撤廃されればショッピングのメリットも薄れ、旅行の関心が日本人のライフスタイルや文化へ移るであろう。個性ある日本文化が多く残る地方コミュニティでの細かい対応が必要となってくる。

　以上のように、消費者ニーズの変化、インターネットの発達、交通手段の多様化、地域の産業経済政策、外国人観光客への対応が着地型観光の背景にある。このような旅行ビジネスを取り巻く経営環境の変化と並行して、1990 年代から展開したグローバリゼーションによる産業構造の変動により、どの地域も一層、経済の自立にあえいでいるのが現状だ。その対策として交流人口の拡大による活性化が挙げられている。交流人口の柱となる観光が、選択の余地のない経済対策としてクローズアップされている。交流人口を増やすことは、それにともない観光プログラム、食事、宿泊、土産物、物産販売、交通などでの消費をもたらす。交流人口には観光訪問者や 2 地域居住者、研修者、あるいはインターネットでの特産物購入者や会員なども含まれる。交流人口の拡大が地域産業・商業に寄与することが期待されている。

　さらに、地域住民の生きがいやまちへの誇りを、観光を通じて回復しようとする行政や住民団体の意向がある。コミュニティの崩壊、地域アイデンティティの喪失、高齢化社会での生きがい、定住人口の増加対策など、地方の社会的

背景が観光に結びついているのである。住民主体の観光の時代が到来したともいえる。

3 着地型観光のルーツはまちづくり

　わが国の戦前の大都市・中都市は、第二次世界大戦時の米軍の空襲により、京都、金沢などの一部を除いて焼け野原となり壊滅状態となった。戦後の復興期と高度経済成長期とともに再生が進んだが、一方で空襲を免れた地方の小都市は重化学工業への産業政策の転換により地場産業の衰退と人口流出による過疎化が進展しつつあった。しかし一方で、江戸時代から昭和初期にかけての伝統的な建造物の町並みを残した地方小都市では、町並み景観の歴史的遺産としての価値に気づきつつあった。

　1970年前後から岐阜県飛騨高山や長野県妻籠宿、奈良県今井町など全国の地方都市で歴史的町並み景観を保存する住民運動が興った。町並み保存のまちづくりは70年代に各地に広がり、1975年には文化財保護法の見直しが行われ、建造物文化財を点から面へ拡大・保全する「重要伝統的建造物群保存地区」（以下、伝建地区）制度が発足した。歴史的景観の優れた町並みを住民が主体となって地区ごと保全しようという施策により、伝建地区が毎年選定され、2008年現在では83地区に及んでいる。保全規則の厳しい伝建地区以外でも、町並み景観の保存運動は住民活動、行政の指導と政府の助成事業により促進された。

　このような町並み保存運動により観光地へと変貌した地域は少なくない。代表的な町に妻籠宿、小樽、足助、近江八幡、内子、小布施、奈良町、長浜などがある。歴史的町並みの保存に向けた住民、行政の粘り強い運動や合意形成への努力がこれらの町の歴史的景観を残し、町並み観光へと結びつけた。このようなまちづくりは現在、観光まちづくりと呼ばれている。地域において住民の日々の生活と観光が結びついたのは、町並み保存運動の大きな成果だったといえる。猪爪範子は1980年にすでに、こう述べている。

　「観光事業はその地域の住民と広く結びつく。なぜなら、住民自らによる地域の主体性の確立や、社会的・文化的な自立性を高めてゆく動きは、その町や村を個性的に変える。それを『まちづくり』と呼んでいるので、住民の生活を

豊かにする、こうした動きによって展開する観光開発は『まちづくり観光』である。」[4]

　現在、観光まちづくりは地域の主要なテーマとなってきた。住民が観光を意識し行動することによって、地域に住む誇りや生きがいを感じ、暮らしを豊かにしようとしている。来訪者を増やすことにより、町の歴史と暮らしの伝統文化を来訪者へ紹介し、そのような観光交流がそこに住む高齢者への生きがいに通じたり、コミュニティの活性化に結びついたりする。

　着地型観光は一種のまちづくりでもあり、あるいはまちづくりの結果、着地型観光が始まるといってもよい。着地型観光のプロセス自体がまちづくりの手法でもあるのだ。まちづくりと着地型観光において、いずれも主体になるのは住民である。住民の協議と合意形成なくして着地型観光も前には進まない。地域の住民と地元の観光関係者（事業者、観光協会、商工会、行政）が一体となって、外部の都市住民に対して観光交流の働きかけを推進していく事業が必要とされる。

4　着地型観光は地域が主役

　マスツーリズムの時代に観光の主役は観光客であった。観光地という舞台で名所旧跡や自然景観を享楽し、テーマパークで遊び興じ、保養地に癒しを求め、美食を賞味し、土産物を買う観光客は団体客にせよ、個人客にせよ、観光地という劇場でまぎれもない主役であった。ところが、観光地での主役は様変わりしてきた。マイクを握って町の歴史を語るボランティアガイドや、うまいものを食わせてくれる民宿のおばさん、森林や海辺で生き物や植物の解説をする自然案内人、あるいは地場産業に長年従事した達人たちが観光地の主役になり始めたのだ。

　現在、地域を問わず着地型観光現象は全国的に展開されている。21世紀の最初の10年間は着地型観光の萌芽期となるであろう。観光産業は住民参加の着地型観光を中心として、観光協会、地元旅行会社、大手旅行会社、宿泊業者、交通機関、オンライントラベルを巻き込み、革新と変動の時代を迎えている。そしてその地域の醸しだす「住みやすさ」が交流人口、あるいは定住人口の増

加を生むのである。地方は観光へ向かうことにより、地域の価値を高め、新たな産業を興し、蘇えろうとしている。

　本書は、着地型観光現象の全貌をできる限り明らかにし、着地型観光のもたらす地域活性化の可能性を探るものである。
　第Ⅰ部では着地型観光の概論をテーマとした。第1章で着地型観光のベースとなる地域資源の発掘と活用について述べ、第2章では着地型観光事業の担い手について、多様な事業主体の出現とその課題を追求した。第3章では商品企画の視点から、地域の観光資源を地域の人たちがどう商品化するかについて述べた。第4章では着地型旅行商品を流通に乗せ、販売する方法の可能性を探った。第5章では着地型観光の重要な要素である地域案内人（観光ボランティアガイド）の役割と意義、および運営について解説した。
　第Ⅱ部では全国各地における着地型観光の実践例を取り上げ、それぞれの地域において着地型観光がどのようなマネジメントにより展開されているか、17団体の事例から探った。
　終章では着地型観光による地域づくりの今後の展望と課題を述べた。

　着地型観光はメジャーな観光地になることを目指すわけではない。観光というものが必ずしも非日常性を求めて出かける行動のみを指すのではなく、日常圏内で、もしくは日常圏に近いところでの体験や、そこに埋もれた歴史文化や未知の生活文化を求める行動にも目が向けられるようになっている。そのような観光行動は従来の観光というフレームには収まらない、ライフスタイル・ツーリズムともいえる。その地域の生活の中に輝くような暮らしの文化、すなわちそれは町並み景観、生き物の豊かな田園、伝統芸能、食文化などであったりするのだが、そのような生活文化や自然環境を求め、地域性豊かな文化を再発見することが着地型観光のもたらす効能といえる。グローバル社会では反動的にローカリティ（地方色）が求められ、そこに見出される地域の個性と交流こそが、現代人の「癒し」となるであろう。地域の醸しだす「住み心地」が交流人口を増やし、定住人口へとつながるのである。
　都市と地方という近代以来の命題の中で、今、地方が観光へ向かう背景には、

何よりも都市に住む人々が地方に向かわなければならない必然性があるのではないだろうか。産業革命後の近代人の生活が、農山村から都市化に向かうベクトルは歴史的流れであり、世界的現象でもあるが、古典派経済学の祖といわれるアダム・スミス（1723〜90年）が述べている次のような言葉もまた、現代人にとっては必然的だと思われる。「農村の美しさ、田園生活の楽しさ、それが約束する心の平穏、そして人間の諸法の不正義が妨げないかぎり田園生活が実際に提供する心の安らぎ、これらは多かれ少なかれ万人をひきつける魅力をもっている。そして土地を耕作することこそ人間の本来の運命であったから、人間の存在のあらゆる段階において、彼はこの原初の仕事への偏愛を持ちつづけているように思われる」[5]。

　また、アダム・スミスの130年後、同じ英国人のエベネザー・ハワードが『明日の田園都市』（1898年）で唱えた〈都市と農村の結婚〉は、それからさらに110年を経た現在もなお、ユートピア的な光を放っている。グローバル社会へ向かいつつある現代においても、都市住民は田園を忘れることはできないのである。

〈注〉
1) 旅行業界では、現地集合・現地解散の旅行商品を「着地型」と呼んでいた。
2) 宮内順「旅行会社の業務変革と地域ツーリズム」『東海大学福岡短期大学観光文化研究所所報』第6号、2003年。
3) 第21回日本観光研究学会全国大会「シンポジウム国際観光地の21世紀ビジョン」（2006年加賀市）での発言。
4) 猪爪範子「地域と観光」『月刊観光』1980年1月号。
5) アダム・スミス『国富論』1776年／訳書：水田洋監訳・杉山忠平訳、岩波文庫、2001年。

何よりも都市に住む人々が地方に向かわなければならない必然性があるのではないだろうか。産業革命後の近代人の生活が、農山村から都市化に向かうベクトルは歴史的流れであり、世界的現象でもあるが、古典派経済学の祖といわれるアダム・スミス（1723〜90年）が述べている次のような言葉もまた、現代人にとっては必然的だと思われる。「農村の美しさ、田園生活の楽しさ、それが約束する心の平穏、そして人間の諸法の不正義が妨げないかぎり田園生活が実際に提供する心の安らぎ、これらは多かれ少なかれ万人をひきつける魅力をもっている。そして土地を耕作することこそ人間の本来の運命であったから、人間の存在のあらゆる段階において、彼はこの原初の仕事への偏愛を持ちつづけているように思われる」[5]。

また、アダム・スミスの130年後、同じ英国人のエベネザー・ハワードが『明日の田園都市』（1898年）で唱えた〈都市と農村の結婚〉は、それからさらに110年を経た現在もなお、ユートピア的な光を放っている。グローバル社会へ向かいつつある現代においても、都市住民は田園を忘れることはできないのである。

〈注〉
1) 旅行業界では、現地集合・現地解散の旅行商品を「着地型」と呼んでいた。
2) 宮内順「旅行会社の業務変革と地域ツーリズム」『東海大学福岡短期大学観光文化研究所所報』第6号、2003年。
3) 第21回日本観光研究学会全国大会「シンポジウム国際観光地の21世紀ビジョン」（2006年加賀市）での発言。
4) 猪爪範子「地域と観光」『月刊観光』1980年1月号。
5) アダム・スミス『国富論』1776年／訳書：水田洋監訳・杉山忠平訳、岩波文庫、2001年。

加を生むのである。地方は観光へ向かうことにより、地域の価値を高め、新たな産業を興し、蘇えろうとしている。

　本書は、着地型観光現象の全貌をできる限り明らかにし、着地型観光のもたらす地域活性化の可能性を探るものである。
　第Ⅰ部では着地型観光の概論をテーマとした。第1章で着地型観光のベースとなる地域資源の発掘と活用について述べ、第2章では着地型観光事業の担い手について、多様な事業主体の出現とその課題を追求した。第3章では商品企画の視点から、地域の観光資源を地域の人たちがどう商品化するかについて述べた。第4章では着地型旅行商品を流通に乗せ、販売する方法の可能性を探った。第5章では着地型観光の重要な要素である地域案内人（観光ボランティアガイド）の役割と意義、および運営について解説した。
　第Ⅱ部では全国各地における着地型観光の実践例を取り上げ、それぞれの地域において着地型観光がどのようなマネジメントにより展開されているか、17団体の事例から探った。
　終章では着地型観光による地域づくりの今後の展望と課題を述べた。

　着地型観光はメジャーな観光地になることを目指すわけではない。観光というものが必ずしも非日常性を求めて出かける行動のみを指すのではなく、日常圏内で、もしくは日常圏に近いところでの体験や、そこに埋もれた歴史文化や未知の生活文化を求める行動にも目が向けられるようになっている。そのような観光行動は従来の観光というフレームには収まらない、ライフスタイル・ツーリズムともいえる。その地域の生活の中に輝くような暮らしの文化、すなわちそれは町並み景観、生き物の豊かな田園、伝統芸能、食文化などであったりするのだが、そのような生活文化や自然環境を求め、地域性豊かな文化を再発見することが着地型観光のもたらす効能といえる。グローバル社会では反動的にローカリティ（地方色）が求められ、そこに見出される地域の個性と交流こそが、現代人の「癒し」となるであろう。地域の醸しだす「住み心地」が交流人口を増やし、定住人口へとつながるのである。
　都市と地方という近代以来の命題の中で、今、地方が観光へ向かう背景には、

Ⅰ部

着地型観光の手法
[概論編]

1章 着地型観光と地域資源の活用

1 着地型で目覚め、出番を待つ地域の資源

1 観光客は、着地（地域）の人々の生活・活動に学びたい

　観光客の観光ニーズの変化を㈶社会経済生産性本部『レジャー白書2007』の「新たな旅」調査結果から見てみよう。新たな旅（21タイプ）の参加回数に着目して着地の資源と関連させ整理すると図表1となる。

　着地（地域）との関連性で見ると、「生活」に6割、「活動」に3割、「生業」に2割、「環境」に2割の人々が参加したと回答している。

図表1　「新たな旅」への参加回数（複数回答）

着地との関連性	旅のタイプ（内容）	回答率
生活	健康、歴史、文化、食文化、世界遺産	60.5%
活動	文化、スポーツ、自己実現、世代間交流、創作、ボランティア	29.0%
生業	歴史、世界遺産、ものづくり、農漁業	20.4%
環境	自然、世界遺産	22.0%

調査対象：全国15歳以上男女3000人（有効回答数2453人／回答率82.4%）
（出典：㈶社会経済生産性本部『レジャー白書2007』「新たな旅」調査から再集計）

注1：旅行スタイルが従来の「通過型」「団体型」から「体験型」「交流型」「個人型」へ転換し、旅行の特徴が、テーマ性、地域への寄与、参加、体験、地域交流を重視する方向である。新たな旅の21タイプは図表2に示したように、消費者の成熟化と従来を越える領域に変化している。

注2：新たな旅の21タイプは、癒し、歴史ある町並み、大自然の魅力、アウトドア体験、スポーツ活動、博物館や美術館、季節の花、地域の食文化、祭りや伝統芸能、世界遺産、ものづくり、関心テーマの実現、病気回復や健康維持・向上、歴史的遺産、子供との交流、スポーツ観戦、創作体験、ロケ地訪問、農業体験、漁業体験、ボランティア活動。

これらの内容から、観光客は着地の人々の日常・非日常の生活・活動に接し、体験し、学習し、交流したことが、読みとれる。観光客は、地域住民が体験しているものから、自分の生活や地域活動を見直し、役立て、より有意義な人生を過ごしたいと思っているのである。
　つまり、
・「生活」では、飲食で本物志向、健康食、体験を望んでいる。
・「活動」では、学習を通して質の高いものに接する案内を求めている。
・「生業」では、安全・安心感の確認を求めている。
・「環境」では、自然の豊かさや景観を求めている。

　これらの状況からも、観光客は観光地のライフスタイルの体験を求めていることが明らかである。それゆえ観光客のもてなしの体制も、従来の観光事業者だけによる対応から、着地で日々生活している着地住民が主人公になり、観光地の住民、行政、観光事業者など関係者が協力することが大切な時代になりつつある。
　したがって、着地型観光に取り組むにあたって、日常生活の観光資源に着目し、付加価値をつけていくことが求められる。まさに、今生活している状況からのスタートとなり、着地住民全体の力が活かされることになる。そこから出発して初めて、観光客と着地住民の楽しい観光が実現することになる。

2 　求められているものは日常生活の中にある

　着地型観光の特徴は、着地側の主体者が中心となって、観光客をもてなす観光行為である。すなわち、着地型観光は、観光地のライフスタイルの体験にあることから、着地の人々の日常、非日常の生活や各種の活動が観光の資源となる。例えば、農業体験、祭事などの参加、ボランティア活動への参加などが挙げられる。
　観光客の観光目的に着目して同じ調査結果を整理し直した図表2の「旅のタイプ」を見てみると、全体として、健康、自然、歴史、文化などの日常的なテーマに関心が集中しているが、着地側の人々も同じテーマに関心があることは容易に想像できる。
　したがって、着地型観光は着地の住民のニーズに共同で対応していけばマッ

図表2 「新たな旅」のタイプ別参加回数

旅のタイプ		回答数（％）
1位	心身の健康	28.0
2位	自然	17.7
3位	歴史	12.0
4位	文化	11.0
5位	スポーツ	9.4
6位	食文化	4.9
7位	世界遺産	4.6
8位	自己実現	4.0
9位	ものづくり	2.6
10位	世代間交流	2.6
11位	創作	1.7
12位	農漁業	1.2
13位	ボランティア	0.3
合　計		100

（出典：㈶社会経済生産性本部『レジャー白書2007』「新たな旅」調査から再集計）

チすることを示しているといえる。

すなわち観光商品を構成する素材として地域資源の育成を考える時、日常生活レベルの進化、質の向上を課題と考え、観光客と地域住民の共通テーマとして取り組むことが望ましい。

「生活」面では、「心身の健康」が回答者の28％を占め、健康以外では、「歴史」や「文化」への関心が全体の12％、11％を占め、まさに普遍的なテーマにニーズがあることがわかる。

「活動」面では、「スポーツ」9.4％、「自己実現」4％と続く。「世代間交流」や「創作」はそれぞれ2.6％、1.7％と、まだその構成比は大きくはないし、「ボランティア」は0.3％にすぎない。ただし今後、構成比が伸びてくると思われるので、当面の対応として、文化・スポーツを中心に、比率が小さいが特化的意味を持っている「自己実現」「世代間交流」「創作」「ボランティア」に着目した展開を重視したい。

「生業」面では、地域の再生や活性化と関係が深い歴史的要素への参加回数が全体の12％を占めており、これからの時代は着地の歴史的な要素への取り組みが大切であることを示している。「世界遺産」「ものづくり」、地場産業としての「農漁業」に関心が広がっているので、着地の産業まちづくりと関連させた展開が望ましいといえる。まさに着地の産業観光、産業まちづくりと結合しての観光振興である。

「環境」面からは、「自然」が全体の参加回数の17.7％を占めており、景観、自然の豊かさの体験が重視されている。「世界遺産」も全体の4.6％を占めている。

以上のように、観光客のニーズは自分にとって関心のある「テーマ」にこだわり、地域の独自魅力や参加の体験、地域の人々との交流や触れあいを通じて自分の日常生活や自分の周辺地域をよくしたいと思う分野へと変化しつつあることを見てきたが、地域資源の検討にあたって、着地の観光まちづくり、地域

産業づくりと一体のものとして展開することにより、地域資源の発掘と着地型観光の展開が可能となる。

3 地域資源の発掘は地域を原点から見直すことから始まる

　地域資源は着地の日常生活の中で毎日、身近に接しているので空気のように感じているが、資源として価値あるものとして位置づけ、従来の発想から抜本的に脱却して、原点に立ち戻って見直し、考えていくことが特に重要である。

　観光地を訪れた観光客が新鮮な感覚で感動を呼び起こすほどのものを見出し、育てる姿勢がスタート時点で大切である。このような視点に立つことによって、今まで見えていなかった大事なこと、見すごしていた重要な点が見えてくる。それを個々ではなく、着地で共に生活をしてきた人々が共同で行うことで相乗効果が期待できる。

　着地の人々の総力を結集しての取り組みが最初に求められる。着地型観光の振興は全国どこでも同時に取り組まれている。観光客の目は厳しいので、観光資源の質が問われることになる。詳細は第3節に述べる。

4 着地型観光は地域の人々の力の発揮により実現できる

　地域活性化の具体的事業として着地型観光の振興を捉えると、

> 地域活性化の方程式＝危機感×〔資源・主体(人)〕×市場

となることは、全国各地の地域活性化の取り組み事業から明らかになってきている。

　この活性化の方程式で、市場の状況や資源の存在状況が同じと仮定したら、その成否は、主体としての地域の人々がいかに危機感を共有し、市場ニーズに対応して資源に付加価値をつけて着地型観光商品を発信し、着地への誘客と着地地域での質の高い商品提供やもてなしの実践をしていくかにかかっている。

　ここでの危機感とは、地域のために何らかの手を打たないといけないという思いや、地域を発信したいという願いで、具体的には地域の人々と協力して行動を起こしていく覚悟がある状態である。

　その活動の第一歩として、いかに地域資源の発掘と磨きをかける態勢を組み、

行動していくかが重要なポイントである。地域の人々の力の発揮により、地域が保有する豊かな資源はその価値を発現し、観光客に感動を与える。観光客に対して、地元住民、観光事業者および旅行エージェントが相互に協力してもてなしの行為を行い、顧客満足はもちろん、感動や、着地の人々との共感を獲得することが主眼となる。

この活動が、着地型観光の質的魅力であり、着地型観光はそのような行動があって初めて実現できるものである。

2　地域資源をどう捉え、どう商品化するか

1　地域資源の捉え方

地域資源の捉え方はいろいろあるが、地域活性化や地域再生の視点から分類すると図表3のようになる。

これらの地域資源の中で、「産業」「環境」「都市」と、「ひと」「もの」「こと」の結合・組合せが着地らしさを演出していくために、重要な視点となる。

具体的な観光資源づくりにあたっては、地域資源を観光の対象となる「ひと」「もの」「こと」や、地域活動や地域再生に関する「産業」「環境」「活動」「都市機能」などの環境条件と関係づけて整理することが望ましい。まず図表4の内

図表3　地域資源の分類

資源	資源の内容	観光対象
人財	人、出会い、交流、体験、創作、知財	ひと
歴史・文化	伝統文化、行祭事、イベント、生活文化、史跡、社寺	もの
産業	既存産業、企業、技術、生産物、特産品	産業
自然・環境	自然、景観、都市空間、農林空間、水、動植物	環境
活動	アミューズメント、飲食、ショッピング、遊び、スポーツ、ボランティア	こと
都市機能	都市施設、文化施設、レジャー施設、知的施設	都市

図表4　地域資源の構成表

観光対象	着目する地域資源の内容	環境条件	着地地域の条件
ひと	地域の文化を語れる人	自然（空間）	美しい景観
もの	祭事と生活文化の関係を知る	生業	伝統的な技法で仕事を持続
こと	学び、交流・創造する活動	基盤（機能）	発表・交流・展示会議の施設

容に沿って地域資源表を作成する。ここで、観光客の立場と、もてなす着地側の立場に立ってみる必要がある。観光客のニーズを想定しながら、着地関係者が、「これこそすばらしい特性」と確信を持てるものが最もすばらしい観光商品になっていく可能性が高い。単にいろいろな組合せがあるという段階の観光商品では、観光客に大きな感動が与えられない場合が多いので、観光商品とする地域資源を絞っていくことが重要である。

2 地域資源を活かした観光商品づくりの手順

　今まで、観光商品をつくった経験のない着地（地域）では、本当に観光客を集客できる観光商品をつくる方法はあるのかと心配する人々も多い。そこで最初に、着実に成功に導く観光商品づくりの過程を示していくことが大切である。

　観光商品化のキーワードは「資源探し」「資源磨き」「地域で共有できる宝化」「商品発信の社会実験と呼び込み」の4ステップの着実な実行であり、観光商品としてのグレードアップ作戦である。

　各キーワードについて作業のイメージを述べてみたい。

①地域資源探し

　着地型観光は着地の活性化を目指した取組みで、着地を足元から見直す絶好の機会となる。

　観光客の立場を考え、目的意識と目標を持って、着地の人々が力を合わせて実施する資源探しは、大変楽しい作業であり、調査結果を持っての議論は多くの実質的成果をもたらす。

②観光商品に磨きあげる

　①の資源探しでリストアップされた地域資源の中で、訪問客に地域をわかってもらうために磨きあげたい資源について、資源の歴史的由来や地域の生活や活動との関わりなどを調査する。

　そして、どのように活用していったら、地域特性として発信できるか、観光客と着地の人々に共通の認識や共感をもたらすかをいろいろと議論しながら考えていく。

③地域で共有できる宝化

　②の磨きあげの結果、地域で共有でき、誇れる財宝として位置づけられるよ

うになったら、着地の人々が自信と確信を持ち、地域外へ紹介でき、観光客を吸引する磁石として機能することが見込まれる。

地域の人々が感動する対象は、交流・来訪する観光客を感動させ、共感となってリピーター化を後押しする。

④社会実験を通した呼び込み

③の資源の地域の宝化から、観光商品として地域外の市場に発信し、観光客を実際に着地に呼び込むためには、試行錯誤の社会実験を繰り返してノウハウや技術を身につける過程が続くことになる。その知恵と汗の努力の上で、地域の人々が力を合わせて着地らしい、観光商品づくりの過程が完成することになる。一度、獲得した自信は確信になり、次の段階へと波及していく。

3 商品づくりの条件と取組みの工夫

地域資源を活用した着地型観光商品づくりに役立てるためには、一般の観光商品づくりと同様に商品の対象となる顧客を明確にしていくことが重要である。資源の活用にあたって考慮すべき観光行動の初歩的な条件・視点の整理を行う。

①どこからの来訪者か

着地に来訪する観光客の発地（居住地）が国内のどの地域が多いか、市場（集客圏）の広がりを想定することが大切である。外国の観光客で着地型観光に着目して着地を訪問するケースもある。スタート時点では、同じ着地地域の住民が顧客になるケースもよくある。

②観光客の行動スタイル

観光旅行が団体から小人数化している中で、行動スタイルをより詳しく分類し、想定していくことが大切である。

一般的に「個人」「カップル」「ファミリー」「友人」「小グループ」「団体」などに分けられる。これは着地の受け入れ体制の課題に連動していく。また観光商品と顧客の行動スタイルとの適合性も考えておくことが必要である。

③観光客の階層

一般に観光客の階層の内容は、性別、年齢、所得階層であり、年齢としては、高齢者、団塊世代、ファミリー、若者、学生、小中高生の区分である。

④着地での滞在時間

滞在時間としては、日帰りか宿泊か長期滞在かを想定する。
⑤観光客の関心のある着地での行動想定
　一般的には、「見る」「買う」「食べる」「集う」「憩う」などである。
⑥観光客が着地でどのように振る舞いたいかの想定
　観光客が従来の受動的、見物的、体感的か、あるいは体験・交流型、創造型を望んでいるかなど、観光商品とのマッチングがうまくいくかの想定が課題となる。
　以上6項目について、検討にあたって地域に合致した条件を見定めることが大切である。
　このような前提のもとで地域資源を磨く上で、さまざまな商品化に向けた整理や工夫が行われることになるが、第3、4章の商品化との関連で、考慮しておくことが望ましい事項として五つの工夫点を整理する。
①広域連携
　地域や資源の組合せやネットワーク化により、より魅力を高めることが可能となる。
②事業資金
　事業を推進するために必要な資金の手当ての工夫をすることが重要である。
③地域ブランドの明確化
　地域の個性を大切にして、他地域との差別化を図り、魅力ある着地を演出していくことが、愛着を持ってもらうためにも大切である。
④商品の文化性やストーリー性（物語性）
　地域の商品を文化やストーリーで表すことにより、リピーターとしての再訪を呼び起こす要素になる。
⑤受け入れ体制
　地域のもてなしを全体としてマネージしていく受け入れ体制づくりは当初から必要である。
　以上の工夫の上での資源活用が望ましい。

4 ファン、リピーターの重要性

　地域資源の発掘と観光資源化にあたって、市場対応が最も重要で難しい課題

である。

　着地型観光資源は、その商品化の仕上げの過程で、市場に一般に流通させる前に、個別の顧客に対して、前もって商品についての意見を聴取したり、着地に来訪してもらって、商品の評価を聞いたりして、より確実な商品化を目指していく必要がある。ここでは市場対応で重要な五つの視点を指摘したい。いかにリピーターを確保し、彼らの力を商品化やPRに活かすかがポイントである。

①ファン、リピーター確保のための観光資源の工夫

　着地型観光資源が来訪する観光客に満足を確実にもたらすように、着地の臨場感の演出に工夫することが必要である。

　最初に十分な成果を出すことができれば、着地側関係者の自信となって、次々とすばらしい資源活用の展開が進むことになる。逆に、最初の取組みで失敗すると、次の展開が難しく、意欲も減退してしまうケースがよくある。

②ファン、リピーターがさらに観光客を呼び込む

　着地の臨場感の中で感動を呼び起こせれば、着地のよさについて、顧客である観光客がPRや口コミの宣伝を担い、より積極的な関係も持ってくれる。着地を外部から応援してくれる強力なファンとなる。

③着地の一員となり、より大きな感動を求めるファン、リピーター

　観光客は、着地での体験から自らの生活を明日から改善していきたい、できれば訪れた地域もよくしていきたいという願いを持っているので、着地を再訪して、着地のコミュニティの一員として、再度の感動を得るとともに、より大きな感動を得る行動に出る。

④もてなし強化におけるファン、リピーターの役割

　着地への観光客が増加すれば、もてなしの体制も強化が必要である。リピーターは、基本的には来訪者ニーズを理解しているので、着地側と来訪者側を結びつける役割も担い、より深い理解や学びと共感をもたらしてくれる。

⑤ファン、リピーターへの期待

　着地側の一員になったファン、リピーターは、自らのライフスタイルの改善の実践として観光行動していることから、着地地域の改善問題を発地地域と比較して理解しているため、着地側の人間では思いつかない観光資源の改良について、積極的な役割を果たすことが期待される。

3 商品化につながる地域資源の磨き方

前節まで述べてきた資源の磨き方について、その基本的なやり方を具体的に記述する。

1 楽しく進める地域資源の調査方法

着地（地域）の地域資源の調査は、着地の人々が日常から住み、生活や活動をしていることから、多くの住民のそれぞれの持ち味を活かし、容易に参加できる。

調査は前節の地域資源の分類に沿って行うのがよい。ただし、資源の内容は関心のあり方で多様になる。

また楽しく行うことは大切だが、同時に商品化につながるように厳しい目でチェックすることも大切である。

①誰でもできる調査

着地で住んでいる家や周囲やコミュニティなど、いつも通る道、遊びや交流する場所を調査することから始める。地域資源の分類項目ごとに列記して整理する。参加者が集まった時にワークショップ的に整理していくことになる。

②楽しく進めていく調査

調査は、ワイワイ楽しくやることがコツである。着地の地域特性を誇る視点で資源のリストアップを行う。この時の楽しさを観光客に体験してもらえるかがポイントになる。

③確信と自信の持てる調査

着地の人々は、その地域に長く住んできたコミュニティの専門家である。集団での意見交換や着地の歴史・文化を見直すことで確信を持てるようになる。観光客の来訪時には自信を持って地域文化のガイドや説明ができるようになる。

④着地型観光商品を構成していく調査

この調査では、地域資源を観光客にどう体験してもらえば、観光客も地域の人も楽しめるかの検討も行わなければならない。

前節の商品づくりの関係で述べた項目は、考えていくヒントになる。農村地

域や花や自然の豊かな地域では 24 節季や四季の変化、季節の花や祭や行事も大切な視点になる。

⑤全体として着地型観光の目玉的特徴が見える工夫

　文献等の調査は後からでもできる。現地での調査のポイントは観光商品となりそうかどうかなので、詳しさより、着眼点、着想、得ていきたい着地の特徴出しを優先する。

　観光客への目玉となる資源出しなので、常に住民の立場と観光客の立場に立って楽しく考えていくことが大切である。

⑥着地（地域）の未来像が見えてくる調査

　①〜⑤の調査をする中で前節で紹介した着地での来訪者の行動や振る舞いも考えあわせることにより、観光商品の中で着地の人々が生き生きと役割を発揮し、着地地域を住みやすく、居ごごちよくする方向が見えてくることが望ましい。

　そうなるとまさに、来訪者（風）と着地（土壌）が結合し、観光事業による新しい風土観光まちづくりとなっていく。

2　地域資源の調査のアウトプットとまとめ方

　前項の地域資源の調査のアウトプットとして、観光商品化に役立つことを考慮して、三つのマップ（地域資源情報図）を作成していく。

(1) 着地地域カルテマップ

　着地の資源活用から見た診断図である。コミュニティの状況と、観光客を受け入れた場合の魅力ポイントをマップにプロットする。

　地域カルテマップを作成する過程で、住民が日々思っていることが、問題点や課題として見えてくる。当然、時間の経過や、後日の観光客の案内の中で、追加されたり修正されていく性格のものである。

　図表 5 および図表 6 は、滋賀県守山市の JR 琵琶湖線より以西の市域を対象に作成した。

　守山市域は、歴史的に田園・農村地域から大都市の住宅市街地として発展してきた地域である。地域空間は、JR 守山駅周辺の東部、古くからの田園地帯である中部、湖岸に広がった景観地帯である西部から構成されている。また、東部は歴史街道である中山道が通り、守山宿のあった地域で、多くの文化資源に

恵まれている。

これらの地域条件をマップ化したものが図表5であり、図表6は住民の意見をもとに、「東部」「中部」「西部」の三つの地域ごとに地域資源を分類したものである。まとめるにあたって、住民の感覚で評価し、着地型観光に「すぐれていて活用できる」と「資源としてはよいが、活用するには工夫が必要」に分類した。

(2) 着地観光資源マップ

地域資源を観光商品の材料として活用していく視点から、前節で述べた地域資源の分類

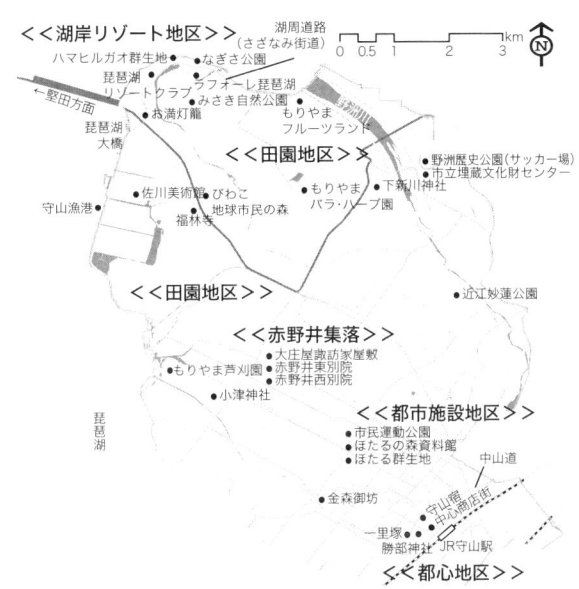

図表5　着地地域カルテマップ（守山市域を対象として）

図表6　着地地域カルテ（守山市域を対象として）

資源	東部（JR守山駅周辺地域）		中部（農村・田園地域）		西部（琵琶湖周辺地域）	
	評価	内容（都心地区）	評価	内容（田園地区）	評価	内容（湖岸リゾート地区）
人財	○	中心商店街、住宅（市街地）	◎	各集落の祭	○	各集落の祭
歴史・文化	◎	中山道（街道）の守山宿、「能」作品の舞台、一里塚、勝部神社	◎	諏訪家屋敷（大庄屋）、赤野井西別院・東別院、下新川神社、小津神社、金森御坊	○	お満灯籠、佐川美術館
産業	○	商業（中心市街地）	○	農村風景、守山メロン	○	果樹園（もりやまフルーツランド）、守山漁港
自然・環境	○	ほたる群生地、ほたるの森資料館、小河川のネットワーク	◎	近江妙蓮公園（ハス）、もりやまバラ・ハーブ園	◎	もりやま芦刈園、びわこ地球市民の森、なぎさ公園、ハマヒルガオ群生地
活動	◎	守山まつり（市）	◎	市民運動公園、市民センター、野洲歴史公園（サッカー場）	◎	みさき自然公園、琵琶湖リゾートクラブ、なぎさ海道と湖辺緑地、スポーツ施設（体育館）
都市機能	◎	行政施設、バス（交通）センター、病院、JR守山駅（地域の玄関）	○	埋蔵文化財センター	◎	ラフォーレ琵琶湖、琵琶湖大橋、湖周道路

◎＝すぐれていて活用できる　○＝資源としてはよいが、活用するには工夫が必要（住民による評価）

項目ごとに色や表示の印を変えてプロットしていく。マップ作成にあたって、重要・必要と思われる資源から重点的に数少なく表示することにより、着地地域の資源の特徴や地域ブランド化のポイントが見えてくる。

重要な地域資源要素としては、前節で述べたように、図表1の着地における「生活」「活動」「生業」「環境」を念頭におきながら、図表3の「人財」「歴史・文化」「産業」「自然・環境」「活動」「都市機能」に分類し、さらに図表4の観光商品に向けての商品構成要素となる「ひと」「もの」「こと」およびその背景としての地域条件となる「自然（空間）」「生業」「基盤（機能）」の観光要素を図表8の資源欄に書き込んでいく。

さらに、これをマップに落とし込む。これらの作業の中で、基本的には6要素と関連させて商品化を考える。「ひと」「もの」「こと」の展開から地域資源間の組合せや連携などによる総合的魅力や地域の特性、イメージ出しを議論しておくことが、後の検討に質的に貢献することが期待できる。

図表7および図表8は、前述の図表5、6の結果を着地の関連性の指標に仕分けして整理したものである。

まとめるにあたって、「生活」「活動」「生業」「環境」の4指標に分類し、観光活用への関連性で評価した。

守山地域の着地観光の具体的イメージづくりにつなげるために、観光客が宿泊や1日・半日ツアーに行ってみたいと思わせる求心力としての魅力づくりが必要であり、その磁石の役割を果たすのが、守山地域の特性でも特

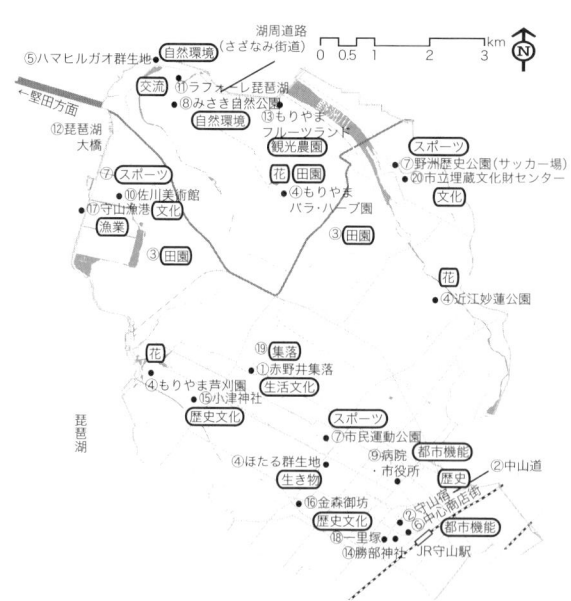

図表7　着地観光資源マップ（守山市域を対象として）

図表8　着地観光資源の分類（守山市域を対象として）

資源	生活 評価	生活 内容	活動 評価	活動 内容	生業 評価	生業 内容	環境 評価	環境 内容
人財	○	①諏訪円忠（諏訪家初代） ⑯8世蓮如（金森懸所）	○	②石の博誌（木内石亭）				
歴史・文化	◎	①赤野井集落、赤野井西別院・東別院、諏訪家屋敷（大庄屋）	◎	②中山道・守山宿と「望月」（能）の復活 ⑱一里塚			○	⑭勝部神社 ⑮小津神社 ⑯金森御坊 ⑳埋蔵文化財センター
産業	○	⑥都心市街地の商業・守山まつり			○	③農業と農産品（守山メロン、フルーツ） ⑬もりやまフルーツランド ⑰守山漁港		
自然・環境	◎	③田園風景と広域の自然眺望・景観	◎	④ほたる群生地とほたるの森資料館、都市内小河川網	◎	③田園地帯の農村風景とふるさとの川景観	◎	④近江妙蓮公園、もりやまバラ・ハーブ園、もりやま芦刈園 ⑤琵琶湖周辺の景観（湖西、湖岸）、田園風景
活動	○	⑲農村集落の祭・文化行事	◎	⑥守山まつりと中心市街地商店街 ⑦運動公園、野洲歴史公園（サッカー場）			◎	⑧なぎさ街道と湖辺緑地（野外活動空間）
都市機能	○	⑨医療や文化（学習）施設と人との交流	○	⑩佐川美術館 ⑪ラフォーレ琵琶湖 ⑫びわ湖大橋と湖周道路				

＊図表6のカルテから観光資源として活用していく上での評価
◎＝地域の特性としてすぐれているもの　○＝ネットワーク的に活用できるもの

に優れているもののイメージであり、もう一つはツアー全体の魅力として訪問する観光拠点とその全体のネットワークの構成である。

　以上の2点、「地域の特性としてすぐれているもの」と「ネットワーク的に活用できるもの」に分類することが大切である。この図表から、守山地域の着地観光を具体化するための全体イメージの形成ができる。

(3) 活用課題マップ

　活用課題マップは(1)と(2)のマップを結合して、着地地域のもてなし方や将来イメージを形成することに役立つマップである。

　マップにはまず、観光商品として活用する主要な資源のエリアを記して、その資源と背景としての地域環境等を付記してイメージづくりの材料とする。

観光客を着地で実際に案内する視点からは、交通アクセスルート、駐車場、トイレなどの基盤施設やウォーキングやサイクリングのルートを書き込むと、滞在時間の中での観光客の動きのシュミレーションに役立つ。

　図表9は、前述の資源マップを総合的に検討し、守山市域の着地型観光として、地域の特性を発揮するための体験コースをマップ化したものである。

　各コース設定は訪問場所（拠点）と時間配分、資源の特徴によりできあがることになる。

　1日コース（大コース）は、三つの異なる地域を周遊するエコウォーク・エコサイクリングコースの総合商品として設定した。エコツアー、グリーンツーリズムを複合した周遊コースを基本に、サイクリングやウォーキングといった健康面や家族・グループの親睦を深めることを目的とした。

　半日コース（小コース）の設定には、2～3時間程度で周遊できる効率的な交通アクセス条件と、短時間でもポイントを絞って守山の魅力に接することができるテーマ設定が重要になる。一つ目は、東部の中山道の歴史街道と文化や都市の魅力に接するコースである、二つ目は、琵琶湖の雄大な景観や自然、農村・田園風景、文化・スポーツ施設を訪問するコースである。この他にも、さらにたくさんの半日コースの設定が考えられるが、実践を経て充実していく方向がよいと思われる。

　季節ごとの商品化や、参加メンバーを考慮したコース内容など多様であるが、まずは地域の魅力を発信し、体感してもらうことが大切である。

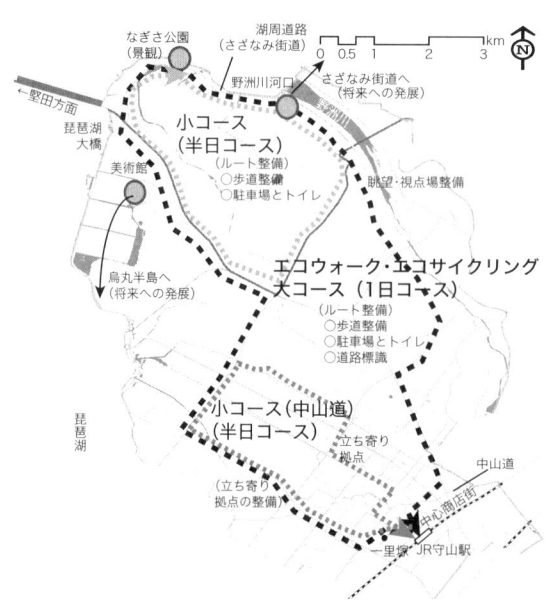

図表9　活用課題マップ（守山市域を対象として）

移動手段は、自転車を基本としているが、ウォーキングも重要な手法であり、エコウォーキングの視点も時代的要請になっている。この他にもいろいろなバリエーションが考えられる。バス交通網を活かした「ライド＆ウォーク」や「ライド＆サイクリング」なども大切な商品となる。特に琵琶湖周辺では、滞在型の観光に対応した半日コースの設定や家族が自然の中で環境を満喫できる設定も考えられる。

　リピーター客への対応として、守山市域から草津市域や野洲市域、近江八幡市域などの琵琶湖広域周遊コース、琵琶湖大橋を渡り湖西地域へと足をのばすコースも発展的に考えられる。

　今回提示した活用課題マップは、守山の演出の材料としてピックアップし、観光商品の特性出しに役立てるために活用している。したがって、季節ごとや関心のテーマによってたくさんの観光商品に発展できる特性を保有している。

　他の方法としては、中心テーマを文化、花、スポーツ、食文化などに設定し、資源をつなぎ合わせていく方法もある。この場合、そのテーマ分野の資源をさらに詳細に分析、整理していくことも必要となってくる。

　活用課題マップづくりは、自分が実際に楽しむ、あるいは案内する場合を想定してコースづくりをしていくという、楽しさを含んだワークショップとして展開させていくことが望ましい。

3 ワークショップで地域の人々の知恵を出しきる

　他の観光地との違いや特徴出しの努力は、来訪観光客の評価や満足度に直接、影響するため、資源分析は重要な作業となる。現在のところ、着地地域の人々の知恵を出しきる方法としては、全員参加、全員発言と調整・とりまとめが同時に実施できるワークショップ・スタイルを上手に活用していくのがよい。

　地域の現地調査やとりまとめ、マップ化の作業も、この方法を活用すれば全員の総意が反映され、いろいろな課題が整理できる。

　作業の中で過去の関係資料や文献資料、イベントなどの事業記録も必要になってくる。

　他の観光地の同様の資源活用の事例をインターネットで収集したり、先進事例地を調査したり、関係者にヒアリングを行うことも有効な方法である。みん

なの知恵を寄せ集め、総合的なものや最高のものを出していくことが、観光まちづくりの視点からも大切である。

　要は地域をうまく引き出し、来訪する観光客の満足や感動を呼び起せるものになっているかどうかが最大のポイントである。そして、地域の人々との交流や学習、体験を通して魅力を高めていくことも重要になってくる。

　そのために、同様のテーマのシンポジウムや各種会議に出席して知識や感性を高めていく取組みも効果がある。

　最近の傾向として、観光客にも着地の観光まちづくりに直接参加してもらって、観光客の知恵やノウハウも活用していく地域が増加している。地域外の観光の専門家や旅行業者、大学の先生と学生の参加、来訪予定の観光客の観光企画参加などいろいろな取組みの工夫が実践され、観光客と着地の人々や関係者が互いに喜びあえる状況づくりが進んでいる。

　地域資源が着地型観光商品として仕上がる状況まで進めるためには、次の過程を着実に踏んでいくことが大切である。

　第一ステップは資源の調査とリストアップおよび資料の整理、第二ステップはマップづくりを通じて、地域の特徴の総合的把握と着地型観光商品として活用する重要な資源の絞り込みと合意形成、第三ステップは地域資源を実際に活用した場合の、もてなしの態勢のイメージ、観光商品化の材料としての役割の設定や効果の想定である。

4　よい観光商品をつくるための地域力磨き

　着地の地域資源をリストアップしていくことは比較的容易なことであるが、数多くの資源から着地の特徴を把握し、着地ブランドとして観光商品に仕上げるためにはかなりの力量が要求される。

　地域資源を着地型観光商品に活用する力を「資源活用の地域力」と定義して、その内容を次に整理する。

　着地の地域力は、資源を活かす能力と観光商品まで高める能力の二つに分けられる。

(1) 地域資源を活かす「地域力」

　地域資源に着目して価値あるものにしていく地域力として、次の六つの能力

に整理できる。
①資源の「分析力」
　数多くある資源の中で着地型観光商品の素材として、価値ある材料となるかどうかを分析する力で、市場のニーズを把握した上で資源の力を分析する能力が要求される。
②資源資料の「整理力」
　地域資源をマップに整理していく時に、全体の条件の中で資源のネットワークや連携の可能性を把握できるように表示し、整理する必要がある。ここでは課題整理で活用する資源を分類・整理する能力が有用である。
③資源の「活用イメージ力」
　地域資源の役割発揮をイメージする力であり、観光客をもてなす場合の資源の使い方などをイメージする能力や発想力が要求される。
④資源から「観光商品化する力」
　地域資源を取り込んだ観光商品を魅力化する力で、地域資源を最大に活かし、付加価値のアップを図る能力である。
　多様な資源をランクづけし、組み合わせて、商品構成にまで高めるのは、旅行会社等の専門家以外では難しい課題であるが、着地型観光を振興していくために必要な能力である。
⑤資源活用の「調整力」(「合意形成力」)
　多くの資源が存在する中で、関係者の意見を集約してまとめていく能力であり、合意形成の能力である。
⑥資源相互間の「ネットワーク力」(「連携力」)
　観光商品化の中で複数の観光地点を組み合わせて商品化し、総体的魅力を出す力である。その中で資源の組合せの課題が発生するが、これらをネットワークして一つの商品として付加価値を高めていく価値の創造力が期待される。

(2) 地域資源を活かす「関連能力」
　ここでは商品化を見通した場合の関連能力について整理する。
①資源を活用した事業推進力
　個々の資源が活かし、事業として、組み立てることにより、地域観光事業をリードする力である。

②情報収集力

　資源を活かすためには、観光客のニーズの把握とニーズにマッチした商品に発展させていくことが求められる。そのためには、観光市場の情報収集力が重要となる。

③情報発信力、宣伝力

　資源を活かした観光商品が、できあがっていても、観光客などの市場への情報発信の仕方や宣伝の仕方によって、大きく影響される。販路や販売促進に結びつける情報発信力や宣伝力は非常に重要である。

④市場（ニーズ）対応力

　観光商品ができあがっても、市場のニーズが常に変化することが予想されるため、あらかじめ市場の変化に対応して、機敏に対応を変えていく柔軟性が大切である。

4　地域資源を活用する着地型観光の役割

1　観光まちづくりの推進

　地域資源を活かし、着地の観光商品として仕上げ、地域外から観光客を誘導する行為は、まちづくり活動と重なることが多い。

　着地型観光の振興は、観光の魅力に主眼をおいた新しいまちづくりである。したがって、まちづくりと連携して今後の振興を考えていくとわかりやすい。

　着地型観光のスタートは、地域外を中心とした訪問者や地域の人々が地域資源に感動し、訪問者と地域の人々が出会い、交流することに重点を置いている。まちづくりにおいても、地域住民、さらに外部からの人々を含め、生活文化の交流、価値創造型の展開が期待されている。この二つは同じ目的を目指している。

　観光振興の視点からは、まちづくりから進めば主体的に取り組む関係者が増えることから、観光振興がより前進すると期待できる。

　また、観光における文化の体験、交流から一歩進んで創造活動まで高まれば、まちづくりによい影響、効果をもたらすことが期待できる。

2 │ 文化交流による潤いと安らぎの生活向上

　着地型観光の大きな目的は、観光客が着地のライフスタイルから学び、それを観光客自身の居住地に持ち帰り、その地域の生活改善やコミュニティの向上に結びつけることである。したがって、文化交流は着地と共に観光客の居住地域の両地域に相乗効果をもたらす。

　地域資源についても、これらの要素と関連させた質の深い分析や活かし方の工夫が重要になってくる。

3 │ 顧客満足と新しい着地価値の創造

　着地型観光の発展は、より高質のレベルでの顧客満足と価値の創造を要求する。これに対応するためには着地、および観光客の協働の力が必要である。着地において、体験、学習、交流活動を行い、新しい価値を創造していく。

4 │ 参加・協働による居ごこちよい環境づくり

　今後は、居ごこちよい着地の環境づくりが、大きなテーマである。それを支えるのは、観光客と着地の人々の参加と協働である。その中で、空間や景観の整備や環境の充実も見込まれる。

2章 着地型観光の事業主体

　本章では、着地型観光に取り組む「事業主体」を取り上げ、全国各地の動きの中から多様な担い手が生まれつつある現状を紹介し、着地型観光事業のビジネスモデルとしての可能性と、持続的展開に向けた事業主体別の課題と対応を明らかにする。

　なお、事業主体のうち、特に市町村単位の観光協会については、着地型観光事業に取り組むことが協会の生き残り戦略の一つとして有効ではないかということを展望するとともに、地域の旅行会社にとっては、地域の中での存在感を高め、新たなビジネス展開を見出すチャンスであることに着目して取り上げることとする。

1　多様な主体による着地型観光事業の可能性

1　事業としての黎明期

　国内では、高齢化や少子化などにより活力を失いつつある地方をはじめ、近年では大都市圏においても、交流人口を呼び込む着地型観光が地域再生や産業振興の切り札として注目され始めている。しかしながら、着地型観光は、収益性の観点から事業そのものの成立が大きな課題となっており、今日、先進的といわれる地域のいずれもが試行錯誤の段階で、いわば黎明期にあるといえる。

(1) 第3種旅行業による募集型企画旅行の開始

　着地型観光の事業主体に関連して、大きなきっかけとなった出来事は、2007

年5月に実施された「旅行業法施行規則」の改正である。これによって、これまで第3種旅行業で認められていなかった募集型企画旅行が、「自らの営業所が所在する市町村および隣接する市町村」において可能になった。この改正の意図するところは、「地域独自の魅力を活かした地域密着型の旅行商品の創出への取組み強化」[1]に対応することであり、まさに着地型観光事業の促進を狙った動きであったといえる。

折しも、「平成の大合併」で全国の市町村数は大幅に減少した。このことは、自らの市町村のエリアが広がっただけでなく、隣接する市町村も合併することによって、実施可能な区域が何倍にも広がったことを意味する(図表1)。こうしたことも第3種旅行業に新規参入する追い風といえる[2]。

(2)既存旅行会社と新規参入事業者

今回の旅行業法の改正は、「① これまで代理販売や手配旅行を中心に行っていた地域の小規模な旅行会社が募集型企画旅行を一定の条

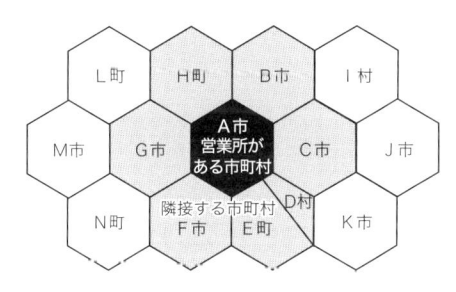

図表1　第3種旅行業が実施可能な募集型企画旅行の設定区域イメージ

図表2　旅行業法の登録制度の概要(業務の範囲と登録要件の概要)

登録行政庁	業務の範囲				登録要件の概要			備考
	企画旅行			手配旅行	営業保証金(弁済業務保証金分担金)	基準資産	旅行業務取扱管理者の選任	
	募集型		受注型					
	海外	国内						
第1種	国土交通大臣	○	○	○	○	7000万円(1400万円)	3000万円	必要	JTB、近畿日本ツーリストなど 登録旅行業者数：817
第2種	都道府県知事	×	○	○	○	1100万円(220万円)	700万円	必要	登録旅行業者数：2757
第3種	都道府県知事	×	×↓△	○	○	300万円(60万円)	300万円	必要	登録旅行業者数：6108

注1：登録旅行業者数は2006年4月1日現在(出典：㈳日本旅行業協会の資料)。
注2：旅行業協会に加入すると、営業保証金の5分の1の額を、弁済業務保証金分担金として旅行業協会に納付することで足りることとなる。カッコ内の金額は弁済業務保証金分担金。営業保証金・弁済業務保証金分担金の金額は、いずれも年間取扱金額が2億円未満の場合。
注3：業務範囲の○は可能、△は条件付きで可能、×は不可能。第3種は、2007年の制度改正で国内の募集型企画旅行が一定の条件下で実施できるようになった(出典：「第3種旅行業務の範囲の拡大について」(2007年4月、国土交通省総合政策局観光事業課)より筆者加筆)。

件下で実施できるようになったこと」と「② 営業保証金および基準資産が300万円と少額なため、異業種の事業者が新規に第3種旅行業を取得し、旅行業に参入できることになったこと」の大きな二つの流れを生み出したといえる（図表2）。これにより、今後の着地型観光事業の担い手形成は、各地で大きく前進していくことが期待される。

それでは、前述した第3種旅行業をめぐる二つの流れのうち、前者の地域の小規模な旅行会社については第3節で触れることとし、ここでは、後者に示した、異業種の事業者が新規に第3種旅行業を取得し、旅行業に参入する動きについて紹介しよう。

2 多様な新規参入者の出現

本書の執筆者等が所属する日本観光研究学会「着地型ツーリズム」研究分科会[3]では、2007年夏、国内の着地型観光事業に取り組んでいると思われる90団体に対して「着地型旅行に関する実態調査」[4]を実施した。

回答のあった50団体のうち、着地型観光事業に取り組んでいると回答した団体は78％（39団体）であった。この39団体の類型を分類してみると、観光協会や関係団体によるコンソーシアム（協議会）をつくって取り組んでいるところが多いほか、まちづくり会社や道の駅運営管理者、地域の旅行会社や宿泊事業者など多岐にわたっている。

以下では、アンケート結果などを参考に、新規参入者として注目される団体類型を個別に紹介する。なお、ツアーの内容に運送や宿泊等のサービスの提供を含まなかったり、自社が運行するバスを用いてレストランなどを周遊するだけの場合は、必ずしも旅行業の免許取得を必要としない。したがって、例えば、着地型観光の重要な資源の一つである農作業の参加・体験プログラムやまち歩きコースの設定などは旅行業には該当せず、旅行業の免許を登録せずに実施することが可能となっている。

(1)まちづくり会社 TMO

1998年7月に施行された中心市街地活性化法（2006年に改正されたため、以下、旧中活法）は、全国の中心市街地に約400の認定TMO（Town Management Organization）[5]を誕生させた。ただし、そのうちの約4分の3は、商工会・商

工会議所内に設置されたTMOであり、特定会社等のいわゆる「まちづくり会社」は全国で100程度である。

　旧中活法の中から生まれたTMOは、中心市街地の商業地全体の活性化について総合的かつ独自の計画によって推進する事業を実施し、中心市街地の管理・運営を行う機関とされてきた。具体的なソフト事業については、商店街振興組合と共同するなどして、イベントや共通ポイントカード事業、空き店舗を活用したチャレンジショップ事業などに取り組んできている。

　旧中活法の施行後、今日まで約10年が経過したが、地方都市の中心市街地の衰退は歯止めがかからず、むしろ空き店舗が増加するなど状況は悪化してきているのが現状である。そこで、都市計画法等いわゆる「まちづくり三法」の改正が行われ、その一つとして、2006年に改正中心市街地活性化法が施行された。これにより、旧中活法で認定されたTMOは法的位置づけがなくなり、事業内容や地域における役割などの見直しが必要になってきている。

　そうしたなか、商業振興だけでなく、本来の総合的なまちづくりを担う「まちづくり会社」の事業の一つとして、着地型観光を選択する動きが出てきている（図表3）。TMO自らが旅行業を取得し、中心市街地、さらには中心市街地に限定しない旅行商品の開発に取り組むことで、地域の活性化に結びつけよう

図表3　TMOの事例

㈱出石まちづくり公社〈兵庫県豊岡市〉☞第7章　事例7
1999年　TMO認定 2006年　旅行代理店いずしトラベルサービス設立 受け入れ事業の強化・拡張を目指す観光協会の事業部門を第三セクター方式により法人化する検討から始まり、最終的には、町・商工会・市民の出資による株式会社として設立。TMOとして認定を受けた。その後、公社の1部門として、旅行業者代理業「いずしトラベルサービス」を設置。着地型旅行事業についても今後の取組みを検討している。
㈱おおず街なか再生館〈愛媛県大洲市〉☞第7章　事例8
2002年　TMO認定 2006年　第2種旅行業取得 2004年の「えひめ町並博」で旅行商品の企画販売を手がけたことをきっかけに、社員が国内旅行業務取扱管理者資格を取得し、また、会社も第2種旅行業を取得し、「着地型ツアーエージェント」として事業展開している。
㈱伏見夢工房〈京都府京都市〉☞第7章　事例9
2002年　TMO認定 募集型企画旅行を扱っていないので、旅行業は取得していないが、宇治川で十石舟および三十石船の復活・運航を行っているほか、伏見の観光施設を巡るクーポン券の企画・販売に取り組んでいる。

としており、今後の方向性の一つとして、その役割に注目していきたい。

(2) まちづくりNPO

　1998年12月、特定非営利活動促進法が施行され、2008年2月末現在で約3万4000団体[6]が特定非営利活動法人（以下、NPO法人）として全国に登録されている。NPO法人はその活動内容から各団体の定款で17の活動に分類されており、観光振興の分野に近い「まちづくりの推進を図る活動」には全体の約4割が該当している（ただし、活動分野は複数を選択して登録している団体が多い）。

　このようなNPO法人の中には、旅行業を取得して観光分野による地域活性化に取り組む団体も現れてきている。例えば、新潟県南魚沼市では、2006年に「NPO法人 南魚沼もてなしの郷」が第2種旅行業を取得し、一般旅行客や修学旅行学生に対する体験交流プログラムを提供している。また、石川県白山市にある「NPO法人 加賀白山ようござった」は、旅行業の取得はまだであるが、これまでにも、㈳石川県観光連盟と石川県が企画した「観光ボランティアガイドと歩く"加賀百万石ウォーク"」や、鶴来観光協会主催の郷土料理などを組み合わせたまち歩きコースの企画に協力するなどの実績を積み上げている。

　今後は、企業を退職した多くの団塊世代が地域でまちづくり活動を始めることが予想され、その中で、例えば旅行会社に勤務していた人がまちづくりNPOに関わり始めると、着地型観光事業に取り組むNPOが増えてくることも期待される。

(3) 道の駅運営管理者

　全国「道の駅」連絡会議によると、「道の駅」は2008年4月現在で870駅[7]が登録されている。本来、道の駅には、休憩機能、情報発信機能、地域の連携機能という三つの機能が備えられており、これらの機能は、着地型観光を進める際の必要な要素に該当する。

　ところで、公的施設の指定管理者制度への移行が2003年9月から始まったことにより、道の駅においても指定管理者として運営に携わる団体が現れてきた（図表4）。これらの団体においては、行政等によって整備された「道の駅」を上手に活用し、着地型観光事業に展開していくことが期待される。それによって、観光のハード面での機能（観光案内所、土産物販売や地元料理の飲食など）

図表4　道の駅運営管理者の事例

道の駅かづの　㈱鹿角観光ふるさと館〈秋田県鹿角市〉☞第7章　事例4
1989年　前身となる鹿角観光ふるさと館開館のために財団を設立 2006年　指定管理者指定 施設は、祭り展示館、シネラマ館（いずれも有料）、手作り体験館、観光物産プラザ、レストラン、観光案内所、ふれあい産直所、WC等により構成。
まちの駅あさもや　㈱おおず街なか再生館〈愛媛県大洲市〉☞第7章　事例8
2002年　まちの駅オープン時より運営 2006年　指定管理者指定 施設は、レストラン、特産品販売所、観光案内所、WC等により構成。

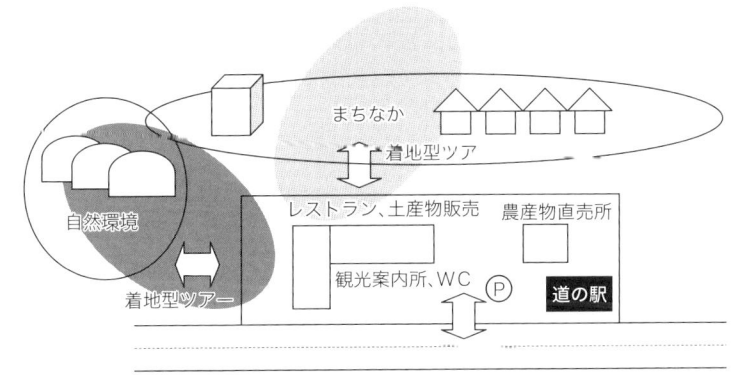

図表5　道の駅を拠点とする着地型観光

と、ソフト面での機能（観光情報の発信や地域の人々との交流など）の両方を兼ね備える「道の駅」を着地型観光の拠点として位置づけ、集客や販売促進において相乗効果を発揮することが可能となるからである（図表5）。

(4)宿泊事業者

　地域で観光に携わる事業者は多岐にわたるが、そのうち、最も直接的に観光と結びつく業種で、かつ有力な事業者はホテルや旅館などの宿泊事業者である。これまで宿泊事業者にとって、大手旅行会社の企画する旅行商品（発地型商品）に依存した流通によって部屋を販売することが最も効率のよい集客方法であったが、インターネットの普及により個人客への直接販売が増えてくると、これまで以上に独自の宿泊と、プラスアルファのオプションメニューを観光客に訴える必要が生じてくる。

　そこで宿泊事業者は、他との差別化を図り、経営戦略を持つことが必要となる。例えば、周辺の観光資源を紹介し、宿泊に付加価値を生み出す着地型観光

事業を展開することである。第8章の事例13で取り上げる鹿教湯温泉の「斎藤ホテル」では、一般貸切旅客自動車運送事業を取得することによって、ホテル従業員がガイドを務める商品名「斎藤駕籠屋」というオプショナルツアーを提供し、宿泊者の満足度とリピーター度を高める工夫をしている。

　岐阜県高山市の「高山グリーンホテル」[8]では、旅行業法の改正を受けて2007年7月に第3種旅行業を取得し、同年秋から着地型観光事業に取り組んでいる。ホテルの宿泊とセットにした「高山グリーンツアー"感動体験旅行"」を独自の旅行商品として提供しており、旅行商品エリアが限定される第3種旅行業ではあるが、市町村合併により観光エリアが広がったことのメリットを活かして、隣接市町村となった白川郷や上高地などへのツアーを企画している。その特徴は、地域の「NPO法人 飛騨自然学園」と連携し、飛騨インタープリターアカデミー（飛騨の自然案内人養成講座）修了生とタイアップした「自然案内人（インタープリター）と歩く」を軸にしている点にある（図表6）。2008年春のツアーには、「インタープリターと飛騨の野山で野草講座ツアー」など飛騨高山の自然の魅力を知ることのできるツアーを企画している。また、既存のパッケージツアーの場合、宿泊するホテルは選べても部屋のタイプまで細かく指定できるものはあまり多くない。そこで、客室の種類別設定を用意してツアーを商品化している点は、宿泊事業者ならではの特色といえる。

　なお、2008年7月には、新たな法律が施行され、宿泊事業者の旅行業者代理業への参入を容易にする特例措置が規定された。具体的には、「観光圏の整備による観光旅客の来訪及び滞在の促進に関する法律（観光圏整備法）」で進める観光圏整備事業の一環として、大臣認定を受けた「滞在促進地区」内の宿泊事業者（ホテル・旅館等）が、宿泊客に限って観光圏内の旅行を代理販売する場合に「観光圏内限定旅行業者代理

図表6　高山グリーンホテルによる着地型旅行商品の例

業」として旅行業務をできるようになった。また、旅行業法上の必置資格である旅行業務取扱管理者に代えて、一定の研修を修了した者等を選任できるようになり、今後、宿泊事業者が着地型観光事業に取り組むための環境整備としてその活用が注目される。

3 コンソーシアム（協議会）の形成

　着地型観光の特徴の一つは、これまで大手旅行会社がつくる発地型商品では探し出せなかった、あるいは取り上げられなかった地域資源を観光素材として浮かび上がらせ、商品化し、観光客に提供することにある。そのため、宿泊業や飲食・土産業、旅客運輸業などの直接的な観光関連事業者だけでなく、参加体験機会を提供したり、地場産品の販売に結びつけられる農林水産業者や、これまでマーケットを市内消費者だけで捉えていた商業・サービス業者など、地域のあらゆる業種が関わることになってくる。また、地域文化の紹介やまち歩き案内などの面で市民や市民団体の関わりも欠かせない。

　このような状況を考えると、地域の多様な機関や団体等が参画するコンソーシアム（協議会）の形成が必要である。

　コンソーシアム形成の呼びかけには、地域全体の観光振興を調整できる「行政」の役割に期待されるところが大きい。事実、行政仕掛け型による着地型観光事業推進のためのコンソーシアム形成が各地で見られる。国の事業においても、経済産業省が2006年度に実施した「観光・集客交流サービス調査事業」や2007年度に実施した「広域・総合観光集客サービス支援事業」、国土交通省が支援メニューとして用意している「観光地域づくり実践プラン」においても、地域の関係者によるコンソーシアムの形成を要件としている。

　ところで、コンソーシアム形成のきっかけ

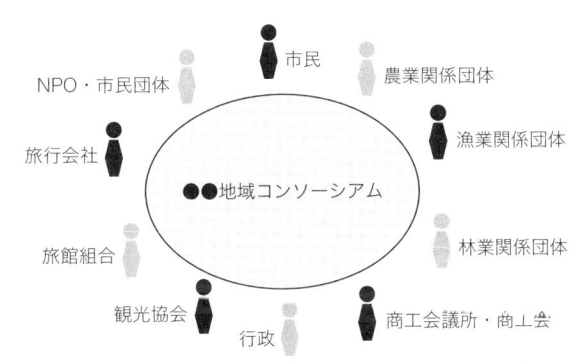

図表7　着地型観光推進のための「コンソーシアム」のイメージ

第2章　着地型観光の事業主体

が、行政による仕掛け型であっても民間発意であっても、魅力ある旅行商品を企画し、販売していくためには、着地型観光の事業を誰かが担うことが必要になってくる。図表7のメンバーの中で、地域の旅行会社がない場合、着地型観光を担う事業主体として最も期待される組織はどこであろうか。おそらく、観光協会がその候補となり、各地でその事例が出てきているのが今日の状況である。次節では、その観光協会の取組みについて紹介する。

2 攻めの観光に転じる観光協会

1 観光協会を取り巻く状況

　全国には観光関連事業者の団体として「観光協会」と呼ばれる組織が市町村単位のもので数百以上[9]は存在する。最初に、観光協会とはどんな組織で、今どのような状況に置かれているのか、その概要について紹介する。

(1)観光協会とは

　観光協会は、任意団体、財団法人や社団法人などの法人団体などさまざまであり、独自に事務局を有する場合もあるが、多くは行政の商工観光課等に事務局が併設され、行政観光事業の外部委託先的な役割を果たしている側面もある。また、会員組織として事業者相互の親睦の場としての機能があるほか、市町村で行われるイベント事業の推進、観光キャンペーンの宣伝、観光情報パンフレットの作成、観光案内所の運営、観光地の駐車場経営などを担っているところもある。

　組織的には専任の職員を事務局に配置している場合は少なく、行政職員が商工観光振興の中の業務として兼任したり、あるいは観光協会事務局に出向して専業的に役割を担うケースが多いようである。また、財政面でも自ら観光地の駐車場経営による事業収入を得ている場合もあるが、職員の人件費だけでなくイベントや施設運営の助成金など多くの収入を行政の持ち出しに頼っている場合が多い。その結果、自ら企画し、観光に関わる収益事業を行える体制になっている組織は少なく、経営基盤も脆弱である。

(2) 市町村合併による再編・統廃合

2000年に施行された地方分権一括法（合併特例法の改正を含む）による「平成の大合併」によって、2001年度末に約3000あった市町村の数は、2007年度末には1800弱に減少した。このことは、同時に市町村単位に存在する観光協会の再編・統廃合にも影響を及ぼしている。例えば、3町村が合併した群馬県みなかみ町では観光協会も統合して、新しく、みなかみ町観光まちづくり協会が発足している[10]。

また、行政のように組織を統合するのではなく、各地の特徴を活かして併存する形のところもある。第8章の事例17で取り上げる和歌山県田辺市では、田辺市熊野ツーリズムビューローを新設し、その傘下に既存の五つの観光協会が入る形で、ゆるやかな連携が進められている。

(3) 厳しさを増す観光協会の経営

合併した市町村も、しなかった市町村も、1990年代半ばのバブル経済崩壊以降、税収の低迷等により厳しい財政事情に陥っており、その分、観光協会への補助金の見直しや減額は避けられない事態になってきている。行政の補助金に大きく依存している観光協会にとって、このことは、直接、協会の事業に大きな影響を及ぼすこととなり、また、景気の低迷による会員の廃業・退会等が会費収入も先細りさせていることから、収益構造が悪化している協会は多いと思われる。

一方、観光関連団体としては、観光協会のほかに、地域によっては旅館協同組合や飲食業組合など業界別の団体があるため、多くの事業者は複数の組織・団体に加盟しているのが実態である。景気のよい時には、それほど問題にならなかった団体間の活動内容の重複や組合費の使い道などにも、選択と集中が求められるようになってきている。

行政の財政悪化が観光協会の存続を直撃した例として、北海道夕張市の事例がある。2007年春に財政再建団体に転落した夕張市では、夕張観光協会も解散し、旧ゆうばり観光ボランティアガイド友の会と旧夕張観光協会の有志により、「NPO法人 ゆうばり観光協会」が設立され、観光推進のための組織として再出発している。

(4) 市民による観光まちづくりの勃興

　一方で、観光ボランティアガイド協会や町家・古民家の再生グループ、イベントや環境改善活動に取り組む団体など、地域の観光振興に観光事業者だけでなく市民や市民団体も関わるという新たな動きも現れてきている。仮に、市民あるいは市民団体の活動が直接観光を目的としていなくても、結果的に市民活動そのものが地域の特色や個性を表すものとなり、着地型旅行商品の素材や提供方法の一つとして重要になってきている。

2　着地型観光の事業主体へ

　近年では、観光協会の設立形態を従来の財団法人や社団法人、任意団体から、株式会社や有限会社、有限責任中間法人[11]やNPO法人に組織を改革するところが出てきている。その大きな目的は、協会として独自の収益事業に取り組むことにある。特に、2000年以降、着地型観光事業の実施に向けて組織の改革に取り組んでいるところが目立つようになってきており、2007年の旅行業法改正後は第2種や第3種の旅行業を取得するところも現れている。

　着地型観光事業を観光協会の収益事業の柱として着目し、新たな組織を設立している事例としては、次のようなものがある。

　最も先駆的な事例は、2001年に南信州飯田下伊那地方の1市4町および民間企業の出資を受けて設立された長野県内の「㈱南信州観光公社」である（第6章の事例1）。ここでは、1995年から飯田市商業観光課が中心となって行ってきた教育旅行団体の誘致事業が土台となっており、2005年度では年間109校、1万7000人の修学旅行生を迎え入れ、単年度では黒字を達成している[12]。

　また、観光協会の株式会社化として全国初の事例に、2003年に株式会社化した「㈱ニセコリゾート観光協会」がある。ニセコリゾート観光協会は、行政の外部機関としての組織からの脱却を目指し、「収益に直結する積極的な事業展開」を進めるため、株式会社設立と同時に第2種の旅行業を取得し、旅行事業を開始している[13]。

　2005年には、南信州観光公社と同じく長野県内で、「有限責任中間法人 白馬村観光局」が設立された。これは、2001年に設置された長野県学習旅行誘致推進協議会白馬支部の活動を引き継ぐ組織である。

さらに、旅行業法改正後の2007年には、長野県飯山市内の4観光協会で構成される「有限責任中間法人 飯山市観光協会」が設立され、第3種旅行業を取得して着地型観光事業に取組み始めている（第7章の事例5）。また、佐賀県内の唐津観光協会では、ATA（エリアツーリズム・エージェンシー）事業部として「唐津よかばい旅倶楽部」を設立し、第3種旅行業を取得して、ツアーの企画・販売に取り組んでいる。静岡県の稲取温泉観光協会では、協会の会員が出資して「稲取温泉観光合同会社」を設立し、第2種旅行業を取得して東京からの直行バスツアーを開始している。

　このように、行政と観光協会をめぐる厳しい運営環境を背景に、新たな組織体制の確立や独自の収益事業確保を目論む観光協会では、着地型観光事業に狙いを定めた動きが広がりつつある。

3　地域の旅行会社による着地型観光事業

　募集型企画旅行事業として着地型観光に取り組むには、旅行業の取得が必須条件となる。最も早く事業展開が期待されるのは、これまで紹介した組織のように新たに取得するのではなく、すでに旅行業を行っている地域の旅行会社が中核になって取り組むことである。

　着地型観光事業の可能性の広がりを受けて、国内旅行事業を主に行う旅行会社の業界団体で、会員数5800社を抱える㈳全国旅行業協会（以下、ANTA）は、「地旅」と称する着地型旅行商品の全国販売システムを構築中である。

　しかし、各地の旅行会社の多くは、これまで発地側からの受注型企画旅行（手配旅行）やパッケージツアーの代理店販売が主であったため、着地型旅行商品の企画に関わる経験がなく、人材も不足している。また、商品の1人あたりの単価が低く、催行人員の少ない着地型観光事業はどうしても収入面で見劣りし、ビジネスに結びつきにくいことも事実である。その他、独自の企画を販売する手段を持っていなかったり、ネット販売の手法を十分に活かせない旅行会社も多い。

　2007年6月に、ANTAが会員に対して行った調査では、地域限定の国内募集型企画旅行についてその実施状況を聞いたところ、回答のあった1362社のう

図表8　旅行業者(本社)の分布（2006年4月1日現在）

	第1種		第2種		第3種	
東京都	456	56%	318	11%	1570	26%
大阪府	76	9%	155	6%	601	10%
他道府県	285	35%	2284	83%	3917	64%
計	817	100%	2757	100%	6088	100%

(出典：㈳日本旅行業協会(第1種)、国土交通省(第2種・第3種)より筆者作成)

ち「すでに実施している」はわずか2.3%に留まり、一方で「実施しない」と明言している会員は29.8%に上っているのが実態である。ただし、「今後実施したい」の29.3%と「検討中」の38%の旅行会社を合わせると7割弱（約900社）の予備群が存在することから、今後の積極的な取組みに期待したい[14]。

　海外では、現地の観光案内やホテル、レストランの手配などをするランドオペレーターが一般的に活躍しているが、日本では、出発地主導の企画販売が強大な力を持っていたためランドオペレーター機能が未発達であり、この点は特に欧米の観光事業との大きな違いとなっている。日本の旅行会社では、第1種旅行業の半数以上が東京に集中している一方で、第2種、第3種旅行業は東京都と大阪府以外の道府県に分散しており、これからの着地型観光事業を考える時に、地域の旅行会社のランドオペレーター化が極めて重要になってくるといえる（図表8）。

　国内でランドオペレーターとして活躍している地域の旅行会社はまだ少ないが、京都市内に本社を置く「㈱ツアーランド」（第2種）は、積極的に独自の着地型商品を企画・販売している会社の一つである（図表9）。2004年に実施

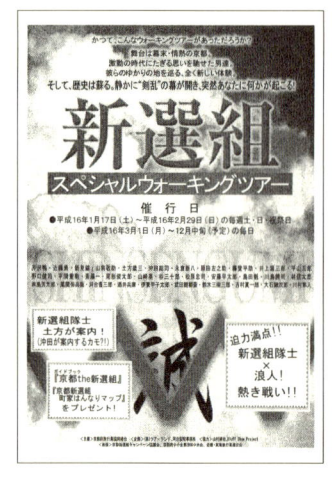

図表9　ツアーランドによる着地型旅行商品の例

された「新選組スペシャルウォーキングツアー」は、まち歩きの途中で役者による寸劇が行われるなど楽しい演出も含まれており、プロの旅行会社ならではの企画力で魅力ある商品となっている。また、京都の歴史や伝統、文化、産業について、講義と現地体験をセットで楽しむ「京都おこしやす大学」(京都おこしやす大学推進協議会、事務局：京都市観光協会)においても、大手旅行会社の企画と並んで、地域の旅行会社ならではの商品を企画している。もちろん、催行人員が少なかったり客単価が低い点などからビジネスの面では採算が厳しく、旅行会社の事業すべてを着地型観光でというわけにはいかないが、従来の発地型旅行事業に加えて、着地型観光に取り組む時期に来ていると思われる。

4 持続的事業展開に向けたヒント

本章では、第1節で着地型観光の事業主体として多様な団体があることを取り上げ、第2節では、その一つの有力な候補として観光協会に着目した。そして、第3節では、地域の旅行会社がランドオペレーター機能を強化し、その担い手となることへの期待について触れた。

今後の地域における着地型観光の事業主体について、それぞれの可能性と問題点は図表10のように整理することができる。

着地型観光の事業主体が取り組むスタンスは、「①観光事業そのものを収益事業の柱としていくのか」、あるいは「②収益事業に直接結びつかなくても、観光事業を本業に活かせるものとして取り組むのか」によって大きく二分される。ここでは、このスタンスの違いを踏まえ、事業主体の持続的事業展開に向けて今後の参考となる考え方を示す。

1 着地型観光事業を収益事業として軌道に乗せる場合

(1) 考え方1：一定規模を確保する～教育旅行への対応・会員クラブの確立

収益事業として軌道に乗せるためには、旅行商品単体の価格設定や広報宣伝手段の確立、旅行商品そのものの魅力化が重要であることはいうまでもないが、黎明期の現時点で着地型観光事業を定着させるためには、確実に見込める一定規模の顧客を確保することが重要である。この点でいえば「教育旅行」にター

図表10　着地型観光に関わる事業主体別の可能性と問題点

事業主体	可能性	問題点
まちづくり会社TMO	・旧中活法で認定されたTMOがすでに存在。 ・TMOとしての法的位置づけが解消され、今後の活動を商業振興に限らず、幅広く検討することが必要とされており、着地型観光もその一つとして期待。	・多くは商工会議所内に置かれた調整型のTMOの組織であり、その場合、収益事業への取組みは体制的に困難。 ・中心市街地のエリアに限定されたままであれば、全地域的な着地型観光に取り組めない。
まちづくりNPO	・数多くのまちづくりNPOが現れてきており、その数は増加傾向。 ・団塊世代の地域デビューが進み、さらに地域づくりに取り組む人の増加を期待。	・収益事業にまで取り組むことを意図したNPOは少なく、組織体制や経営基盤が脆弱。 ・「観光」に焦点を当てて活動している団体はまだ少ない。
道の駅運営管理者	・全国で900弱の道の駅が登録。 ・道の駅は、観光案内、休憩、食事、土産物販売など、主要な観光機能が集中しており、拠点としての位置づけが容易。	・行政管理の道の駅では、着地型観光を導入しづらい。 ・道の駅の運営管理だけでなく、新たに旅行業を取得し、旅行業務取扱管理者を雇用または養成することが必要。
宿泊事業者	・宿泊に付加価値のあるサービスを提供する視点から着地型観光への参入を期待。 ・観光圏整備法により、宿泊事業者の旅行業者代理業参入を容易にする特例措置も活用可能。	・着地型観光に展開できるだけのスタッフ数がいるところは、ホテルなどの少数に限られる。 ・新たに旅行業を取得し、旅行業務取扱管理者を雇用または養成することが必要。
観光協会	・地域の観光関係者の団体として枢要な位置づけ。 ・収益事業の強化と併せて、第3種旅行業を取得し、着地型観光への展開を期待。	・観光協会のミッションとして、着地型観光事業の必要性を会員間で共有。 ・着地型観光事業を担うための組織体制や経営基盤の強化が必要。
地域の旅行会社	・第2種は8割、第3種は6割の旅行会社が東京・大阪以外の地域に所在。 ・旅行業の免許登録があり、旅行業務取扱管理者も存在。	・ランドオペレーターとしての知識、経験、人材の不足。 ・ビジネスとして魅力的な収益性が担保できるかどうか。 ・独自の広報・販売手段を持っていないため、ネット活用も含めて開拓することが必要。

ゲットを絞った㈱南信州観光公社の取組みは、事業面での成功を裏づけているといえる。

　また、一度に多くの観光客を受け入れるのではなく、固定客を囲い込んでリピーターを確保することも一定規模を確保する一つの考え方である。いわゆる「会員クラブ」をつくって顧客名簿を管理し、ダイレクトメールにより継続的に情報提供していくことが重要である。特に、住民との交流が大きな魅力となる着地型観光では一方通行の情報発信ではなく、住民と観光客相互のコミュニケーションを重視した取組みを進めることによって、地域のファンとなる「会員」

(2) 考え方２：トータルの旅行消費額を増やす～物販や飲食業との組合せ

　地域の受け入れ体制が整わない場合、考え方１の「規模の確保」という取組みができないことも十分に考えられる。前述の「着地型旅行に関する実態調査」において、回答のあった 39 団体の旅行商品について見ると、一つのツアーで催行人員が「10～20人」と「20～30人」が最も多く、「10人未満」の旅行商品も含めると、「30人未満」の少人数設定が半数近くを占めている（図表11）。

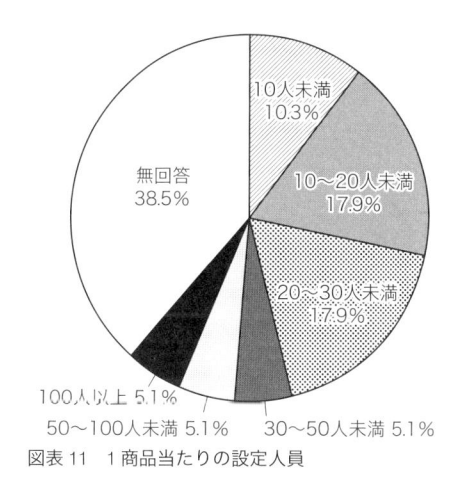

図表11　１商品当たりの設定人員

（円グラフ：10人未満 10.3%、10～20人未満 17.9%、20～30人未満 17.9%、30～50人未満 5.1%、50～100人未満 5.1%、100人以上 5.1%、無回答 38.5%）

　着地型観光事業そのものは、個人の旅行ニーズの多様化に対応して、地域の資源を活かすものであることから、マスツーリズムに向かない性格のものであり、その意味で「30人未満」の設定人員は妥当である。この場合、旅行商品単体の価格設定が収益において大きな課題であり、本来、着地型旅行事業の価値に見合う適正な価格設定をして収益を確保することが必要であるが、事業当初は難しい面がある。

　そこで、例えば、㈱おおず街なか再生館で取り組まれているように、道の駅などでの物品販売や飲食店経営の売上げと組み合わせ、トータルとしての旅行消費額を増やす工夫が必要である。

　なお、現在、各地で行政の補助金が入ったモニターツアーが行われているが、着地型観光の「事業」という点で本来はありえない「格安」に設定されたモニターツアーが安易につくりだされ、実験で終わってしまうところも出てきている。事業としての自立を目指す行政支援であるならば、モニターツアーの旅行代金そのものに補助金を充当させるのではなく、他の要素（例えば、モニターに対するアンケート調査費やガイド研修のための経費など）に止めておくことが肝要である。

(3) 考え方3：オプショナルツアーとして発地型商品に組み込む～大手旅行会社や大手旅客運輸事業者との提携

考え方1の「規模の確保」にも関連するが、大手旅行会社との提携を進めることによって、オプショナルツアーとしてパッケージツアー等に組み込み、PRの相乗りを図ることで大規模な宣伝活動につなげることができる。このことは、発地の大手旅行会社だけでなく、旅客運輸事業者との連携でもいえることである。

着地型観光事業を進める際に販売チャネルが少ないと、効果的な広告宣伝は難しい。広告宣伝には費用もかかり、それに見合う集客が見込めなければ事業として成り立たない。したがって、既存の販売網を持つ事業者とのネットワークを広げ、着地型旅行商品そのものの魅力を高めて販売網を確立していくことが有効である。

2　最初から収益事業として見込まない場合

前項とは異なり、そもそも旅行事業による収益は当てにしないと割り切る場合もある。これは、事業主体のうちの宿泊事業者が該当する。本業の宿泊にプラスとなる事業として着地型観光事業を位置づけている場合は、この収益だけを成り立たせることに対する心配は軽減できる。しかし、このような取組みができるのは、すでに指摘したとおり、従業員数の多いホテル事業者に限られる場合が多い。

また、地域の運輸事業者も、本来のバス事業やタクシー事業との組合せによって、プラスアルファの事業拡大が見込めれば、着地型観光事業の担い手として十分な候補となりうる。

今後、着地型観光に取り組む事業主体は、各地でさらに増えてくるであろう。それぞれの地域にどんなプレーヤーが存在し、誰が一番適切であるのか、周辺地域や発地の旅行会社との組合せなども含めてさまざまなケースが生まれてくることも考えられる。

いずれにしても、それぞれの地域において、まずは多様な機関や団体等が集うコンソーシアムを形成し、着地型観光に地域全体として取り組む基本方針を

共有することから始めたい。その一歩を踏み出すことが、想定される事業主体の次への展開を引き出すきっかけになることは間違いない。

〈注〉
1) 「第3種旅行業務の範囲の拡大について」（2007年4月、国土交通省総合政策局観光事業課）。
2) 第3種旅行業を新規に取得した高山グリーンホテルでは、市町村合併による機会創出が旅行業取得の一要因になったとしている。高山市（岐阜県）は、合併により全国でも最大規模の面積を有するエリアになっただけでなく、近隣市の合併もあり、世界遺産・白川郷のある白川村、郡上おどりで有名な郡上市、下呂温泉のある下呂市、古川の歴史的町並みが残る飛騨市、上高地のある旧安曇村を含む松本市（長野県）、富山市など国内メジャー級の観光エリアに接することになった。
3) 日本観光研究学会は、1986年に「日本観光研究者連合」の名称によって設立された学術団体であり、1994年度会員総会により現在の名称に変更された。2008年6月現在、約700名の会員組織である。「着地型ツーリズム」研究分科会は、当学会の研究分科会として2006年度から3年間、本書の編著者である尾家建生・大阪観光大学教授を中心に学会員10名のメンバーが参画して、着地型ツーリズムに関する事例調査や研究に取り組んでいる。
4) 「着地型旅行に関する実態調査2007」（日本観光研究学会「着地型ツーリズム」研究分科会実施）は着地型観光事業に取り組んでいると思われる団体に対し、その実態や旅行商品の特徴を把握することを目的として実施した。調査対象・方法は、㈳全国旅行業協会（ANTA）登録の観光協会や本研究会会員の所有する着地型観光情報（コンソーシアムや自治体、グリーンツーリズム実施団体や、近年3種を取得したNPO団体など）から90団体を抽出し、2007年7月から8月にかけて郵送配布・郵送回収により行った。一部の団体には電話による連絡を行った。50団体からの回答（回収率55.6％）を得ている。
5) 関東経済産業局ウェブサイト（http://www.kanto.meti.go.jp/seisaku/ryutsu/shougyou/20051031tmoniteisuu.html）によると、2006年8月21日現在で413のTMO構想が認定されている。TMO構想を作成する主体者となった商工会・商工会議所、第三セクター等が「認定構想推進事業者（すなわち、TMO）」として位置づけられている。
6) 内閣府ウェブサイト「内閣府NPOホームページ」（http://www.npo-homepage.go.jp/）より、2008年2月末現在の特定非営利活動促進法に基づく認証数。
7) 全国「道の駅」連絡会議ウェブサイト http://www.michi-no-eki.net/Riyosha/R-001.php。
8) 高山グリーンホテルでは、販売推進本部の中にツアー事業部を設置し、着地型観光事業に取り組んでいる。
9) 国土交通省の「観光地づくりデータベース」のウェブサイトで登録されている市町村観光協会等は2008年4月現在で1089となっている。
10) 『季刊まちづくり』2008年6月号。
11) 2002年から中間法人法が施行され、無限責任中間法人と有限責任中間法人が設けられた。「有限責任中間法人」については、その社員が法人の債務について対外的な責任を負わないため、300万円以上の基金を設けなければならない。なお、中間法人制度は、公益法人制度改革によって廃止され、一般社団法人に移行されることとなっている。2008年度に新制度が発足し、従来の財団法人と社団法人も5年間の移行期間を経て、新制度化の法人に移行することとなる。これにより、優遇税制との関係も変わってくることになる。この動きは、既存の観光協会においても、組織改革を検討するきっかけになると思われる。
12) 『季刊観光』2007年春号。なお、詳しくは第6章の事例1を参照。
13) 『季刊観光』2007年春号。
14) ㈳全国旅行業協会「平成19年度会員実態調査に関する集計結果報告書（平成19年6月1日実施）」。

3章 着地型観光の商品企画

　この章では筆者が長年取り組んできた旅行商品企画について、北海道をモデル地区として「その広大な大地から観光資源を創生し、さらに訪問客にとって心動かされる企画とは何か」を述べる。北海道は観光資源の豊富な地ではあるが、商品化するということは実に困難を要する。特にバスツアーやマイカーでのドライブ旅行では大地をひたすら走る変化のない時間が長く、そのコース中に顧客ニーズと地元との隠れた接点やガイドなどを把握することは商品企画の重要なポイントとなる。これらの企画ポイントとそれに対する試行錯誤の数々は、今後ゼロからの観光資源創出に取り組む観光地側の関係者にとっても大事な観光開発ポイントとなり、着地型観光事業にとって欠かせないヒントになることであろう。

1　着眼点とコンセプト──北海道らしさの追求

　観光資源の発掘または創造における基本は「その土地らしさの追求」に尽きる。言い換えれば、風の人である旅行者（ビジター）が、土の人である住民（ホスト）の生活、風物を観て「なるほどこの土地ならでは」と思える差異に注目すべきである。それは、北海道であれば気候から始まり、風物詩、歳時記、生活、文化に至るまで、差異の整理である。また、顧客のその土地に対する価値観、イメージ形成においてのコア要素もリサーチし、ある時には勘も含めて掌握した上での対応、これがまずあらゆる出発点として重要である。

　筆者が25年前の学生の頃にも大きな変化があった。その頃、各旅行会社の

パンフレットに多用されていた道庁や時計台、摩周湖などが、4年間のうちに美瑛や富良野の丘陵地帯、十勝などの地平線と牧場地帯、各地に点在する広さを感じる畑などへと、大きく変わっていったのである。

　そこで筆者は「その土地らしさの追求」に基づいて、北海道をあらゆる角度から分析した結果、いくつかのキーワードでまとめてみた[1]。①季節が四季でなく六季である。②日本国内における外国のような存在である。③少し重なるが特異な文化と歴史がある。④いくつもの県が入るほど大きい。しかし⑤北海道は"でっかいどう"だけの一面とは限らない。⑥憧れの北海道の風景の象徴は地平線と牧場だがその巡り合いは道にある。⑦季節は激しく変わり年々異なる⇒もう二度と会えない風景。⑧土地に気をつくる、その土地の神の存在等。

　そしてそのキーコンセプトの発見を旅行者に知らしめるべく、団体ツアーにおいてはさまざまなパフォーマンスも行った。以下の実例は、今後特に着地型で商品を設定する場合の細やかな演出への着眼点としても参考になろう。例えば、添乗員が何もない退屈な畑や原野のそばで、バスから降りて1分間歩いてみせ、畑の大きさや霧の濃さを知らしめてみたり、到着目的地徒歩10分前地点からあえて歩いてもらうことで、汗をかきながら途中の景色にじっくり触れることで到達時の満足感を盛り上げたり、ガイド案内をストップしてBGMなどで景色に浸る時間を設けたり、バスのスピードを落としたりなどの演出など、すべては北海道らしさに顧客に気づいていただくためである。現地に来る以前は憧れの景色も、来てみると案外単調で退屈になり否定的感情になるのをカバーするために、これらをマニュアル化した。

　そうして行程中、憧れの対象にもかかわらず最も疎かになっていた「道の途中にある素朴な景色」にこそ、実は北海道ツアーを感動へと導く北海道らしさがある。このような団体ツアーにおいては、その入り口づくりが結果的にキーコンセプトになると考えた。ただ所詮、発地側の数知れた知識、体験でここまで考えたわけで、さらに着地側がイニシアティブをとればホスピタリティも含めどれだけのことがその場その場で対応できるかを期待したい。その点がこれから着地側の主役になる方々に問題提起したい点である。

2 美瑛感動の丘から網走感動の径へ

1 美瑛における発地型商品で添乗員の行った演出

　道東周遊商品で当初から満足度の高かった地域が、美瑛の丘めぐりであった（図表1）。もともと素朴な景色の美瑛の丘を BGM に乗せて走る時には美しい景色の繰り返しに何度も歓声があがっていたので、演出マニュアルとして、感動度を拍手で表していただき、最も拍手が大きかった場所でワンストップし、眺め入ると同時に「このバスの皆で決めたこの日の感動の丘」ということにした。各自が自分の心で捉えた感動を観光資源にしたわけで、この毎日の積み重ねが次の観光資源を生むことにつながった。

　そうして自然体で見つけてきたその日ごとの感動の丘であったが、他のツアーバスやレンタカーが訪れることになり、住民たちの生活空間でもあったため、さまざまな矛盾を生じていくことになる。農地侵入やゴミのポイ捨てなどのトラブルが最も多かった。我々がじっと見ているだけで怒られたこともあるし、レンタカーのドライバーのマナー不足はバスが止まるからだともいわれ、観光と現実的な生活空間という双方の軋轢が、このような観光手法の先がけであった我々に押しかかってきた。もし着地側で旅行商品を運営していたら折衝点もあったろうが、現実はそうではなかった。さらに行政による駐車場もでき、余計に観光の進行がいびつな状況を生み出すことになった。

　素直に素朴ないいシーンを見せることが、発地側からの侵入者である旅行会社が先導すると、地元ではどうしても悪の元凶になってしまう。ではそうならないような観光促進というのは不可能なのか？　美瑛を交通公害の坩堝と化し、土産店などが並

図表1　美瑛感動の丘

ぶありきたりの俗な観光地化を進行させ、最もこの地で重要であった景観観光資源まで破壊してしまったことに責任を感じた筆者は、観光促進が観光資源を持続させつつできないものかと考えた。そんな時に出会ったのが網走郊外の中園丘陵地帯で、次の感動の径へとつながった。

2 │ 網走における発地型商品で添乗員が行った演出

　美瑛では丘と十勝岳連峰の景色がメインであったが、網走には丘陵の向こうに斜里岳の雄姿があり、加えてオホーツク海とさらに海を越えた知床連峰が横たわる（図表2）。絶景であると同時に景色の奥行きが深い。しかし、ひとたび悪天候になると一気にその奥行きがなくなり足元にまで目線が落とされる。美瑛を超える壮大な景色を、天候コンディションによる変化をよりどころに、どのように演出し顧客に示していくかが課題である。と同時にその過酷なまでの時々の自然環境、生活環境の変化を、初めて訪れた顧客にも一瞬にして敏感に感じてもらうのに何か絶妙な手法はないものか考えた。この時々の過酷な変化を伝えることで、北海道らしい自然と気候を肯定した上で、顧客に感動をもたらすことができるからである。

　見せかけだけでなく、どんな状態でも北海道を感じてもらうための一歩であると確信し、まずはバスの中で「小さな北海道みつけた　ゲーム」というものを始めた。何時間かの間に気づいた（見つけた）車窓からの北海道らしい景色におけるファーストインプレッションを思いついたまま紙に羅列するだけのことだが、着眼点は一つ、「大きな」ではなく「小さな」であること。これは、小さな特徴にさえ気づいていれば、いざ大きな景色に出会っても、小さな特徴の積み重ねとして無限大の大きさを感じることができるからだ。一方で、大きな景色に出会うことができなくても、何げない細やかな部分に北海道らしさを見

図表2　網走感動の径

つけ出し感動することができるからである。そのような課題を出した添乗員が、お客さまに書いていただいた中で貴重な感想を全員の前で発表することにし、そのまなざしを共有する仕掛けとした。

　そのような到着前の演出の積み重ねを経て、さまざまなコンディションでこの場所にやってくる。そこで、天候に合わせて何種類か用意したBGMテープを添乗員がおもむろに用意し、ガイドの通常案内も止めて、景色を静かに見入る時間にする。このルートは企画側としては素晴らしいのはわかっているものの、何もなしで突然そのような過ごし方をするというわけにはいかないので、あえて「網走感動の径」という名前をつけて事前に広告告知もした。結果的にだが、顧客アンケート一杯に書き述べて下さるのを見る限り、仕掛けは及第点であった。最も評価できた点は、この仕掛けのおかげで顧客アンケートにもっと素晴らしい素朴な北海道の景色発見が書かれていたことや、感動の径が悪天候だった際、別の場所に北海道の大きさなどを見出した趣旨が書かれていた点である。この手法はバス移動、ツアー行動においても常に難しい自然対処手法へのヒントになる。また広域演出の考え方などの要素をクリアしていることに気づいていただきたいのである。

3 │ 着地型商品であれば防げた課題

　このように網走感動の径は、そのルートを単純に表したものではなく、またその景色を固定化したものでもなく、流動的に捉えた上で、既存の観光地形成の手法とはまったく異なる着眼点から設定されていた。道路だけでなく、その時々の景色のすべてである「面」を見せてくれる「こころの小径」が感動の径なのである。命名者からいわせてもらえれば、少なくとも私の企画においては、そのコンセプトどおり進められていたのだが、着地企画としてすべてを仕切っているわけではない発地旅行会社の企画の一環では、限度があった。着地型商品であれば防げたかもしれないということから悪例を挙げる。

　発地でひとたび「網走感動の径」と新聞やパンフレット等で告知すると、登録商標にでもしない限り、瞬く間に各社のコピー商品ができてしまうことを防げない。しかも、コピー商品はいかにも道路がそのまま観光資源であるかのような、従来どおりの旅行商品化であったため、顧客の不満を招いた。そのうえ、

心ない観光公害を引き起こす誘客を促進してしまうことになり、結果的に地元農民からの観光に対する批判を高めることにもつながった。このような企画も、着地型商品であれば地域として企画そのものをプログラム化した上で、各旅行会社に対して条件を示すなど調整機能が働く。地元からの意見にも即応し、観光公害も最小限にできる。こういった景観ポイントの発掘と実際の見学演出、そしてそのマネジメントこそが、着地型観光の資源創出や商品化のシステムに組み入れるべき重要事項なのであろうが、発地の会社としては各社並列の立場であり、不可能で、現地にとって有効な観光は生まれない。

北海道を追求した結果として生み出された感動の径について最終的にぶつかった壁についてもあえて述べたが、このような方法は、あらゆる地域にとって、ゼロからの観光資源創出の切り口の一つといえよう。

3 地元らしさを追求したオプショナルツアー

1 クリスタルモーニングハイヤー

筆者が参加した十数年前のある観光業者関係の会合で、網走における冬の風物詩である網走川の樹氷の話が出た。その地点では網走湖と海とを結ぶ網走川の水蒸気が明け方一気に樹氷をつくりだす確率が高いということだったが、その他にもこの近辺では冬の早朝の藻琴湖の寒しじみ採り、さらに俗な流氷観光も時間を変えることによって流氷鳴りや黎明の流氷と出会えるなど、さまざまな風物詩（観光資源）が存在することに気がついた。

元来シニア層で早起きが多い団体バスツアー客には、朝風呂しか過ごし方がない時間帯である。希望者へのオプショナルツアーの販売には打ってつけの素材と感じ、すぐさまその場でコースシナリオを作成した。その時は発地旅行会社が仕切ったので、住民や地域とのさらなる一体化までは考えが及びもしなかったが、元来このような現地発着でのオプショナルツアー販売商品こそ、先の勉強会のような過程を経て着地側で製造されれば、地域内の連携やコンセンサスを経て、さらに価値を高めた商品ができたのではないだろうか？

朝４時過ぎに集合し真っ暗闇の中を走り、オホーツクに突き出た能取岬灯台

周辺の断崖で満点の星と蒼く白んでくる東の空、やがてぼんやり浮かび上がってくる目の前の流氷と白い水平線、そして耳を澄ましてみると断崖の下の方から「ギーッ、ギーッ、キューキュー」と流氷鳴りが聞こえてくる感動の夜明けを体験。夜明け前の冷え切った体で車内に戻った時に、おもむろにドライバーが温めた缶コーヒーを手渡しする。その後は海岸間近で、流氷面を赤く染める夜明けと、知床連山から昇る朝日を眺めて、視界の広がる北浜駅あたりまでドライブ、帰りに藻琴湖の寒しじみ採り風景を車窓に見る。クライマックスは網走川沿いの樹氷、その後、湖畔のホテルに帰着、朝風呂へというシナリオである。ただ、絶好のコンディションならば感激の2時間なのだが、先の感動の径と同様、その日によってかなり状況が変わってしまうナマモノで、実はさまざまな問題点が潜んでいるのである。

2 発地型添乗員によるケアから学ぶ着地型商品における課題

　コンディションによることとは、例えば吹雪で星も日の出も見えない。流氷が流れてしまって岸にない。暖かくて樹氷ができないなど。自然現象とはいえ、常に状況を意識しながら販売と運営・管理をしていかなければならない。したがって当初より日の出ハイヤーとか、流氷○○ツアーとかの呼称やセールストークもご法度である。何かを「見に行く」のではなく、皆が寝静まっている早朝に普段では見ることなどできない地域の生活風景というか何かを「感じに行く」とでもいおうか。北海道の真冬の早朝時間を過ごす貴重な時間にクリスタルな輝きを持ち、途方もなく寒くてクリスタルな気分、気まぐれな自然現象だが極めて幻想的でクリスタルな時間という商品なのである。

　実は出発地における旅行企画商品では、告知した観光内容の安定した提供や、万が一の時の消費者保護のための旅程保証という実に扱いが難しい課題がある。今後着地型観光における商品企画には、その土地らしさを追求した本物の商品は必然なので、裏側にはこのようなリスク回避策や演出が必要であると心得るべきである。その克服が可能なのも着地型商品ではなかろうか。

　この商品の販売は筆者の会社では添乗員同行ツアーにおける販売に限っていた。というのは、このオプショナルツアーのシナリオを原稿用紙十数枚に仕立て上げて添乗員に朗読させ、自然現象が見えた場合のイメージと、見えなかっ

た場合のイメージ双方を肯定的に表現し、顧客にあらかじめ最悪の場合を想定してもらった上で、あくまでも日中のバスでは行くことができない、とっておきの世界へのご案内として納得させてから販売をしたということである。また、添乗員も同乗しているので、実際には流動的な自然現象にも、その場で自然に肯定的なスタンスに立った上で、原稿に書いてあるとおりに、この添乗員がフォローを入れ行程管理をする。このように最初から旅行業約款上の旅程保証に抵触しないように心掛けた。

　特にここ数年、各旅行会社からの旅程保証の縛りが、地元業者による安定供給（自然、食物、季節的なもの、花など）への無理な要求となり、結局、食であれば冷凍ものに供給を頼らざるをえなくなってしまうなど、典型的マスツーリズムにおけるクオリティダウンを導いている。素朴な本物という観点に立った時に、発地では詳細な説明など不可能であっても、法律的に顧客の保護もしていかなければならないが、最初からはっきり曖昧は曖昧と断じた上で、リスクと裏腹の本物の素晴らしい地域の観光資源に出会うという流れをつくらねば、永遠に曖昧な商品内容から脱却できない。最小限または最大公約数に値するありきたりの資源や、素材だけを販売している上では仕方がないが、今後、クオリティの高い希少価値のある着地側商品開発ならではの観光資源を販売する際には、このことの捉え方が大きな分かれ目になる。筆者の販売手法では、数年にわたり毎冬、数百名のツアー客が参加したが、特に苦情はなく、冬の北海道ならではの体験として評価された。

　一方、数年後、観光協会でも「グッドモーニングハイヤー」と称して「流氷のご来光」を見に行こうというコンセプトで、大手のフリープラン冊子にもオプショナル商品として掲載販売されたが、日の出が見える見えないでのクレームが出て、すぐ販売中止になったようである。いくら地元の一部組織が絡んでも、最終過程で旅行商品をコーディネートする旅行業機能がないままであれば、こうなってしまう。しかも販売は発地旅行会社であるから、なおさら先に述べた旅程保証としての顧客対応になるので、本物の素晴らしい観光資源にリスクも覚悟して挑戦するレベルには到底行きつかないのである。

4 寄り道観光商品

1 着地型商品のキーになる宿泊地

　前節では着地型商品の一例として宿泊した翌朝の企画について述べたが、逆に夕方から夕食後の夜の企画も存在する。連泊滞在も重要だが、まず第一歩は1泊だけの宿泊とその周辺での過ごし方であることを考えると、体験観光も含め、宿泊地が軸となる着地型観光の重要性は明らかである。また、地域内宿泊業者が同じ商品を共通に販売すれば、効率的で事業が成り立ちやすいことから、地域ステークホルダーがまとまって何らかのコンソーシアムを設ければ、商品化、コーディネート、販売なども一気に可能になる。このようなことから宿泊地周辺を拠点に着地型観光素材を整理し、その商材を商品化していくためには地域の宿泊業者の存在もまた重要である。国土交通省による宿泊業者による旅行代理店業認可の簡素化もそのような大きな流れであるといえる。

2 日中の着地型商品のキーは寄り道観光

　ここ数年、マイカー利用の旅行は増加傾向にある[2]。都市部から中距離エリア内の観光地へは、以前のバス、JRなど公共機関でなくマイカー利用となっている。一方で都市部から長距離観光目的地へは航空機やJRを使った上で、着地からレンタカーという個人旅行の図式ができあがりつつある。ということは、今後の旅行商品とは何を指すのか。旅行商材が宿泊だけの単品であれば、ネット販売だけで簡単に旅行が完成し、あと残っているのは現地周辺で何を体験するのかだけである。まさしくこの部分がニューツーリズムであり、着地型観光商品になる。

　その例として、第1節、第2節において北海道らしさを追求する際に「道」の存在を重要視し、演出や商品化へと仕向けたことを述べた。

　日中であれば、宿泊地以外に昼食場所や体験観光資源所在地など、観光ルート中間点がキーポイントとなる。さらに景観的にも優れた場所で観光資源演出ができれば、より自然な形で消費する機会が生まれるばかりか、顧客満足度が

一層増す。

　このようなルート上のポイントは、導入部である「道」という観光資源をもう一歩進歩させた「寄り道観光」といえる。それは、線であるルートから、この区域だけでも幅を持った面として、観光エリアを形成することである。パーク＆ランチやパーク＆ウォークにより、文字どおり滞在時間を長くすることで、その周辺のグリーンツーリズム、ルーラルツーリズム、エコツーリズムなどニューツーリズム観光資源とが結びつき、より深い観光となり、地域への経済効果も生み出せる。

　寄り道観光企画の重要なコンセプトについて述べる。北海道のレンタカー商品アンケートで、レンタカー旅行中で印象に残った箇所として「農家直売所での触れあい」が挙げられている[3]。個人旅行においても地域住民との触れあいの重要性は増しており、寄り道観光に加えることができれば望ましい。それは地域内消費を仕掛ける場所にもなるので、道の駅など地域インフラとの連動がさらに望ましい。レンタカーやマイカーのパーク＆ライド地点はちょっと寄り道して写真撮影し、休憩し、周辺散歩から体験観光、軽食、お土産購入となる。そこは地域情報ステーション機能を経て、最終的に地域住民との触れあいの場所という大きな役割を果たす場所になる可能性を持つ。言葉を換えれば、重要な観光商品素材の一つでもある住民との共有時間の提供場所であるということだ。このように地域のハード面との連動による触れあい空間の提供は、顧客のニーズに応える商品づくりにつながる。着地主体、地域主体だからこそできる着地型観光商品創生では、地域行政も含めた総合的な観光政策やまちづくりとの連動が重要である。

5　地域連携ネットワークとしての着地型観光

1　摩周湖屈斜路社会実験の概要

　2007年5月に旅行業法が改正された。そこには第2章で紹介したように、着地型観光商品の企画実施実現へ向けた改正が含まれていたが、これまでのところ積極的な展開はあまり見受けられない。観光協会による第3種旅行業取得も

想定されていた割には動きが少ない。例えば今回改正された第3種旅行業者による企画範囲は登録業者のある市町村と隣接市町村に限られており、広範囲の企画はできないし、日帰り限定、当日集金など制約も多い。着地側からすれば、個人旅行化し交通手段もマイカーやレンタカーによる自由な旅行形態が多いため、到着地で仕掛けられるマーケットはあまりに小さく見え、発地マーケットから遠い存在である着地の旅行業者には解決策が見えないところであろう。そこで、今後どのような切り口の商品が現実的なのか、ビジネスモデルはどのように想定するべきかを考えるよい実例がある。

業法改正と時を同じくして2007年6月に北海道運輸局が摩周屈斜路社会実験実施協議会と行った「摩周・屈斜路環境にやさしい観光交通体系構築社会実験」の実験結果がある。これは摩周湖を排気ガスから保護するために、シーズン中に国道の一定区間でマイカーやレンタカー類の通行を禁止するものである（図表3）。それによって観光と自然との共生や、従来の通過型観光から滞在時間を延ばすことによる消費誘発、北海道シーニックバイウエイ[4]を活用した広域における地域活性化などを模索する目的で、さまざまな問題点を考察する実験であった。筆者にとっては、結果的には観光客の現地でのニーズと着地型観光商品の方向性を考察できる実験にもなったといえる。

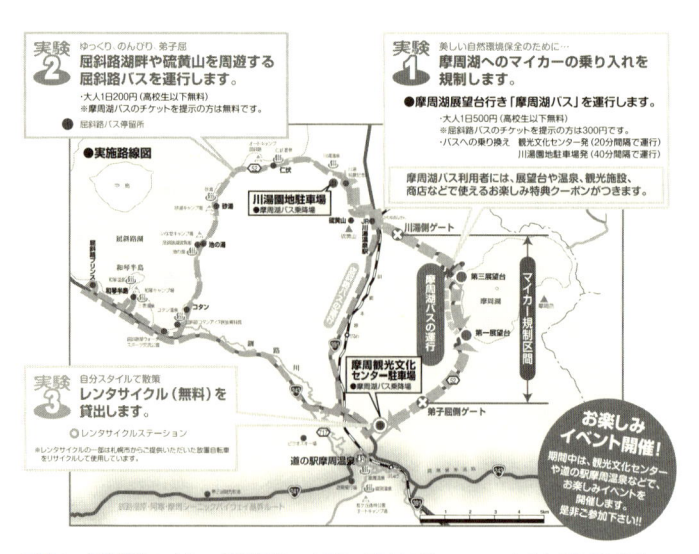

図表3　摩周湖マイカー規制 (提供：摩周湖・屈斜路環境にやさしい観光交通推進協議会)

図表4 交通実験バス(提供：摩周湖・屈斜路環境にやさしい観光交通推進協議会)　　図表5 バス内でのボランティアガイド(提供：摩周湖・屈斜路環境にやさしい観光交通推進協議会)

　内容は、2007年6月11日から17日までの8時から17時まで、摩周湖周遊道路の弟子屈側と川湯側でマイカー規制（貸切バスは該当しない）を行い、それぞれから20分間隔で展望台へのバスを有料（500円）運行し、ボランティアガイドが案内するなどのケアをして顧客の反応を見るものであった（図表4、5）。と同時に、各ゲートに付設された駐車場において屈斜路湖畔や周辺を周遊する別のバスコースを設定し、先の摩周湖展望台までのバスを利用した顧客にはそのバスやレンタサイクルを無料にするなどの設定をした。結果的には摩周湖バス利用者が2か所で2597人、屈斜路バスが358人、両方利用した人が173人であった。利用者は道外客が73.4％で（うち85.2％が近隣で宿泊を伴う）、レンタカー客が51.2％、マイカー客が43.1％であった。

2　実験結果に見出す着地型個人旅行商品の課題

　併せて行った顧客アンケートで大半は、このような趣旨での交通規制に賛成、好意的であった（図表6〜8）。利用者から見てさらに必要なものとして、自然や周辺知識を高めるネイチャーガイドツアーや施設の充実を希望する者が30％を超え、カフェ、レストラン、産直販売施設の要望についても30％前後、周遊バスやレンタサイクルの充実は48.6％にもなっている。これは先述の寄り道観光とも関連する結果である。この他に現地におけるボランティアガイドによるヒアリングで特筆すべき声が見つかった。「結局、北海道ではレンタカーを利用してマイペースでぐるっと周遊するのだが、距離も長いのでただ走っているだけ。わからないまま走っている。さらに人に触れあう時間がないから味

気ない。だから、このような案内のあるバスの設定と、地元ガイドと共有できる時間はありがたい」と。

結局、個人旅行化の大きな波の中で、個人のペース、個人のルート、個人の都合と感性でアレンジして、「さあ北海道を周遊するぞ」と意気込んで旅を始めてみるものの、現実的には周遊も広範囲になり、ただただ走るばかり。しかも個人旅行なので当然何の案内もなく地域のこともわからない。また、北海道個人旅行において顧客の不満の一つである「地域との触れあいのなさ」もストレスになるのであろう。個人化の反作用で、着地で行われる団体バスによる小旅行は、観光資源ばかりでなく、素朴な触れあいや案内

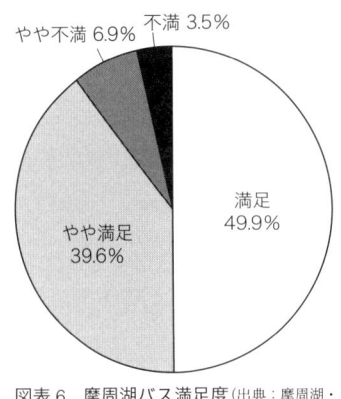

図表6 摩周湖バス満足度（出典：摩周湖・屈斜路環境にやさしい観光交通推進協議会資料より筆者加工）

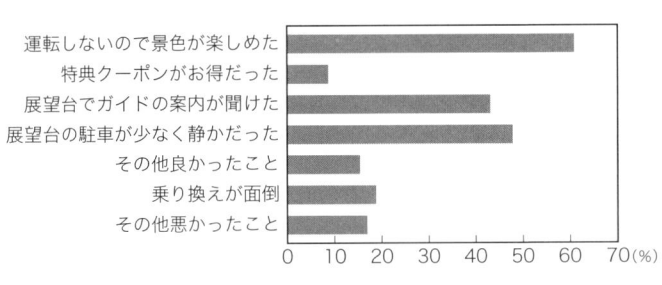

図表7 摩周湖バスで良かったこと、悪かったこと（出典：摩周湖・屈斜路環境にやさしい観光交通推進協議会資料より筆者加工）

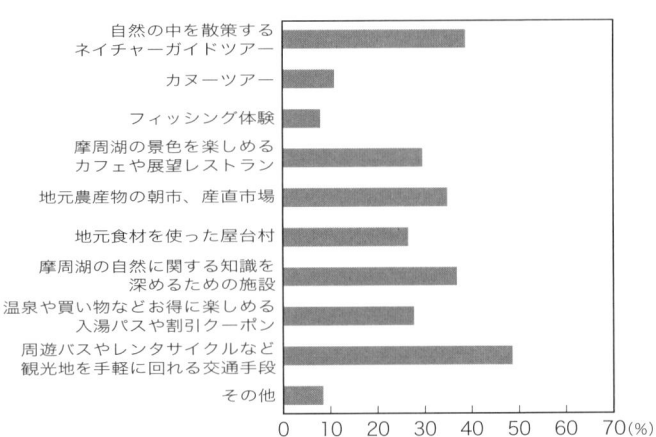

図表8 ゆったりと楽しむ観光のためには、これから弟子屈町には何が必要だと思いますか？（出典：摩周湖・屈斜路環境にやさしい観光交通推進協議会資料より筆者加工）

といった地元ならではの旅の原点の提供を伴ってさえいれば、このようにマイカーやレンタカー客にも参加してもらえる可能性を持っている。今回は環境対策という理由であったが、いずれにしても目的地のそばで車を降りて、支出を伴っても満足するバスツアーを利用する、このようなモデルは着地型ツアーの原点ではなかろうか？

3 来訪するすべてを顧客対象にした着地型観光商品とは

　また今回は告知不徹底なため実績は不十分だったが、屈斜路湖周辺周遊セットコースも設定されていたことについては述べた。このように少しアレンジした行程内容や、触れあい演出、体験との融合も着地型現地ツアーの企画アイテムの一つに入る。昼食やさまざまなセットが、2、3本の軸になるといった具合に、何パターンかの応用を加えることで、何種類かの着地型観光商品が完成する。

　北海道における現在の入込パターンは、添乗員同行型のバスツアーによる周遊型、個人旅行でも空港からレンタカーに乗って回る本州個人客、公共交通機関を利用して回る本州個人客（交通弱者[5]）、マイカーで回る道内個人客などに大別されるが、すべてがこのツアーバスのマーケットになりうる。例えば摩周湖を知床に置き換えても同様のことは可能であろうし、その他の地区であれば畑の景観の素晴らしい箇所など、網走感動の径のようにそれぞれの地域の特異性を踏まえた手法で展開すればよいのではないだろうか。そのミニツアーこそがニューツーリズムとも称している新しいツーリズムであるべきであり、さらに触れあいなども期待できる商品である。

　次に、交通弱者層の存在から着地型観光商品を考える。先の例ではバスは摩周湖麓などの目的地一歩手前の同じ場所に戻ってきたが、バスで弟子屈側から川湯側に移動できたとすれば、輸送手段としての路線バスに早変わりする。この発想を応用すれば、交通弱者には観光地間の移動のための公共交通として、マイカーやレンタカー客には「周遊型のミニツアーバス」として対応することになる。隣接市町村との間でこの種のバスができれば、広域の公共交通網と、さらにそれに加えた多様な目的に合わせた特色ある地域主体の着地型商品が一気に完成することになる。これまで着地型観光商品の具体的な造成イメージが

わかなかったが、この実験データを踏まえてゆけば、自然資源、地域、交通、着地型商品、顧客ニーズ、それぞれに有効な手段が見えてくる。

6　地域販売商品としての宿泊地長期イベント

　次に完全に着地主導で商品素材を創生してきた代表例として、全国ベースでも評価に値する道東各地における冬の中長期イベント実現と、その素材を発地旅行会社に向けプロモーションし販売に至った経緯を述べる。道東における宿泊地の強力な着地イベントの点在は、観光ルートを策定するよりどころにもなり、域内の観光を活性化し、結果的に地域全体を販売するビジネスモデルを構築した。今後の着地型観光商品展開に相通じる部分が多い。

　道東では札幌雪まつりと並び称される網走オホーツク流氷祭りが実施されていたが、短期間のため、祭りの内容や経済効果に限界があった。そこに一石を投じたのが地元ホテル観光関係者が中心になって出資し実施した、今年で22回目を迎えるウトロの「オーロラファンタジー」である（図表9）。従来の行政主導のイベントとの違いは、主体運営があくまでも民間観光ステークホルダーのホテルであり、資金の70％を占めるだけでなく、労力、販売力なども彼らに負うという点から見ても、従来型イベントとは一線を画した。まだ年間季節割で、10％前後のシェアであった当時の北海道の冬期観光客拡大を最大の目的にしているため、初年度から15日間というロングランに挑戦しているなど、地域観光資源を活かしながら一定期間持続性のある観光商材を創生したといえよう。

　スタート当初はホテル関係者主体であったスタッフが、その数年後には全体の3割に減り、むしろそれ以外の商店主や住民、漁協、教育関係者等が7割になり、地域としての動きへと変わった。元来、自然現象そのもの

図表9　ウトロオーロラファンタジー（出典：ひがし北海道観光事業開発協議会ウェブサイト）

である流氷を主として白鳥、樹氷、丹頂鶴といった冬の風物詩だけをベースに進んでいた冬の道東観光に加えて、住民や地域主体のもてなしを大いに活かした観光資源を創出することで、観光資源のあり方を大きく変えることになった。そしてそれ以降、道東各地においてホテルが主に出資し、住民のボランティアによる労力が加わった中長期イベントが始まった。「ウトロオーロラファンタジー」に遅れて1年後に「層雲峡氷瀑まつり」が、さらに「阿寒湖冬華火」が数年後にスタートし、現在は道東冬のイベントでベスト3の宿泊客動員力になっている（図表10）。これらの収容力のある宿泊地が約15年前から連動してほぼ同時期に中長期イベントを実施することによって、道東広域周遊観光も定着するようになった。

図表10　層雲峡氷瀑まつり（出典：ひがし北海道観光事業開発協議会ウェブサイト）

　一方で、ウトロ、層雲峡、阿寒湖以外にも、網走、川湯、十勝川、然別といったそれぞれの中間宿泊地にもイベントが設定されたことにより、主流であった添乗員同行周遊型コース設定では、さらにシーズンバランスのよいコース取りが可能となった。加えてイベントの実施期間が延長され2ヶ月間にもなる大型観光素材となった結果、道東という「面」の着地型観光商品素材が確立された。流氷船と並んでどのツアーもこれらが商品の核になっている。これらの素材なしで冬の観光が成立しなくなってしまったほどである。

　課題としては、発地旅行会社での販売による集客のため、まちを挙げてのホスピタリティにあふれた感動を呼ぶイベントであることが、顧客にあまり見えてこない点であろう。この価値を伝える手段は、今後の着地型観光商品育成や素材全体の進化へ向けた課題ではなかろうか。極寒の冬だけに、観光客に機動性とプラスアルファの消費を期待しにくく、経済効果もホテル中心に限られている。イベント誘客を副収入に結びつける着地型商品の構築が不完全なままであった。先述の住民との接点も含め課題はここにある。

7 着地型観光における本当に売るべきものとは

1 ゲストとホストにとっての観光とは

　「観光」という言葉の本質を捉え直してみると、ゲスト（観光客）がその土地で抱く光（風土から漂う魅力や好感、もっと観たいもの）とホスト（住民）がその土地で生きる者として抱く光（風土への誇りや感謝、観せてあげたいもの）とは往々にして最初は異なるものである（図表11、12）。しかし、一方通行でなく、何かのきっかけで双方が交われば、お互いの思いに接点を見出す。その接点が感動の琴線であり、共有された光が観光である。その間の橋渡しをするのがコーディネーターで、それを生業にした業が旅行会社であり旅行業機能である。橋渡しにおいて、単一のきっかけ（体験・食事・見学・宿泊・輸送）は素材であり、それらを組み合わすと旅行商品となる。

　先の寄り道観光の項で、商品には地域としてのインフラも含めた総合的な創生活動も必要と述べた。インフラ、触れあい、住民との接点という課題も、地域を主役と捉えた観光から考えれば、売り物となるものは各ツーリズムとそれらの資源だけでなく、提供する宿泊、飲食、交通を加えて、商品の中に包含される旅行業によるコーディネート、そしてまちづくりも挙げられよう。さらに単なる住民との触れあい交流ということだけでなく、まちに対する誇りや思いなども対象にならないだろうか。

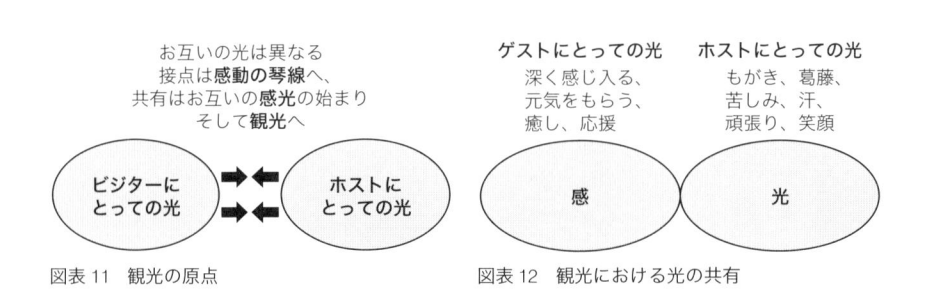

図表11　観光の原点

図表12　観光における光の共有

2 観光に住民が関わりを持った時の売り物とは何か

　元来、観光におけるゲストとホストの双方の光は異なることが大前提だが、きっかけやコーディネートによりお互いが接点を持ち、思いやることが必要だ。その結果、その思いが共感につながり、観光交流の新たなる光を生み出す。ホスト側のもがき、苦しみ、葛藤、頑張りを超えた笑顔が、時にはゲストに元気や癒しを与え、応援する気持ちや共感を呼ぶ。そのようなやりとりが地域とゲストとの交流ではないだろうか？　再度問いかける。ここでの売り物は何だろうか？　システマチックに販売される着地型観光商品もさることながら、そのクオリティをつくっていくもの、プレミア、付加価値（満足度になるもの）とは何だろうか。それは、観光資源の羅列でもなく、ハードでもない。結局、地域住民と関わりながら浮かび上がる地域の光（言い換えれば地域全体）ということではないだろうか？

　地域全体を売り物にした商品とは、言葉を換えれば「個々の観光資源はともかく、それを有する地域に導く魅力の証である地域ブランド性を示した商品」ということになる。筆者は、その魅力を育てていく過程も、観光の原点である心の交流という観点から考えれば、十分商品価値があると考える。そのように地域の刻々とした動きをナマモノのように捉えた商品は、商品企画、表現はもちろん、販売も従来の発地の手法では不可能である。

　地域全体が売り物と考えた時の商品は、着地型旅行商品が最適である。人間と人間との関わる生々しい動きがベースになった商品である。例えば、住民1人1人の顔もインターネット上の映像情報には有効であろうし、もがきや汗も商品における詳細な表現にも値するだろう。対内的にも対外的にもそんなナマモノの地域の動きすべてが対象となる時、それは「ご当地ツーリズム」と表現することができる。

3 地域の心をどのように商品に反映させるか

　旅行の個人化と成熟に対し、触れあいなど顧客のニーズを満たしているのは着地型の素材であり商品であろう。あとはニーズに基づいた商品素材をどのように顧客の元へ届けるかが課題である。着地と発地双方のバランスある販売が

しばらく続くとすると、現実的には発地の旅行会社の利益も生み出せるかどうかで次のステップが変わる。代理販売の手数料やオプションツアーとしてのメリット、将来的に総合的な地域展開のメリットを生み出せる、彼らの商品づくりと販売体制づくりである。

一方で顧客のニーズが地域素材のクオリティではなく、結局、販売価格優先という場合も十分想定される。このような場合は、発地企画のオプショナル商品の掲載は入門編でとどめ、現地に来訪してからの正確な情報とインターネット告知では詳細なクオリティを示し、顧客に費用対効果を納得してもらった上で現地での販売が最良である。どこまでも正しい観光の図式に則った商品素材であれば、自信を持ってただひたすら丁寧に中身を真剣に熱く語りながら、心をぶつけるような気持ちで商品化することである。商品のコア要素とは「地域の心」である。

〈注〉
1) 野竹鉄蔵「観光会議ほっかいどう20　考察」『リクルート北海道じゃらん』2006年。
2) ㈶日本交通公社『旅行者動向2007』2007年。
3) 野竹鉄蔵「観光会議ほっかいどう20　考察」『リクルート北海道じゃらん』2006年。
4) シーニックバイウェイ（Scenic Byway）とは、景観・シーン（Scene）の形容詞シーニック（Scenic）と、脇道・寄り道を意味するバイウェイ（Byway）を組み合わせた言葉で、地域と行政が連携し、景観や自然環境に配慮し、地域の魅力を道でつなぎながら個性的な地域、美しい環境づくりを目指す施策である。アメリカで先行的に取り組まれている制度を参考に、北海道に合った仕組みを考えて、2005年度より全国に先駆けて「シーニックバイウェイ北海道」として本格的にスタート。2006年11月現在、六つのルートで展開している。
5) 自分では運転できない顧客層。観光地においては公共交通機関に頼らざるをえない顧客層。北海道などの過疎地の場合、定期交通だけではまかなえないため、観光目的に合わせた交通も含めている。

4章 着地型観光の流通・販売とマーケティング

　魅力ある観光資源を活かし、顧客ニーズに合った着地型旅行商品をつくることができたら、その商品をどのようにして販売するか、ということが次に重要となる。どんなによい商品でもそれが顧客に知られていなければそもそも買う動機が起こらない。どのように着地型旅行商品を販売するか、それをどのように消費者に伝えるか、ということが、商品戦略と同様に、マーケティング戦略の一環として考えられなければならない。

　着地型旅行商品の流通・販売は、すでに確立されている旅行商品の流通・販売といったい何が違うのだろうか。本章では、新しい旅行商品として登場した着地型旅行商品をどのようにして販売したらよいか、流通ルート、販売チャネルの観点から考察する。

1 二つの販売チャネル

1 着地型旅行商品の流通・販売の現状と課題

　消費者が、旅行に行きたいなと思った時、どのようにして選び、どこで旅行商品を購入するだろう。旅行会社のカウンターにパンフレットを取りに行くだろうか、あるいはインターネットで旅行商品や飛行機、旅館・ホテルを検索し予約をするだろうか。㈶日本交通公社『旅行者動向2008』によれば、旅行会社の利用率は、国内旅行で32.2％、海外旅行で71.6％であった。また情報収集源としては、旅行ガイドブックの利用が65.1％、ネットの検索サイトの利用は

46.8％となっている。

　今やいろいろな手段で、いろいろな場所で、時間の制約をほとんど受けずに旅行情報を収集し、旅行商品を購入することできる。少なくとも、旅行商品をどこで買えるのかがわからない、ということはないだろう。

　ところが一度「魅力ある地域素材が満載の着地型旅行を体験してみたい」と考えた時、さて、消費者はそのような商品がどこで販売されているかをすぐに思い浮かべることができるだろうか。既存の旅行商品と同様に、まずは旅行会社に聞いてみるだろうか、あるいはインターネットを検索してみるだろうか。この時、つまり消費者が着地型旅行商品を買うことを思い立った時、どこで購入できるかが当たり前のように理解されるようになることが重要になる。

　着地型旅行商品をつくる主体である地域側の事業者にとって、いったいどのような方法で、どのような販売チャネルで着地型旅行商品を販売するのがいいのだろうか。特に、着地型旅行商品は、通常の旅行商品よりも地域に密着し、中身が濃く、伝えるべき情報が多い。そのため販売には商品価値をきちんと説明することが必要とされる。そのような魅力ある商品を販売するのに最適な販売チャネルはいったいどのようなものだろうか。

　まず、着地型旅行商品をつくる事業者にとって、消費者が生活する発地側に、着地型旅行商品を販売するための営業店舗を自ら持つことは一般的には難しいだろう。仮に大市場である首都圏に店舗を構えようとしたら、賃料や人件費など固定費が高く、また、店舗運営のノウハウも必要となる。店舗や旅行商品を告知するためには宣伝媒体の費用もかかる。ならばインターネットを活用したらどうだろう。昨今はそれほど経費をかけることなく、インターネットで告知販売することができる。インターネットは、紙媒体よりも掲載できる情報量は豊富であり、中身の濃い着地型旅行をより魅力的に紹介することができ、重要な手段となることは間違いない。しかし、日本だけでも数千万ページあるといわれるウェブサイトの中で、サイトを立ち上げることが自動的に販売実績に結びつくわけではない。検索エンジンを使った時、検索結果が上位に表示されるには、最適化やマーケティングが必要となり、そのためのコストがかかる。

　そう考えると、現時点でまだ着地型商品が大きな市場になっていないなかで、どういった販売チャネルが適切なのか、唯一の正解はまだ見られない。そこで、

現在流通している旅行商品のチャネルを参考にして、地域の魅力にあふれた着地型旅行商品を、さまざまなニーズを持った消費者に届けるための最適な販売チャネルを探っていくことにしよう。

2 「消費者」の設定と二つの販売チャネル

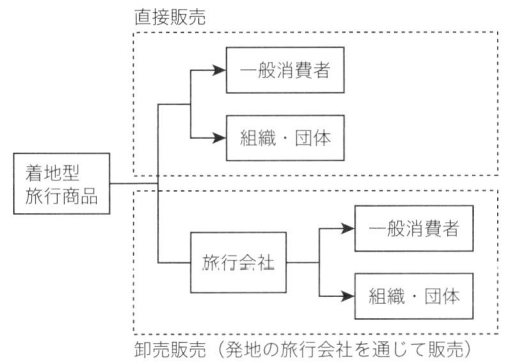

着地型旅行商品の販売チャネルには、旅行会社を通じた販売（卸売販売）と、消費者に直接販売する二つの方法がある（図表1）。そして最終的に着地型旅行商品は、「一般消費者」か、企業や学校といった「組織・団体」のどちらかの「消費者」に購入される。着地型旅行商品の事業者にとって重要なことは、それぞれの販売チャネルを通じて、それらの最終的な購入者に、着地型旅行商品の「価値」が十分に届き理解されることである。なぜならば、着地型旅行商品の場合には、これまでの旅行商品よりも商品化のプロセスにおいて手間と時間をかけてつくりだされ、付加価値が埋め込まれているからである。

図表1　着地型旅行商品の販売チャネル

したがって、その付加価値を確実に「消費者」に届けるためには、旅行会社への卸売販売と、直接販売の二つのタイプの買い手に対して、それぞれの特徴を理解して販売チャネルとして活用することが重要となる。

そこで、次にそれぞれの販売チャネルについて見てみよう。

2　旅行会社への卸売販売

1　旅行会社の役割

旅行会社は、観光産業の供給者である旅館・ホテルなどの宿泊機関、航空機・

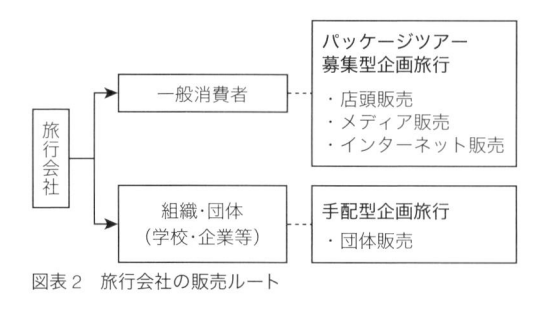

```
旅行会社 ─→ 一般消費者 ─── パッケージツアー
                          募集型企画旅行
                          ・店頭販売
                          ・メディア販売
                          ・インターネット販売
       ─→ 組織・団体 ─── 手配型企画旅行
          (学校・企業等)    ・団体販売
```

図表2　旅行会社の販売ルート

鉄道などの交通機関、レストランなどの飲食機関など、さまざまな旅行素材を組み合わせて旅行商品をつくる（旅行業界では「造成」と呼んでいる）。そして、それらの旅行商品を宣伝し、販売する。

また、旅行商品化だけでなく、鉄道や航空機、宿泊機関それぞれを単独で販売することもある。各機関に代わって販売しているという意味で、「代売」と呼ばれている。それらを総称して、「流通」の役割を果たしているといえる。最近ではマーケティングの考え方を取り入れ、消費者がどこか旅行に行きたいというニーズを満たすような旅行商品を手配するということは、消費者に代わって交通機関や宿泊施設を予約しているという意味で、「購買代理」という機能を持っているといわれることもある。

造成された旅行商品は、「一般消費者」や「学校や企業といった組織・団体」に届けられる。これらをまとめたのが図表2である。

2 一般消費者へのパッケージツアーでの販売

旅行商品の代表は、「パッケージツアー」だろう。旅行業法上では「募集型企画旅行」と称され、旅行会社があらかじめ旅行計画を作成して手配をし、参加者を募集するタイプの旅行である。

パッケージツアーを造成する事業主体はいくつかのタイプがある。まず、パッケージツアーの造成を専門にする会社（「ホールセラー」と呼ばれる）がある。また、会社の一部門として造成の専門部署を持っている場合がある。さらに、「メディア商品」あるいは「メディア販売」と呼ばれ、主に新聞や専門のカタログにより旅行商品を告知し販売する、店頭販売とは別の商品もある。その場合、独自の商品造成を行っている。

それら造成部門の商品企画担当者は、地域の素材を旅行者の視点で価値を定め、商品に昇華する。つまり、パッケージツアーの企画の鍵は、商品企画担当者が握っている。着地型旅行商品を旅行会社に売り込むとしたら、まさしくこ

こにチャンスがあることになる。

　パッケージツアー担当者が着地型旅行商品を扱うパターンにはいくつかある。
①パッケージツアーそのものとして、あるいはその中の一部として組み込まれる場合（ユニット販売）
②オプショナルツアーとして扱われる場合
③パッケージツアーのパンフレットには掲載されるが、旅行会社は販売をせず、着地の情報の一部として扱われる場合

　①は、着地型旅行商品そのものが、パッケージツアーの目玉として扱われる場合である。ANAスカイホリデーの「感動案内人プラン」がその典型である。このブランドは2007年ツアーオブザイヤー・グランプリを受賞した。

　②は、現地の自由行動などで利用できるよう、現地の会社等が主催するツアーとして販売されるものである。海外旅行にはこのパターンは多いが、国内旅行でオプショナルツアーを旅行出発前に購入するという購買行動は、まだ一般的であるとはいえない。

　③は、現地での滞在中の過ごし方の情報の一つとして提供されるものである。

　以上のように、着地型旅行商品をパッケージツアーの販売チャネルに乗せるためには、造成部門へのアプローチが重要である。パッケージツアーの流通はすでに確立されているので、販売チャネルとして活用すれば、効率よく販売することが可能である。旅行商品企画担当者は、（よい担当者であれば）常に現地の価値ある旅行、情報を求めているはずであるから、着地型旅行商品に興味を持つだろう。ただし、パッケージツアーは一般的に、大量販売を目指したビジネスモデルである。着地型旅行商品は必ずしもそうとは限らず、少人数しか受け入れられない体験型旅行を提供する場合もある。その場合には、ツアーの行程に組み入れるのではなく、オプショナルツアーとして販売するといった手法をとる必要も生じる。いずれにしても、旅行会社とビジネスパートナーとしてうまく協業することが重要となる。

3　組織・団体への販売

　旅行会社にとってもう一方の重要な顧客は学校や企業など、さまざまな組織・団体である。最終的に旅行を楽しむのはもちろん一個人であるが、参加者

個人が商品内容をすべて決めたり買ったりするのではなく、他のだれかに買ってもらった旅行に参加するということが特徴である。通常は旅行会社の営業担当者が組織・団体に対して各種企画提案を行い、販売する。

　組織・団体とは、企業、学校（公立・私立、小中高校、専門学校ほか）、公益法人（財団法人、社団法人ほか）、業界の任意団体などを指す。

　これら組織・団体が旅行を企画する場合、旅行は組織にとっての何か課題を解決するための手段として使われることが多く、旅行することそのものが目的である一般消費者の場合と異なる。旅行会社の営業担当者は、課題の解決策として旅行企画を提案する。

　例えば、企業では、職場の懇親を深めるといった福利厚生の一環で、かつては社員旅行がよく行われた。職場単位で大型バスをチャーターし温泉地まで移動し、大型旅館に宿泊し、宴会をして翌日帰るという行程の団体旅行が、週末を利用して開催された。しかし夜の大宴会や週末まで職場の関係を引きずらなければならないことに、若い社員を中心に嫌われてしまい、今ではすっかりすたれてしまった。ところが、最近また社員旅行が復活しているともいわれている。ただしやり方がずいぶんと変わってきており、家族を同伴したり、自分でお金を払ってはできないような、体験型メニューが取り入られるといった工夫がされ、かえって社員旅行が新鮮に感じられているという。

　また旅行会社にとっては、学校も重要なターゲットである。学校は年間を通じてさまざまな行事を行っているが、修学旅行など学校を離れて学習する機会も多く、それらを総称して「教育旅行」と呼ばれる分野となっている。その中で一番取扱いの大きなものは修学旅行である。最近では、単に見学を主体とした観光ではなく、農業体験、海辺でのアクティビティなど体験型の旅行を取り入れるようになっている。

　しかし発地にいる営業担当者が全国に散らばる体験型旅行の素材を集めることは大変な労力である。そこで旅行会社は、素材を開発し営業箇所にその情報を提供する専門の部署を持っている場合がある。もちろん営業担当者が独自のルートを持ち自ら素材を開発することもある。

　一方で、着地型旅行商品が、地域に根ざした商品という特性を持っているがゆえに、旅行会社を卸として利用することの難しさもある。

旅行会社の営業スタッフが着地型旅行商品を理解し、そのよさを顧客に説明し販売できるようになるために、商品を写真やビデオで説明したり、視察に来てもらい実際に体験してもらうなど、地域のファンになってもらうための継続的な努力も必要となる。

3 買い手への直接販売

1 個人への販売戦略

　一般消費者の旅行商品の購買プロセスは、一般的な商品やサービスと似ている。観光マーケティング研究者であるレス・ラムズトンは、以下のようなモデルで説明している[1]。

　　ステージⅠ　　ニーズの認知と気づき：旅行に行きたいなあ
　　ステージⅡ　　情報を探し理解する：パンフレットなどで情報収集する
　　ステージⅢ　　さらに検討する：友人などとも相談
　　ステージⅣ　　評価する：パンフレットで、日付、料金、内容などを細かく検討
　　ステージⅤ　　購入する：旅行会社にて予約と購入！
　　休日　　　　　旅行中
　　ステージⅥ　　次の行動

　このモデルにおいて、ステージⅠ～Ⅲは、旅行動機が生じ、旅行商品が認知されるプロセスである。まずは着地型旅行商品がこのプロセスに沿って認知されるかどうかがポイントである。つまり、旅行商品情報をどこで、どうやって提供するかである。そして、どこで販売するかを検討することとなる。

　前節で見たように、いまだ普及半ばの着地型旅行商品を購買行動にいかに乗せ込むか。それが着地型旅行商品の販売の成功のポイントとなる。

　着地型旅行商品の作り手が一般的に中小規模の組織であるとすると、多額の宣伝費をかけるような告知手法は難しいが、工夫次第では独自に販売チャネルを開発したり、認知度を向上させることは十分可能である。

　例えば、三重県の「紀南ツアーデザインセンター」(第7章　事例6)は、旅の記録帳に記入したビジターに対して参加者募集のDMやEメールを送った。また

「熊野を楽しむ達人の会」という無料の会員組織を発足させて囲い込みを行った。

また、大阪市の「NPO法人　天神天満町街トラスト」（第7章　事例10）は、長さ日本一のアーケードである天神橋商店街の一丁目から七丁目までを歩いた人に賞状を進呈するイベントを主催したり、修学旅行生向けに、移動屋台で商売を体験できる「一日丁稚体験」などを提供することにより、話題づくりを継続的に行い、パブリシティをうまく活用して知名度を上げ集客に結びつけていった。

このように、最初は小さな規模から顧客とのつながりを始め、顧客管理を行い、徐々に会員を増やす手法、また話題性のあるイベント等でメディアなどをうまく活用することは、小さい組織だからこそ迅速に行えることでもあろう。

2　組織・団体への販売戦略

もう一つの買い手は「組織・団体」である。その特徴はすでに前節で見たとおりであるが、購買プロセスは一般消費者に比べて概して複雑である。組織・団体の購買行動には必ずその目的があり、旅行の場合にも、旅行に行くこと自体が目的ではなく、何か組織の目標を達成するための手段として旅行が使われる。

したがって、企業や組織の購買担当者は、その目的を、より効果的に達成するために、旅行商品企画への関心、商品の価格に対する意識が高く、旅行提供者に対して十分な説明を求める。そして社内や組織のさまざまな手続きを経て、購入する旅行商品を決める。例えば学校の課外授業でどこかに旅行に行くことを想定するとわかりやすい。旅行を企画する担当の先生がいて、その担当者はおそらく最初にいろいろな旅行先を比較検討するであろう。教育効果があるかという、そもそもの目的を十分に検討することはもちろんのこと、価格面、安全面、参加者である生徒が楽しいかどうか、以前に行ったことがあるところかなど、多くの検討事項がある。そして学校内で検討し意思決定を行う。

着地型旅行商品の提供者、作り手は、そのような状況を理解して企業や学校に売り込みに行く必要がある。自然体験などを含む着地型旅行は高い教育効果が見込め、それが理解されれば、学校行事として教育プログラムに組み入れられ、毎年決まってその地域を訪れるようになるかもしれない。例えば生協では、「家族で遊ぶ／自然とふれあう／楽しく学ぶ」をテーマとして「グリーンライフ」のブランド名で自然体験ツアーを販売している。組織団体では、その組織が目

指すコンセプトと合致したような着地型旅行が受け入れられる事例である。

また山梨県北杜市は、2007年6月に全国に先駆けて「長期滞在型リトリートの杜」づくりを宣言し、体験メニュー等を活用して、企業のメンタルヘルス対策として「ビジネス・リトリート」を提案するような実験も行っている。

このように、着地型観光が組織・団体の抱える課題を解決するようなスキームを見出すことにより、販路を確保することができる。そのためには、組織・団体に対して、提案型の営業を展開する必要があり、それができる人材を確保することが重要となる。

4 販売チャネルのマネジメント

1 販売チャネルの戦略的決定

これまで見たように、着地型旅行商品の流通ルート・販売チャネルにはさまざまなものが活用できる。そのため、どの販売チャネルを使ってどの販売先に商品を売るか、つまり「販売チャネルのマネジメント」が、旅行商品を販売するための鍵となる。販売チャネルのマネジメントでは、つくった商品を余すことなく販売し、収益が最大化するように販売するために、どのような販売チャネルをどのように組み合わせて（あるいは単独で）活用するかということを考える。その際のポイントは「誰に」「どれだけ」「どのタイミングで」「どの商品を」「いくらで」販売するかということである。

旅行会社へ卸売販売をする場合には、通常、旅行会社に対して販売手数料を支払う。その結果、商品あたりの収益は直接販売するよりは低くなるが、その代わりに販売機会が増え、売上高が上がることを見込む。

一方で直接販売の場合はその逆となる。つまり、商品あたりの収益率は向上するが、販売機会を増やすための努力が必要となり、そのコストがかかる。また、直接販売をする際に、ターゲットとして比較的近隣の顧客に販売するか、遠くの大都市に販売するかも考慮する対象となる。発地から着地までの距離は、顧客にとっては、着地型旅行商品に参加するまでにかかる交通費というコストと時間消費の大きさに影響を与える。大都市には人口が多く市場は大きいが、

着地までの距離が遠ければ着地型旅行商品を購入する頻度、つまり地域を訪れる回数が少なくなるかもしれない。逆に近隣なら気軽に参加でき、頻度の高いリピーターとなるかもしれない。

そのため、どの販売チャネルにどの程度依存するか、そのバランスを戦略的に、自分の意思により管理することが重要である。バランスを決定するためのポイントは、着地型旅行商品を造成する主体において、どのような経営資源を持っているか、そして商品の性質である。

もし経営資源として、学校営業を経験したことのある人材を確保できれば、学校のニーズや購買プロセスに詳しく、直接的に学校に対する効果的な営業が可能となる。あるいは、直接学校に営業するのではなく、旅行会社にターゲットを絞って営業を行うことにより、旅行会社が顧客として抱えている複数の学校に、効率的に告知・販売をすることも可能になる。

ウェブサイトづくりとインターネットのマーケティングに長けた人材を確保できれば、インターネットによる直接販売に重点を置くことができる。

また、体験型の旅行商品の特徴を活かすことも重要である。いつでも、また少人数でも対応できるというタイプの商品か、あるいは、あらかじめ（例えば数週間前などに）実施する日程を決めて、人的資源の手配など事前の準備が必要となるタイプの商品か。前者であれば、個人旅行客を対象にそれに特化した販売チャネルを活用し、後者であれば、教育旅行マーケットのように、注文が発生した時のみに対応する受注型のビジネスの方がやりやすい。その場合には、やはり学校行事などあらかじめ日程が決まっているような顧客に販売する方が準備もしやすく、商品の質を保ちやすい。

ある程度認知度が高まり一定の売上げが見込めるようになれば、インターネットなどによる直接販売により、収益率を向上させることを重視する方針をとることも考えられる。

一般的には、一つのチャネルに過度に依存することなく、商品特性に見合った販売チャネルのマネジメントを行うことが必要である。

2 インターネット販売・コンビニエンスストア端末

インターネットによる旅行商品の販売については、これまでは店頭で販売さ

れている商品をそのままインターネットで購入できる、というものが多かった。最近では「ダイナミックパッケージ」と称し、航空機や宿泊といった旅行の素材を自由に組み合わせて希望どおりの旅行商品を販売する仕組みが実現している。インターネットの技術はまだ進化し続けており、今後も多種多様なサービスが展開される可能性を持っている。旅行会社がインターネット上で扱う旅行商品のラインナップの中に、着地型旅行商品が取り入れられれば、現地のオプショナルツアーとして販売される機会も増えるであろう。

現在、東京ディズニーランドのパスポートや、スキー場のリフト券はコンビニエンスストアの端末で購入することができる。同じような形で、旅行に行く直前、あるいは旅行に行く道中で、そういった端末で着地型旅行商品を購入するというスタイルが生まれる可能性もある。

5 着地型旅行商品の今後の流通形態

1 商品の価値と感性情報

着地型旅行商品の取組みは、まだ始まったばかりである。しかし確実に全国に広がりつつある。例えば、「ニューツーリズム」を「観光用語辞典」では「従来の物見遊山的な観光旅行に対して、テーマ性が強く、人や自然とのふれあいなど体験的要素を取り入れた新しいタイプの旅行と旅行システム全般を指す。テーマとしては産業観光、エコツーリズム、グリーンツーリズム、ヘルスツーリズム、ロングステイなどが挙げられる。旅行商品化としても旅行会社主導でなく、地域の立場から特性を活かすことが必要で、その意味でニューツーリズムは地域活性化につながる新しい旅行の仕組み全体を指すとも言える」[2]としている。あるいは㈳全国旅行業協会は、地域主体の体験交流型旅行商品を「地旅」と称して推進している。

しかし、旅行の分野の一つとして世の中に十分に認知され、販売チャネルが確固としたものとなるまで、しばらくは試行錯誤が続くだろう。特に着地型旅行商品の多くはいろいろな体験を伴う内容を持ち、ただ単に風景を鑑賞したり施設を見学するだけの観光スタイルと違い、旅行中に多くの情報や価値が旅行

者の体験として提供される。着地側で対応する人が持つホスピタリティの付加価値が大きい。しかし商品企画の段階で作り手が込めた価値は、必ずしも十分に消費者に届かないこと、あるいは消費者が認知する価値が、作り手の価値と違ってしまうことがしばしば生じていることが指摘されている[3]。

　作り手が想定した価値を消費者に届けるということは、消費者の心の中に、同じような価値が認知されるということである。例えば、農業体験のよさを提供したいと作り手が思っても、消費者が作り手が思ったのと同様なレベルでそのよさを感じることは、なかなか難しい。そのためには、商品が作り手から買い手に届くまでのサプライチェーンすべてで取り組む必要があるとも指摘されている[4]。作り手による「感性に訴えるための情報」である「感性情報」が、消費者の感性に届き消費行動に結びつくような、「感性価値創造」を成立させるメカニズムが必要となる。

　旅行会社の店頭で、あるいはインターネットなどにより、感性情報をデザインすることに成功すれば、着地型旅行商品の購買行動につながるのである。

2　新しい販売チャネルの可能性

　旅行商品は、通常は旅行会社の店頭に並ぶパンフレットに紹介されている。あるいは最近ならインターネットでも検索できる。これらをあれこれ検討し旅行商品を選び、予約を済ませれば、いよいよ出発日を待つばかりとなる。さて、旅先でどんなことをするだろうか。飛行機や鉄道で移動し、観光施設を見学し、レストランで食事をし、宿に着いて宿泊をする。そのようななかで、着地型商品を告知し、買ってもらうポイントはどの辺にありそうか。

　最近では、「着旅」「旅の発見」「北海道体験.com」といった着地型旅行を紹介したサイトがある。これらを見れば、消費者は旅行出発前に内容を十分に吟味できる。そのようなサイトを販売チャネルとして有効に使いたい。

　海外旅行に行くと、ホテルにたくさんのオプショナルツアーのパンフレットがコンシェルジュやツアーデスクに置かれている。日本でも、そのような旅行商品をホテルから購入できるようになる。2008年7月施行の「観光圏整備法」による「観光圏内限定旅行業者代理業」である。これによって、ある一定の条件で定められた観光圏内においては、宿泊業者が旅行業務を扱えることになり、

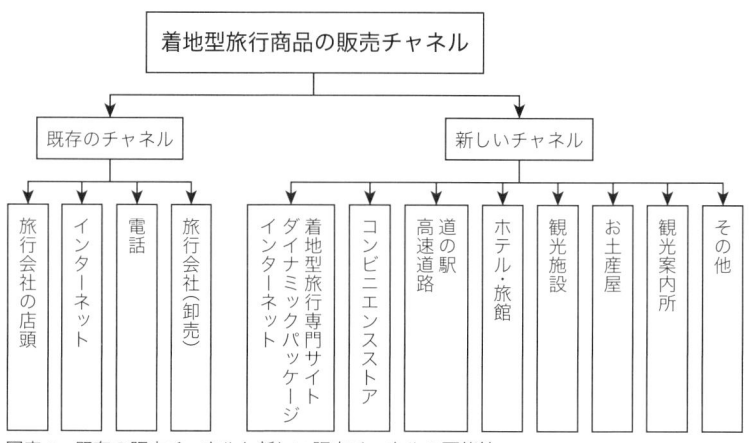

```
                    着地型旅行商品の販売チャネル
                            │
          ┌─────────────────┴─────────────────┐
      既存のチャネル                       新しいチャネル
          │                                   │
  ┌───┬───┬───┬───┐       ┌───┬───┬───┬───┬───┬───┬───┐
 旅  イ  電  旅             着  コ  高  道  ホ  観  お  観  そ
 行  ン  話  行             地  ン  速  の  テ  光  土  光  の
 会  タ      会             型  ビ  道  駅  ル  施  産  案  他
 社  |      社             旅  ニ  路      ・  設  屋  内
 の  ネ      （            行  エ          旅          所
 店  ッ      卸            専  ン          館
 頭  ト      売            門  ス
              ）           サ  ス
                          イ  ト
                          ト  ア
                          ダ
                          イ
                          ナ
                          ミ
                          ッ
                          ク
                          パ
                          ッ
                          ケ
                          ー
                          ジ
                          イ
                          ン
                          タ
                          ー
                          ネ
                          ッ
                          ト
```

図表3　既存の販売チャネルと新しい販売チャネルの可能性

着地型旅行商品を販売することができるようになった。

そうすれば、現地で天気を見ながら、あるいは長期滞在中にいろいろな過ごし方を検討するなかで、現地の魅力あるツアーと出会い、購入する可能性が高まるだろう。あるいは、ドライブ旅行の場合には、レンタカーの営業所、途中立ち寄る休憩場所、道の駅などで、旅先の情報収集をする。その際に、着地型旅行商品の情報があれば、旅先の滞在の選択肢となる。実際、約3割の旅行者が現地で情報を入手して旅行行動を決めたことがあるという[5]。

着地型旅行商品の「作り手」は、どこで販売すべきか、どの流通チャネルを利用すべきかを考えることが重要である（図表3）。インターネットで直接販売をして顧客を増やす、発地側の旅行会社と良好な関係を築き旅行商品を卸売りする、学校などのお得意様をつくって毎年来てもらうなど、着地型旅行商品の作り手が、自分たちに合ったスタイルで営業を行い、販売チャネルを開拓することが大事になっていくだろう。

〈注〉
1）Les Lumsdon, *Tourism Marketing*, International Thomson Business Press, 1997 より筆者補足。
2）㈱ツーリズム・マーケティング研究所ウェブサイト　「観光用語辞典」http://www.tourism.jp/glossary/。
3）小阪裕司他「感性価値創造を実際の消費行動に現出させるための方法の提案」『経営情報学会2007年秋季全国研究発表大会』2007年。
4）小阪裕司他、前掲。
5）㈶日本交通公社『旅行者動向2008』2008年。

5章 着地型観光で期待される住民の役割

　観光で住民が活躍する時代がやってきた。日本最初のまち歩き博覧会として大成功を収めた「長崎さるく博'06」の来訪者は7ヶ月の期間中、1000万人に及んだ。それらを支えたのは、「さるくガイド」と呼ばれる395名の案内人と、マップづくりやイベントの企画・実施などを担う95名の「市民プロデューサー」である。いずれも長崎市民であり、開催3年前から長崎市役所とともに、自ら企画・準備を進め、市内の各所を歩く多様なコースを計73コースつくり、実践してきた。まさに着地型観光における住民の役割や重要性、さらにはすばらしさがはっきりと現実のものとなった事例であろう（図表1）。

　マスツーリズムの時代には、大型観光バスで観光地に観光客が大量かつ一挙に押し寄せ、混雑、渋滞、騒音、ごみの放置、果ては建物の損壊など、いわゆる「観光公害」が生じた。その時代の観光は、住民にとってはマイナス面ばかりが目立ち、観光と住民は対立関係にあったといえる。地域の中でも、観光は関連する特定の限られた事業者が、自分たちの儲けのためにやっている商売という見られ方をするのが一般的であった。

　しかし、時代が変わり、観光ニーズが変わり、普通のまちの中を歩いて体験し、住民と交流する「着地型観光」においては、住民が

図表1　「長崎さるく博'06」公式ガイドブック（出典：長崎市ウェブサイト）

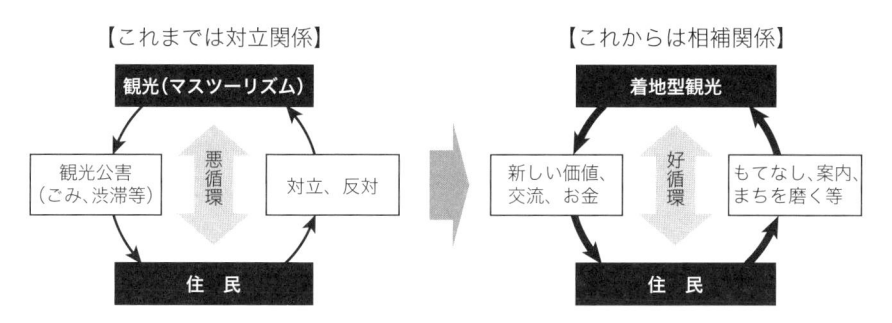

【これまでは対立関係】　　　　　　【これからは相補関係】

観光（マスツーリズム）　→　着地型観光

観光公害（ごみ、渋滞等）／悪循環／対立、反対　→　新しい価値、交流、お金／好循環／もてなし、案内、まちを磨く等

住民　　　　　　　　　　　　　　　住民

図表2　観光と住民との関係

まちをきれいにし、来訪者をもてなし、案内する中で、来訪者との交流により、新しい発見や自信、そして経済的な利益も得るというように、観光と住民が「対立関係」から、観光も住民も共によい影響を及ぼしあう「相補関係」に変わってきた。そうした意味では、少し大げさにはなるが、「住民」の振る舞い、役割、あるいはあり方そのものが観光の質を左右する時代が到来したといえる（図表2）。

1　着地型観光における住民の役割

　それでは着地型観光で求められる住民の役割とは何であろうか？　おおよそ以下に示す四つの役割があろう（図表3）。ポイントは来訪者のためだけに行うことが目的ではなく、自分のため、地域のために行うことが、結果的に来訪者にも喜ばれることにもつながるという点である。

(1)役割1：自分の地域を知り、普段から楽しもう！

　自分にとって魅力がない地域は、来訪者にとっても魅力がないであろう。まずは、自分の住んでいる地域のよさを見つけ、自分が地域で楽しく生活することが大切である。地元で評判のおいしいお店、地元の人だけが知っているビュースポットなど、地元ネタが魅力資源になる時代である。また昨今、地元学や地域学、ご当地検定などが注目されているが、こうした地域資源の発掘や整理、住民の間での共有化が大切であろう。具体的には各種マップや魅力資源の目録をつくったり、ケーブルテレビなどと連携して地域紹介番組などを制作することも行われつつある。

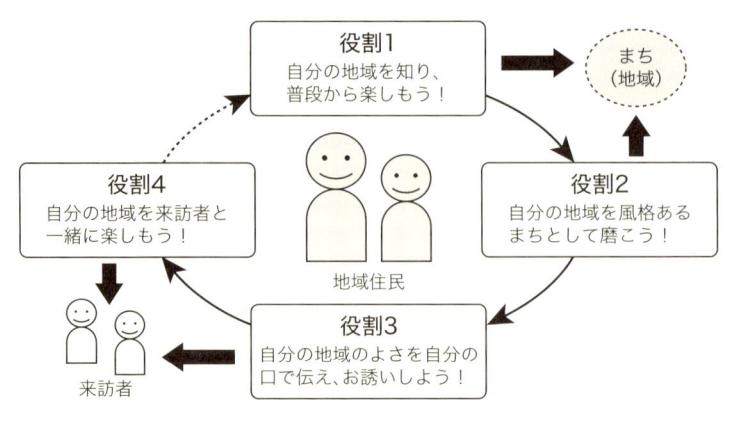

図表3　着地型観光における住民の四つの役割

(2) 役割2：自分の地域を風格あるまちとして磨こう！

　人間は視覚から7割以上の情報を得るといわれるが、まちの評価の一つは、道や建物、山、農地などあらゆるものの風景のよさとともに、その手入れの具合で決まるだろう。それは住民にとっても来訪者にとっても同様である。地域の清掃や植栽、花などの手入れや演出など、いわば居心地のよい環境づくりが基本であろう。さらに、地域で大切にしたり、来訪者に見せたい主な自然や歴史資源などを選び出し、それらの保全や修復、維持管理を継続的に行っていくことも大切である。例えば、地域の歴史的建造物を住民たちの手で借りたり、買い取って、景観面の修復とともに、建物内をまちづくりや交流、物販、アート等の拠点に改装し、自らの手で運営している例は全国的に見られる。こうした「地域の宝もの」を磨いていくことは、自分たちの誇りにもつながる。

(3) 役割3：自分の地域のよさを自分の口で伝え、お誘いしよう！

　着地型観光の情報発信・誘客の一つの有力な方法は、住民による口コミ作戦である。地域の住民が、自分の親戚や知り合いに電話をしたり、手紙を書いたり、観光大使になって、他地域に出向いた時に情報発信・誘客をする作戦は、全国さまざまなところで実施され始めている。住民みんなが宣伝人である。インターネット等のメディアを通じて多種多様な情報が飛び交い、基本的な情報はすぐ得られる環境になった。しかし、どれがよい情報なのかの価値判断は逆に難しくなってきた。逆説的であるが、人を介したローテクでアナログな情報、

あたたか味のある関わりが、信頼のおける情報として復権しつつあるのではないだろうか。

(4) 役割4：自分の地域を来訪者と一緒に楽しもう！

　四つめの役割は、持って回った言い方をしているが、要は、来訪者に地域を案内し、気持ちよく、楽しく過ごしてもらうために、来訪者を住民が直接もてなす役割である。ただし「来訪者のために何かやってあげる」というよりは、「自分が気に入っているから、あるいは自分が体験して楽しいから人に勧めたい」という感覚が大切であろう。取組みとしてはさまざまなレベルがあるが、来訪者に対して住民がさりげなく挨拶する運動や、トイレや休憩場所、道案内役としてお店などを使ってもらう取組み。さらに、地域の案内や魅力資源の語り部、各種体験のお世話係などがある。そして経済活動の側面もあるが、農産物や特産品の直売、地元食の提供、民泊、体験ツアーやプログラムの企画・実施なども、着地型観光における広義の住民の新しい役割と捉えることができよう。

2　着地型観光で脚光を浴びる地域案内人

　着地型観光において最も大切な住民の役割として「地域案内人」がある。「観光ボランティアガイド」という言葉が一般的であるが、案内する場所や内容により「語り部」「インタープリター」、さらに体験分野等では「達人」といった言葉も使われている。要は、住民が来訪者に対して地域を案内することが本意で、上記の言葉も幅広く含んで、ここでは「地域案内人」という言葉を使用する。

　㈳日本観光協会が1994年度より全国の観光ボランティアガイド組織の活動状況について、毎年度、継続的かつ網羅的に調査を実施しており、ここではその調査結果を参考に、地域案内人の全体状況を整理する。以下では2007年1月の調査データを引用する。

(1) 組織について

　全国の地域案内人の組織数は1216団体である。都道府県別では、山形県が最も多く78、次いで北海道63、愛知県49、長野県47、静岡県46となってい

図表4 県別案内人の組織数(上位9位まで抜粋)

順位	県名	組織数
1位	山形県	78
2位	北海道	63
3位	愛知県	49
4位	長野県	47
5位	静岡県	46
6位	富山県	40
7位	秋田県	37
7位	新潟県	37
9位	岩手県	35
9位	滋賀県	35

(出典:㈳日本観光協会「地域紹介・観光ボランティアガイド全国大会プログラム」2007年)

る(図表4)。人口規模の割に非常に多い山形県のほか、秋田県や新潟県、岩手県など東北地方で多くなっていることが特徴である。なお、団体同士が情報交換などを行う、県レベルでの連絡協議会も21の道県で設置されている。

組織の設立時期について、古くは「京都学生観光連盟」(現在解散)が1949年に設立され、次いで1955年には「平泉町観光ガイド事務所」(岩手県)、1961年には「久美浜町郷土研究会」(京都府)、「九重の自然を守る会」(大分県)、「粉河歩こう会」(和歌山県)が設立された。現在ある組織の設立時期については、約9割は平成年代になってからで、特に2000年に96、2001年に122、2002年に108、2003年に92、2004年に88と、設立ラッシュの時期が続いた。

設立のきっかけは、行政等が中心になって観光講座やガイド養成講座を実施した結果として、組織が設立されたケースが大部分を占めるが、地域住民が自主的に設立したケースも見られる。また「案内人」が必要とされる直接的なきっかけは、「国体、博覧会等の大型催事の開催」「世界遺産登録、重要伝統的建造物群保存地区等の指定」「展示館や案内所の開設」「来訪者の増加」「トレッキング、自然保護」「地域の民話や方言の伝授等」といった事例が挙がっている。

(2)案内人について

全国の地域案内人の組織に属する案内人の数は3万3197人である。男性が約1万7658人、女性が約1万5539人(未回答部分あり)で、やや男性の方が多くなっている。平均年齢は59.2歳である。道県別では、愛知県が2070人と最も多く、次いで北海道、山形県、長野県、神奈川県と続いている。

組織ごとの案内人の数については、10～19名が最も多く32％、次いで20～29名が20％、2～9名が18％、30～39名が11％と続いており、30名未満が全体の7割を占めている。100名以上の組織が38団体ある一方で、1名という組織も13団体ある。

(3) 案内の料金

全国1216団体のうち、775団体（63％）が案内料金を原則無料としている。内訳としては、完全に無料が464団体、一部実費負担が189団体、交通費として1000円が55団体などとなっている。

有料としているのは377団体（31％）であり、1000〜2999円／時間が86団体と最も多く、1000円未満／時間が40団体と続く（図表5）。なお、ハイキングや登山などの専門的知識、装身具等の必要な場合は、料金が高くなる傾向にある。

(4) 組織形態

全国1216団体のうち、NPO法人が34、社団法人、財団法人、有限会社が20で、合計54団体（4.4％）が法人化している。また、法人化準備中の団体が12、検討中が58となっており、今後、法人化する組織が増えていくと見込まれる。

図表5　案内料金の例

種別	小項目	組織数
	計	775
	無料	464
	一部実費負担	189
無料	交通費として¥1000	55
	資料代負担	10
	旅行者のみ負担	9
	その他	48
	計	377
	¥6000〜／時間	1
	¥3000〜5999／時間	5
	¥1000〜2999／時間	86
有料	¥1〜999／時間	40
	¥○○／ガイド1人につき	38
	¥○○／1人	56
	謝礼程度	3
	その他	148
その他		25
無回答		39
合計		1216

（出典：㈳日本観光協会「地域紹介・観光ボランティアガイド全国大会プログラム」2007年）

法人化した団体では、メリットとして「社会的信用が得られる」「団体名で契約や登記が可能になる」「補助金、助成金が得られる」「委託事業が受託できる」等が挙げられる一方で、デメリットとしては「事務処理が大変になる」「活動内容が定款に縛られる」「経費がかかる」等が挙げられている。

3 地域案内人の事例

ここでは地域案内人の事例について2地区紹介する。いずれも有名観光地や人口集積地ではないが、熱心に取り組んでいる地域である。

1 小規模でもキラリと光る案内人
——野洲市ボランティア観光ガイド協会(滋賀県)

(1) 野洲市のあらまし

　滋賀県野洲市は、琵琶湖の南部に位置し、2004年に旧野洲町と旧中主町の合併により誕生した人口約5万人の都市である。大阪からJRの新快速電車で1時間、京都から30分の距離で、京阪神への通勤者も多くなっている。

　観光入込数は約150万人（うち宿泊は1万人程度）で、琵琶湖に面する市の北部には、湖岸沿いに自然公園やレジャー施設、ホテルなどが立地し、南部は近江富士こと三上山がそびえるとともに、多数の銅鐸が出土した古墳群や神社仏閣など豊富な歴史・文化遺産に恵まれている。ちなみに、2007年11月には日本全国で先陣を切り、「第1回全国ふるさと富士サミット」が開催された。

(2) 野洲市ボランティア観光ガイド協会のあらまし

　野洲市ボランティア観光ガイド協会（以下、ガイド協会）は、1988年4月に長浜に続き、滋賀県で2番目のボランティア観光ガイド協会として設立された。当時、野洲町立歴史民俗博物館（通称：銅鐸博物館）が開館することを具体的なきっかけに、町長や住民有志の中で必要性の認識が高まり、野洲町観光協会（当時）が広報を使ってメンバーを募集し、1年間の育成・研修を経て、14名からなる組織として設立に至った（図表6）。2008年4月現在のメンバーは17名で、男性6名、女性11名、年齢は50～80歳代となっている。野洲市に外から移住してきた人が多いことが特徴である。2008年で設立20周年を迎える。

(3) 主な活動

　協会の主な活動としては3種類ある。一つめは、依頼を受けてガイドをする取組みで、2007年度の場合、年間39件あった。グループからの依頼や、花火大会など市内の観光行事へのスタッフとしての参画など、合計約1000人に対して案内している。市外だけではなく、市内の地域

図表6　野洲市ボランティア観光ガイド協会のメンバー

団体や学校などからも依頼があり、市民の地域学習にも貢献していることになる。ガイドの依頼は7日前までに5名以上のグループでの予約が条件で、ガイド料は、ガイドの待ち合わせ場所までの交通費として1000円（ガイド1人につき）となっている。

二つめは、自主企画型のガイドツアーである。2007年度で6回開催され、1993年開始以来通算77回開催されている。「おいで野洲ハイキング」という共通タイトルのもと、テーマや内容を工夫して、メンバーが企画から準備、募集、実施に至るまで運営するものである（図表7）。各行事の内容に応じた参加費を設定している。近年は、メンバーの手作りにより、市内に残る民話や物語を題材とした「紙芝居」を作成し、コースに応じて来訪者に上演するといった新しい仕掛けを考案し、好評を得ている（図表8）。

図表7　「おいで野洲ハイキング」のチラシ

図表8　紙芝居実演の様子

そして三つめが、「観光イベント情報紙」の発行で、季節ごとに年4回作成している。上記の行事等を紹介する、メンバー手作り型の情報紙である。

(4) 組織運営

上記の案内等の活動やその企画・準備等も含めると、かなりの回数、メンバーが集まることになる。協会の運営は、年1回の総会、月1回の定例会を基本

とし、組織体制としては、全体の運営を担う役員会と、「おいで野洲ハイキング」を担当する事業委員会、そして「観光イベント情報紙」を担当する広報委員会から構成されている。

事務局は、野洲市観光物産協会（野洲市商工観光課内）に置いているが、事務局の役割は対外的な窓口機能にほぼ限定しており、ガイド協会は組織面・実務面でもほぼ自立している。会計規模は約20万円で、収入は会費が約4万円（2000円／人・年）、事業収入が約5万円、野洲市観光物産協会からの補助金が約11万円となっている。

(5) メンバー登録と人材育成

実は、ガイド協会のメンバーには簡単になれるわけではない。メンバー募集は、会員数が一定減った段階で行うため、毎年募っているわけではない。これまで20年間に4回しか募集していない。募集の後、1年間で12回、ガイド協会のメンバーにより座学と実地の研修を受けるが、その内、4分の3以上の出席が必要である。ガイドになるためのポイントは、まず①体力があること（長距離を歩けること）、②安全管理ができること、そして③人前で話せること、である。本当に意欲と資質がある人がガイドになれる仕組みとなっている。

幸運にもガイドに登録された人は、来訪者を案内するなかで、腕を磨いていくことになるが、ガイド協会の行事として県外研修や、滋賀県のガイド協会連携広域組織の研修会へ参加することによって、さらなるスキルアップも図っている。

これまでガイド協会のメンバーは、20名前後で推移してきた。当時から関わってきた事務局担当者によると、「ガイド依頼の需給バランスや質の確保、組織としてのまとまりを考えると、この規模がちょうどよい」という考えがあるようだ。お互いの顔が見える関係であろうか。こうした規模設定も今後の地域案内人組織のあり方を検討する際の一つの目安と考えられる。

(6) 特徴と課題

ガイド協会の特徴と今後の課題は以下のようにまとめられる。

①野洲市の着地型観光を担う組織として野洲市観光物産協会がある。ガイド協会は、現状でもこの組織とうまく連携して運営を行っているが、今後さらに展開していくためには法人化等による社会的認知を推進することが課題となっ

ている。一方、野洲市観光物産協会は、法人化と旅行業法の第3種の免許取得も視野に入れている。両組織の法人化により、より成熟した着地型観光の推進が期待される。

②メンバー20人前後という少人数精鋭型の質の高い案内体制を有している。一方、少人数であるが故に、メンバー同士の関係が重要となるが、設立から20年を迎え、年齢構成も幅が広がるにつれ、メンバーの考え方も多様になっている。ガイド協会の中では運営をメンバー同士の調和重視に加え、IT技術による効率化も考えようという議論もあるようだ。今後の組織マネジメントのあり方が問われている。

③案内は、依頼型だけではなく、自主企画型もあり、かつメンバーからの発案で、紙芝居を取り入れるなど工夫も行っている。今後、紙芝居のバリエーションを増やしていくそうだ。ガイド協会としては、プロを目指すのではなく、あくまで「素人のガイド」でいくとしているが、そうであるならば、今後、来訪者も案内人もお互いが満足する仕掛けやコミュニケーションツールの開発がより一層求められよう。

④野洲市を含む複数の周辺市町では、広域観光の取組みが進められており、例えば、複数の市町を周遊するツアーもある。そうしたなかで、他市町の案内人とも連携し、広域のツアーに対応していくことも課題となっている。さらに旅行事業者や交通事業者との連携も増えつつあり、お互いの目的を認めつつ、事業者とどのようによい関係を築くかが課題となっている。

2 広域での地域づくりを目指す案内人
──宮川流域案内人（三重県）

(1) 宮川流域エコミュージアム

　三重県では北川正恭知事の時代、1997年度から、総合行政、流域圏づくりのモデル事業として宮川流域ルネッサンス事業を開始し、同年度に「人と自然の共生」「上下流の交流・連携」「住民・企業・行政の協働」を流域宣言とするビジョンを策定し、2000年度には事業の推進主体として「宮川流域ルネッサンス協議会」が伊勢市を含む流域の14市町村（現在は7市町、図表9）と三重県、国関係機関により設立された（2006年度からは住民代表も委員に加わる）。「日本一の清流をめざして」を合言葉にさまざまな事業を展開している。

図表9　宮川流域エコミュージアムの対象範囲 (提供：宮川流域ルネッサンス協議会)

「宮川流域エコミュージアム」は、そのシンボルプロジェクトの一つとして、2001年度から始まった。「宮川流域には、自然、歴史、文化、産業、伝統があります。そこに暮らす人びとが長い年月をかけて築き上げてきたこれらの『地域らしさ』の背景や意味を、流域案内人が伝えていく姿そのものが、地域の発展に寄与し、自らの未来を創造していくことを目的とした『生きた博物館』です」と定義されている。ポイントは、地域全体がまるごと博物館、地域住民が案内人、そして地域の発展が目的という点である。

図表10　宮川流域案内人の役割イメージ (出典：宮川流域エコミュージアム推進計画、2004年より作図)

(2) 宮川流域案内人とは？

宮川流域案内人（以下、流域案内人）とは、宮川流域の自然や歴史、伝統的な暮らしなどを地域の人や訪れた人に対して、誰にでもわかりやすく伝える人で、単に自然等についての知識を伝えるだけではなく、その背景にあるメッセージや意味を伝える。すなわち「ガイド」というより、「インタープリター（通訳者、解説者）」である（図表10）。

こうした流域案内人は、2008年4月現在、約330人が登録されている。宮川流域に住む中高年層の住民が中心であるが、なかには流域以外の松阪や四日市のメンバーも登録されている。2001年度から毎年何度も講座が開催され、流域案内人が誕生している。

図表11 企画行事の手もみ茶体験(提供：宮川流域ルネッサンス協議会)

図表12 企画行事の冬の鳥岳での自然観察(提供：宮川流域ルネッサンス協議会)

　流域案内人に登録されると、自ら企画行事を開催することができる。いくつかテーマを並べると、「ミステリーサイクリングツアー伊勢甘味街道を走りませんか」「林業のススメ」「マコモ苗の植付け体験」「宮川流域わき水と井戸水めぐり」「おひなさま俳句大会」など実に多様である。2005年度にはこうした企画行事が年間100回以上開催された（図表11、12）。

　また、宮川流域内には、流域案内人が案内できる場所や行事として、約140ヶ所の個性豊かなフィールドが登録されている。食文化、農業、茶業、熊野古道、文化、まつり、町並み、自然、木の文化、昆虫、川、野鳥、里山などである。それらは冊子としてまとめられ、フィールド名、所在地（地図含む）、流域案内人の連絡先、案内の内容、料金、流域案内人からのメッセージなどが丁寧に記載されている。もちろん来訪者はこれらのフィールドを自由に回ったり、流域案内人に案内を依頼することもできる。

　2004年には宮川流域エコミュージアム全国大会(2004日本エコミュージアム研究会第10回大会)が開催され、全国から延べ約1250人の来訪者を受け入れた実績もある。さらに最近は、注目度が高くなり、流域案内人の取組みについて大学へ出張講義に行くケースも現れている。

(3)運営の仕組み

　それではこれらの取組みは、どのように運営されているのだろうか。まず、2001～06年度の6年間は専門職員が、事務局である宮川流域ルネッサンス協議会に配置され、エコミュージアムの立ち上げと流域案内人養成を精力的に行ってきたことが大きな成果となっている。そして、役割分担がはっきりしている。

流域案内人の養成は事務局が主催して行うが、企画行事は流域案内人が企画・準備・実施し、事務局は安全面等の確認と、チラシ作成やウェブサイト等への掲載など情報発信を担うことにとどめている。チラシ等の配布先は、主に流域内の公的施設や集客施設等で、流域外の松阪や津も対象となる。参加料金の設定については、実費など常識的な程度とし、営利的な活動をする場合は、宮川流域エコミュージアムとは別の位置づけで開催してもらうこととしている。

　宮川流域エコミュージアム全体の運営については、現段階では、流域案内人が深く関わっているわけではない。

(4)組織化と拠点づくり

　宮川流域エコミュージアムの立ち上げ当初から、流域案内人主導による運営に移行することが課題となっていたが、2006年4月に「宮川流域案内人の会」が発足した。案内人の登録者を会員とし、運営委員10名、代表1名の組織である。総会を年1回、運営委員会を月1回開催し、とりあえずは、複数の宮川流域案内人の協力による行事の企画・実施や、会報の発行などを始めている。2008年度からは、上・中・下流域でグループをつくり、それぞれが具体的な活動を進めていくこととし、それに伴い、運営委員10名、うち上・中・下流域のリーダーが1名ずつという体制に移行した。

　これも立ち上げ以来の課題であった、宮川流域エコミュージアムの拠点の一つとして「宮川流域交流館たいき」が2006年4月に開設した。年末年始を除く年中無休で、来訪者への情報提供、資料展示等の場になっている。流域案内人が集うこともできる。現在は、宮川流域ルネッサンス協議会が雇用した2名が交替で運営を担当している。

　上記のように、流域案内人による全体の運営について、やっと起動し始めた段階である。

(5)特徴と課題

　宮川流域案内人の特徴と今後の課題は以下のようにまとめられる。

　①崇高な理念のもとに、先進的な地域まるごと博物館の一環として取り組まれ、100以上のフィールド、300人以上の案内人が登録され、企画行事も自然や歴史、文化、農業、林業など多種多様な催しが年間100回以上開催されるというすばらしい成果を収めている。

②しかし、実際は特定の流域案内人（20人程度）が活発に活動している状況である。すなわち、やる気と企画・運営能力がある人のみが取り組んでいることが推測される。その他大勢の流域案内人を活かすための仕組みが必要であろう。例えば、企画・運営の実務的な研修によるレベルアップや、経験豊かな流域案内人のサポート役や、共同企画による行事の実施などの活躍の場づくりが考えられる。

　③流域案内人は、基本的に個人で登録し、個人の発意により取組みを行っているため、流域案内人としての品質保証、レベルアップ、さらには組織的な活動による効果的な展開などが難しい。2006年に設立した「宮川流域案内人の会」の今後の取組みが非常に期待される。

　④流域案内人の中には、民間の旅行事業者から声が掛かり、連携してツアーを企画・実施する者も現れ始めた。もちろん、その場合はエコミュージアムの取組みという位置づけは外しているが、歓迎すべきことといえる。これまで、行政主導型で推進し、現在も事務局は行政団体が担当しているため、例えば営利が目的のものは実施できなかった。このように、流域案内人として取り組んできたことを活かして、他の多様な活動、民間事業者や地元と連携した地域活性化につながる取組みを行っていくことが期待される。そしてその促進のための仕組みや条件整備も必要となろう。それが、もともと宮川流域ルネッサンス事業の目的の一つでもある。

4　これからの地域案内人

　2007年1月より施行された観光立国推進基本法に基づく「観光立国推進基本計画」（2007年6月策定）には、ボランティアガイドの数を2006年の3万1301人から2011年までに概ね5割増やして4万7000人とする記述があり、国レベルでも観光における「地域案内人」の位置づけや期待が大きくなっている。ここでは、これまで述べた地域案内人の概況や事例等を踏まえ、地域案内人の意義をもう一度整理し、これから求められる地域案内人についてまとめる。

1 地域案内人の意義

　関係する主体別に見ると、地域案内人の意義は以下のように四つにまとめられる。

(1) 地域の魅力についてより深い理解を助ける〈来訪者にとって〉

　地域の魅力を知り、感じたい来訪者は、自分では発見できない、あるいはガイドブック等では得られない、それ自体の背景や意味について、案内人の語りを通して、より深く知ることができる。地域案内人の本質的な意義である。さらにいえば、案内の内容やあり方そのものが、来訪者にとっての地域の魅力や評価を左右することになる場合もある。

(2) 生きがい、やりがいになる〈案内人本人にとって〉

　地域案内人は、基本的には自分で志願してなっている人が多く、もともと地域のことを知りたい、人と交流したい等の意向を持っているだろう。そうした案内人が来訪者を案内すれば、本人の生きがいややりがいにつながる。さらに来訪者との交流のなかで、思わぬ発見や教えられることもあるだろう。そうした出会いがまた喜びにつながる。特に、今後さらに進む高齢社会において、リタイア後の一つの生き方として、より注目を浴びるだろう。

(3) 地域について学ぶ先生になる〈住民にとって〉

　地域案内人は来訪者だけでなく、地域住民や学校など地域からの依頼で活躍する例があり、地域住民が地域について学んだり、楽しむ場合の先生の役割を果たしている。

(4) まちの宣伝・PRになる〈まちにとって〉

　地域案内人は、来訪者を案内することを通して、実はまちを宣伝している。来訪者は地域案内人を通じて、まちを評価し、その善し悪しを口コミで伝えていくのである。そうした意味では、地域案内人が地域の何を、どのように伝えるかが重要であり、少し大げさにいえば、地域のイメージ、来訪者数、経済効果などにも影響を及ぼすことができる。

2 これから求められる地域案内人

　これからはどんな地域案内人が求められるのであろうか。㈳日本観光協会で

は1996年度から毎年1回「地域紹介・観光ボランティアガイド全国大会」を開催しており、そこでは全国の地域案内人が集い、現状や課題について話しあっている。ここでは、その結果も参考にしつつ、これから求められる地域案内人について四つの視点からまとめる。

(1) 来訪者の属性に応じた対応

来訪者の傾向として、今後、高齢化、国際化は待ったなしであろう。それに対応した案内プログラムやバリアフリー面の取組み、外国人に対応するための多言語化や、わかりやすいビジュアル面での工夫などが考えられるが、いずれも案内人がすべて対応することは重荷であろう。高齢福祉やバリアフリー、国際交流などを専門とする団体等との連携が大切になろう。

もう一方のターゲットとして、「子ども」がある。社会における子どもの重要性はいわずもがなであるが、修学旅行をはじめ子どもの頃の旅の思い出の影響力は大きい。地域案内人における子どもへの対応はもっと深められてもよい。

(2) しっかりした組織体制

組織体制については、NPO法人等の法人格を取得する動きが進んでいるが、社会的あるいは内部的に責任を持った運営を行っていこうという現れであると考えられる。特に着地型観光を志向する場合は、地域が主役であるため、責任を持った組織体制づくりは必須であろう。併せて、人材育成や技術向上のための研修、品質管理なども整えていく必要がある。現在、地域案内人に関する検定や資格制度はないようであるが、今後こうした制度の創設も望まれる。

(3) 案内自体の魅力アップ

伝統的な案内は、地域の名所を正確に解説することであったが、先に

図表13　島根県登録観光ガイド「ふるさと案内人」のガイドブック

挙げた両事例とも、自主企画による案内ツアーや各種体験プログラムを実施していた。また紙芝居といった仕掛けもつくっていた。これからはこうした工夫した企画プログラムや、来訪者とのコミュニケーションを重視し、それにより来訪者も案内人も共に楽しめる関係をつくっていくことが望まれる。さらに、島根県登録観光ガイド「ふるさと案内人」では、ガイドブックやウェブサイトで個別の案内人を、案内分野や内容、メッセージ、さらには顔写真付きで紹介している。これからは、こうしたきめ細かい情報発信やPRが標準になるとともに、案内人自身が観光のメインコンテンツになる時代の到来が予想される（図表13）。

(4) 地域人材の育成と地域活性化への貢献

　地域案内人の意義として、先に「地域について学ぶ先生」「まちの宣伝・PR」と述べたが、まさに地域案内人は私人でありながら、公的な役割を担っている。日本全国で地域再生が大きな課題であるが、そのなかで、地域案内人の果たす役割は非常に大きいのではないか。一つは地域に関する知識等をベースとした地域人材の育成である。地域について学び、深め、地元学や地域学、そして地域文化の中心的な担い手となる方向である。もう一つは、地域活性化への貢献である。地域案内人は来訪者と接する、いわば観光・交流の現場の最前線におり、来訪者の声や思いを敏感に感知するアンテナであるとともに、逆に来訪者に地域の思いを伝えるメッセンジャーでもある。そうした立場を十分に地域活性化に役立てることが求められる。そのためにも着地型観光を担う地域主体との十分な連携が必要であろう。

〈参考資料〉
・茶谷幸治『まち歩きが観光を変える』学芸出版社、2008年
・㈳日本観光協会「地域紹介・観光ボランティアガイド全国大会 プログラム（金沢）」2007年
・『野洲市ボランティア観光ガイド協会設立20周年記念誌』2008年
・宮川流域ルネッサンス協議会・三重県「宮川流域エコミュージアム推進計画」2004年
・宮川流域ルネッサンス協議会・三重県「宮川流域ルネッサンス事業　第3次実施計画（平成19年度〜22年度）」2007年
・島根県『島根県登録観光ガイド　ふるさと案内人』昭文社、2006年
・㈳日本観光協会編『観光実務ハンドブック』丸善、2008年

II部 着地型観光のマネジメント
［事例編］

第Ⅱ部では、着地型観光を実践する17団体を取り上げ事例編とした。事例の選択に際し、農山漁村地域、地方小都市、大都市、温泉観光地、広域圏の各地理的特性から満遍なく取り上げるようにした。

　着地型観光という現象が進行中である現在、着地型観光のマネジメントという切り口で事例を取り扱うには不確定要素もあるが、そこには新しい地域観光マネジメントを確かに見ることができる。従来、観光地でなかった地域に住民参加の観光事業の展開が見られ、また、伝統的な観光地においては新たな体制や組織で観光事業が展開されている。

　これらの事例を観光マネジメントの視点から、地域経営の目的・手法・資源特性を分析して、図表1に示したとおり、三つのカテゴリーに分類した。つまり、農業・漁業資源を活かし教育旅行に特化した「体験交流開発型」、新しい観光を通じてまちづくりを推進する「ニューツーリズム開発型」、伝統的な観光地における再生を目指した「観光地再生型」である。

　カテゴリーAの「体験交流開発型」は、農山漁村地域が一次産業と伝統的暮らしの地域資源を活かした体験交流プログラムにより、主に小学生・中学生の体験学習や修学旅行を取り扱うものである。学校単位で子どもが滞在できる規模の民宿組織を持つことが大きな特長となっている。

図表1　着地型観光マネジメントの3カテゴリー

	カテゴリー	団体事例	特性
A	体験交流開発型	南信州観光公社 若狭三方五湖観光協会 松浦体験型旅行協議会	・農業、漁業の体験交流 ・教育旅行マーケット ・一定規模の民宿組織
B	ニューツーリズム開発型	鹿角観光ふるさと館 飯山市観光協会 紀南ツアーデザインセンター 出石まちづくり公社 おおず街なか再生館 伏見夢工房 天神天満町街トラスト 堺観光コンベンション協会	・まちづくりを目的とする ・ニューツーリズムへの取組み ・多様な事業推進母体
C	観光地再生型	阿寒観光協会まちづくり推進機構 斎藤ホテル KAGA旅・まちネット 海島遊民くらぶ 観光販売システムズ 田辺市熊野ツーリズムビューロー	・旧来の観光地の再生 ・新たな着地型観光事業体制 ・宿泊施設が拠点

カテゴリーBの「ニューツーリズム開発型」は、観光のもたらす交流人口の増加を目的としたまちづくりにより、地域社会の活性化を図るものである。事例に見られる地域は地方小都市と大都市地区に分かれるが、共通していえるのは、かつての在郷町、城下町、市場町、門前町など歴史的資源に恵まれていることである。住民参加によるニューツーリズムへの取組みを通じ、行政・住民・事業者の連携での事業展開が見られる。

カテゴリーCの「観光地再生型」は、従来から観光地であった地域が観光客マーケットの個人化や観光志向の変化に対応して、再生を目指しているものである。地域の主要な事業体である宿泊業者、交通機関、観光協会が新しい観光商品や広域観光ネットワークを構築し、観光地再生に挑戦している。

各事例に見られるように、地域社会における観光ステークホルダー（利害関係者）がどのようなネットワーキングで地域の観光事業を開発し、運営し、販売しているかが観光マネジメントの大きな課題であろう。

【第Ⅱ部で紹介する事例】

⓬阿寒観光協会まちづくり推進機構（北海道釧路市）
❹鹿角観光ふるさと館（秋田県鹿角市）
⓮KAGA旅・まちネット（石川県加賀市）
❷若狭三方五湖観光協会（福井県若狭町）
❾伏見夢工房（京都府京都市）
❺飯山市観光協会（長野県飯山市）
⓭斎藤ホテル（長野県上田市）
❼出石まちづくり公社（兵庫県豊岡市）
❶南信州観光公社（長野県飯田市）
❸松浦体験型旅行協議会（長崎県松浦市）
⓯海島遊民くらぶ（三重県鳥羽市）
⓰観光販売システムズ（三重県）
❻紀南ツアーデザインセンター（三重県熊野市）
❿天神天満町街トラスト（大阪府大阪市）
⓫堺観光コンベンション協会（大阪府堺市）
⓱田辺市熊野ツーリズムビューロー（和歌山県田辺市）
❽おおず街なか再生館（愛媛県大洲市）

6章 体験交流開発型

事例 1 南信州観光公社〈長野県〉
地域ぐるみの着地型旅行会社の先駆者

飯田市は長野県の最南端、伊那谷の中央に位置する。東に南アルプス、西に中央アルプスがそびえ、まちは山すその扇状地の盆地に段丘をなして広がり、南北を天竜川が流れる。

飯田の語源の発祥は「結いの田」、つまり共同労働の田畑をいうという説が伝えられている[1]。天竜川の左右の田畑を巡って、歴史的には平安時代から戦国時代まで、政権が東西を移動するごとに飯田城主が変わり翻弄されてきた。豊臣政権が成立した天正年間に、飯田城が大改修され、寺院が城下町へ移転された。これを機に現在の飯田市街の原型ができあがったといわれている。

観光県・長野にあって、飯田を中心とする南信州は北信州(白馬地区)に比べて極端に知名度が低かった。知られているのはりんご狩り程度で、首都圏、中京圏からも長らく通過地点であり、教育旅行の旅行先ももっぱら北信州だった。

1 先駆者としての着地型旅行会社

1995年、飯田市では通過型観光地から滞在型観光地への転換を目指す取組み

の機運が高まっていた。一方、教育旅行の分野では全国的に詰め込み教育から、ゆとりと総合学習の時代へと向かっていた。

飯田市では観光市場を教育旅行マーケットに絞り込み、修学旅行誘致を開始した。さらに、もともと長野県に来ていた修学旅行を、「飯田の体験学習」を売り物に、飯田への誘致を開始した。関東と関西の中学校、高校、教育委員会、旅行会社に3000通のDMを実施する。DMの返信受け入れ窓口を飯田市商業観光課に設置したが、1年を経て1校の反応があっただけであった。

1996年、横浜の高校の自然教室が初めて飯田を訪れ、体験学習を実施した。生徒100人に対して村人20人が対応した。その結果、校長先生から「飯田の体験プログラムにはずれはなかった」と高い評価を受ける。これは、受け入れた村の自信につながり、また受け入れを楽しみながら行える契機ともなった。その時の校長先生は、「次回の修学旅行は農家民泊で」と希望を表明され、これにいち早く地元の積極的な農家が受け入れを表明した。飯田市商業観光課は農政課に頼りながら、手配から精算までを担当した。今でいう着地型観光商品の企画、人材育成、手配、運営、精算を行政が一括して行っていたことになる。

1998年、飯田市は初めて農家民泊を受け入れる。その後、宿泊者の増加のため、飯田市は南信州の下伊那地区全域で事業展開する構想を各自治体に呼びかけるが、参加の5自治体と様子見の13自治体に分かれた。しかし、この時点で飯田市は南信州下伊那18市町村全域で受け入れていく構想を固めた。

宿泊利用学生団体の受け入れが2000年の実績で48団体となり、01年には68団体と増える。一方で地域産業振興の目的で、2泊の受け入れプログラムに原則として農家民泊1泊、旅館1泊（昼神温泉一帯の旅館）のルールを導入した。

2001年、「㈱南信州観光公社」を設立した。自治体と民間出資による第三セクターの株式会社組織にし、収支を明確にした。資本金は3000万円で、独立採算で経営する事業構想を立て、最初3年間は赤字で出資金を取り崩したが、2008年現在は下伊那地方18市町村すべての出資を受け、収支ゼロの状況である。エリア内の農家民泊軒数は440軒、2007年度の延べ宿泊人員は8500人泊である。

2　着地型旅行会社のマネジメント

南信州観光公社の事業理念と基本方針は以下のとおりである。

(1) 事業の理念

　事業の理念は次の3点に絞られている。
　①感動は人を変える。
　②その感動は本物の体験から生まれる。
　③すべてのプログラムに地域の人が関わる。

(2) 事業の基本方針

　農家滞在型体験観光に対する取組みの基本方針は次の6項目に集約できる。
　①体験の先にあるものを踏まえた基本理念を構築することにより、体験者も受け入れ者も、共に高まるものでなければならない。
　②すべてを準備してから誘致するのではない。先にプロモーション（営業活動）により人を連れてくることも大事。
　③地域として譲れない一線は守る。宿泊パターンは農家民泊1泊、民間旅館1泊とし、この原則は譲らない。持続することを第一とし、すべてを相手に合わせることは疲弊を生む。
　④すべてのプログラムに地域の人が関わること。
　⑤関わる人こそ最高の財産であり、人の誇りや自信、技術、人柄に感動する。
　⑥農家に契約は通用しない。善意の受け入れ、善意の民泊クラブで構成する。年寄りが嬉々として受け入れることが、生きがいにつながる。したがって、民泊農家の公募はしない。

(3) 現状と留意点

　学校受け入れの地域別状況は関東4割、関西4割、中部その他2割である。2006年の宿泊利用学生団体の受け入れは89団体であった。
　運営上の留意点とルールは次のとおりである。
　①申し込みはすべて旅行会社経由として、直受けはしない。
　②表示価格は農家民泊＋体験2コースで9870円（内訳＝宿泊5000円＋体験1500円×2、手数料＝公社10％、旅行会社10％）
　③ホームステイの感覚で始める。
　④食事はその家で出せる範囲とし、メニューの統一などの制約はない。
　⑤メニューは子どもが喜ぶ焼肉、バーベキューなどが多くなる。準備として食材買出しのほか、自分で畑の野菜類を収穫させるなど、お客様扱いをし

ない。食器洗いもさせる。

(4) 農家民泊のネットワーキング

南信州地域という広域で民泊受け入れ農家を440軒以上揃えることはたやすいことではない（図表1）。3年前から分宿枠を農家に対して設け、事前準備する。契約書は交わさない。すべて口約束であり、信頼の絆があるから受け入れも継続する。

このような経営方針が住民にとっては、アンチ・エイジング（若返り）に寄与し、交流により地域も活性化し、高齢者の病気予防にも貢献している。

このような長い歴史に培われた村落共同体の後押しがあるから、受け入れ農家の賛同が得られた（図表2）。

図表1　農家民泊受け入れ枠手配区分表

	受け入れ依頼ルート	地区数	農家軒数
1	説明会→一括して頼む農家[*1]	3	30
2	説明会→戸別訪問スタイル[*2]	2	40
3	行政組織から一括依頼	5	180
4	観光公社が直接頼める農家	10	140
5	地区生産組織から一括依頼	4	80
合計		24	470

＊1：民泊受入枠説明会で観光公社より一括して頼める農家
＊2：民泊受入枠説明会後、戸別訪問して依頼していく

図表2　農家民泊のホストファミリー

(5) 企画・営業・運営

修学旅行に求められる内容が見学的学習旅行から変わってきた。地域の人々との本物の体験によって本物の感動を得られる体験学習が求められる時代になりつつある。

①教育団体の受け入れシーズン以外は一般観光客の受け入れも行っている。主に地域資源の地元ネタツアーを都市部旅行会社に企画・営業している。
- 名桜の時期≒ガイドが媒介≒1ヶ月間使えるネタ
- コンテンツ（飯田の名菓子めぐり）を打ち出した名阪バスツアーにて40台、3000人の集客実績
- 地域学ジャンルのネタは観光コンテンツ化できる

②コーディネーター育成、安全対策等については、以下の2点に留意している。
- コーディネーターは営農法人から派遣してもらう
- けが保障はレクリエーション保険、学校保険でカバー

図表3　農家民泊での田植え体験(提供：南信州観光公社)

```
┌─────────────────┐
│　　学校・旅行会社　　│
└─────────────────┘
    営業 ↑    ↓ 手配依頼
┌─────────────────┐
│《南信州観光公社》の主業務│
│●受け入れ相談         │
│●民泊と体験メニューを一括手配│
│●宣伝・営業          │
│▲資源発掘           │
│▲農漁家受け入れ指導(安全安心交流)│
│▲体験メニューの育成・磨き │
└─────────────────┘
    ↑ 担い手育成・磨き・指導 ↓
┌─────────────────┐
│　　　　農村　　　　　│
└─────────────────┘
```

●：学校・旅行会社に対しての業務
▲：地域資源発掘、担い手・商品の育成業務

図表4　事業の全体の流れ

- ホームステイ＝小規模宿泊のため、リスクは小さくなる。集団宿泊はなし。

③南信州観光公社は旅行会社への営業で、学校の先生に熱く説明できる修学旅行のセールスマンになるよう、依頼をした。

- 農家民泊において生徒はお客ではなく、家族の一員で、交流が売り。
- 農家の共同作業に組み込み、生産体験、食事、収穫、生活文化の本物を共有化することに意義と感動がある（図表3）。

こうした教育旅行業界への攻めのセールスによって、有効なロケーション＝飯田という「南信州ブランド」ができあがる。

(6) 先駆性―地域経営による自立型手配、商品開発機関

南信州観光公社に学ぶべき先駆性は次の2点に集約される（図表4）。

① 地域経営型の着地型旅行会社、つまり自立した観光サービス手配・地域の観光資源の商品化開発・販売センターといえる組織であること。地域行政はもとより地域の一次、二次、三次産業の関係者も出資し、観光による地域振興を戦略的に推し進めており、株式会社化して事業としても一定の成功を収めていること。地域の各分野の方々が自信を持って、生活文化を観光振興に活用していることが高く評価されている。

② 地域に根ざす南信州の観光資源（人、自然、施設、文化）をフルに活用して商品化していること。すべての観光商品、体験商品の担い手に100％地元住民が携わっていること。地域資源の発掘から商品化への担い手育成、

人材育成、商品化へのブラッシュアップ、観光商品の情報発信、営業・販売まで一貫していること。

3 着地型観光に果たした会社の役割

　観光による地域振興がいわれて20年以上が経過した。逆の言い方をすれば、少子高齢化と都市への産業集中化の副産物が地域崩壊であり、限界集落であったことも事実として認めなくてはならない。

　そんななか、全国1800自治体の中で、漫然と現状推移に任せるのではなく、残された地域資源を行政と住民主導で商品開発しながら、前途が不透明ながら農業体験交流を着実にこなしていった村が南信州であった。都市部の大きな教育旅行需要に応えていくために、自ら立ち上がった村の団塊世代と老人たちが、ありのままの農業活動と農家ホームステイをこなしながら、交流活動そのものを観光商品として完成させた。やがて、自発的な住民活動が地域経済振興に貢献することを村は自覚し、より効率的に着地型観光を集中手配できるセンターをつくるに至った。国土交通省が第3種旅行業での募集型企画旅行を認可する7年前のことであった。一つの窓口で体験観光メニューの手配と精算、情報発信をできるようにし、その結果、都市部の旅行会社からの注文は1996年の3校から2001年の12校に一挙に増えた。

　一方、内に向かっては、村の観光資源の見直し、観光商品づくりとそれを担う人材育成は、これも一つの窓口で対応するようになった。いわば製造（村内）と販売（手配・営業）が一体の、着地型旅行会社の王道をいく、極めて先端をいく価値観がある。

　飯田市における着地型観光は、村の資源を発掘した老人たちの起業を促し、地域経済への貢献はもとより、病気をしている暇がない健康村を生みだした。また観光による地域雇用の拡大、さらには農業に見切りをつけ始めていた次世代に、グリーンツーリズムがビジネスモデルとなる可能性を示した功績は大きい。むろん地域の耕作放棄地を防ぎ、環境保全に貢献する価値も非常に大きい。

〈注〉
1)　飯田市ウェヴサイト「飯田市の歴史」(http://www.city.iida.nagano.jp/outline/history.shtml) 参照。

事例 ② 若狭三方五湖観光協会〈福井県〉
農業・漁業を組み合わせた広域観光圏づくり

図表1　三方五湖(提供：若狭三方五湖観光協会)

　福井県の南部、日本海に突き出た越前岬と丹後半島を両翼にして水深200メートルの若狭湾が日本海に面し大きな入江となっている。この若狭湾は奈良時代より朝鮮半島と奈良・京都を結ぶ重要な玄関口の役割を果たしてきた。現在は、北から敦賀市、美浜町、若狭町、小浜市、おおい町、高浜町の2市4町が連なっている。若狭町は常神半島の西部沿岸と三方五湖のうち三方湖、水月湖、菅湖を含んだ地域を占めている（図表1）。2005年の市町村合併で海側の三方町と内陸部の上中町が合併し、若狭町が誕生した。人口1万7000人（2007年12月現在）、面積178平方キロである。

1 60年代の海水浴観光と民宿

　旧三方町は、若狭湾沿岸の他地域と同様、関西圏の巨大マーケットを控え、1965年頃から国民的なレジャーブームの到来により、海水浴客と釣客で賑わい始めた。観光客の急増により不足する宿泊施設の対応として、漁村集落の民家が民宿（簡易宿泊施設）を開業し始め、最大時の1960年代には三方町だけで135軒の数となった。

　1968年には三方五湖と日本海を一望する梅丈岳への県営有料道路「レインボーライン」が開通、70年代には観光入込客数のピークを迎えた。しかし、高

度経済成長期以後のマスツーリズムの隆盛から衰退を経て、1981年に160万人を超えた観光入込客数は2004年には87万人と半減した（旧三方町）。民宿の数も現在は108軒に減少している。2町合併後の主な観光としては、梅丈岳展望台、三方五湖遊覧、梅の里会館、熊川宿、瓜割ノ滝などがあり、名産にはフグ、クエ、カニの海産物、ウナギ、コイの淡水魚、梅などの果樹がある。三方五湖は2005年にラムサール条約の湿地に登録された。また、鳥浜地区では縄文遺跡が発見され、その近くに「若狭三方縄文博物館」が2000年に開館した。

2 JR三方駅業務受託と旅行業取得

1963年に「㈳若狭三方五湖観光協会」（以下、観光協会）が設立され、町役場の中でその業務を行っていた。1986年、JR三方駅の無人化にともない、観光協会は駅業務を受託するとともに、事務所を町役場内から駅舎に移転した。さらに職員に旅行会社出身の今井加七氏（現在、同協会の事務局長）を採用、第2種旅行業を取得した。当時、観光協会が駅業務と旅行業を行うのは珍しく、乗降客を増やすために行ったJR切符の戸別配達や、町民募集の臨時列車「町民号」ツアーは、テレビニュース番組にも取り上げられ話題となった。

一方、町の主要産業である漁業は漁獲量が減り始め、旧三方町は「獲る漁業」から「育てる漁業」への転換を図り、若狭地域では最初にフグ養殖に取り組んだ。三方民宿組合長であった森下幸一氏（現在、同協会会長）は、1985年頃すでに、海水浴観光から「体験型観光」への転換の必要性を言い始めていた。

1988年、大手旅行社から漁業体験プログラムの視察があり、1990年には岐

図表2　干物づくり（提供：若狭三方五湖観光協会）　　図表3　定置網業体験（提供：若狭三方五湖観光協会）

阜の中学生の受け入れを開始して、7校が漁村民宿で大敷網見学、アジの開きづくりなどを体験した（図表2、3）。当初、民宿は手間がかかるため体験学習の受け入れを嫌がったが、1990年代後半になると積極的に受け入れを希望し始め、取り扱いが増加していった。2007年現在、中部圏を中心にした受け入れ学校数は46校、総取り扱い人数は5200名を数える。

3 まるかじりツーリズムの展開

　2005年に観光協会は県の地域ブランド創造活動推進事業に参加して、「若狭三方五湖やすらぎと共生プロジェクト」を立ち上げた。5～7月に受け入れの集中する県外小中学生の体験学習以外の個人観光客を取り込むためである。観光協会、行政、民宿組合、漁業組合、農業団体、縄文博物館、語り部の会、酒造会社などのメンバーが実行委員となって「若狭・三方五湖まるかじりツーリズム」を商品開発、観光プラス産業の地域ブランドにしていこうという取組みだ。

　若狭町の地域資源である湖、海、山、里、縄文遺跡、漁業、農業を活用した滞在型・体験型エコツーリズムを着地型旅行商品とした。2006年にはプレ展開として高級魚のクエを昼食にアレンジした「クエ三昧」を設定し、名古屋の旅行会社とタイアップした。2007年には「海の体験学習」の実績とネットワークを活かし、そのコンセプトを「三方五湖とその周辺のヒトと自然がおりなす田舎の風景を舞台に、湖、海、農業、漁業、歴史…などをまるごと体感できるひとときを提供する」とした「若狭・三方五湖まるかじりツーリズム」の募集と実施を行った。受け入れに直接関わる住民や事業者を「まるかじりツーリズムの仕掛け人」と称し、ウナギやモズクガニ、手長エビ、タコなどの地元の海の幸を自分でとって自分で食べる「自補自食ツアー」や、語り部が若狭の文化を語りつつ、目の前でコイのたたき網漁を見学したり、フグを釣って食べるなどの体験をする「若狭人なりきりツアー」、また冬に白鳥が舞う田んぼで有機無農薬の米づくり体験のできる「海湖の里の田んぼツアー」の3ツアーを実施した（図表4）。

　ツアーのパンフレット作成、宣伝広告、予約受付、宿泊の予約業務、語り部へのガイド依頼等はすべて観光協会で業務を行った。その結果、参加人数だけを取り上げると必ずしも大成功とはいえないが、10名近い参加者の実施日も何

図表4　若狭・三方五湖まるかじりツーリズムのパンフレット（提供：若狭三方五湖観光協会）

本かあり、参加者が心から満足する様子に関係者は大きな手ごたえを感じた。「海湖の里の田んぼツアー」ではツアーのパンフレットとともに見本のお米のDMを送ったところ、ツアーの実施人員は設定を下回ったものの「おいしい有機米づくりの名人」のつくったお米が完売するという思わぬ宣伝効果もあった。県の地域ブランド創造活動推進事業は2007年度で終了し、2年間の補助事業での経験と実績をベースに2008年度からは新たな挑戦が始まる。

4　漁業と農業をベースにした観光マネジメント

　若狭湾の中央部で日本海に突き出た常神半島の西海岸には、入江集落を成した小さな漁村が若狭湾の海原を目の前にして点在する。その風景はエーゲ海の漁村さながらである。漁師の多くは民宿を兼業としているが、海水浴客の減少で、現在では宿泊客の重点が冬期のフググルメツアーに移っている。

　漁業体験プログラムと民宿を活用して、中部圏マーケットから小中学生の体験学習の受け入れを行ってきた第一段階から、2町合併後の第二段階である現在は、観光資源の拡大として農業を取り入れ、町は「ブルーツーリズム＆グリーンツーリズム」への観光戦略を打ち出している。

　グリーンツーリズムへの取組みは、合併前にそれぞれの町に設立されていた二つの農業生産法人が基盤となっている。三方地域の「㈱エコファームみかた」と上中地域の「㈲かみなか農楽舎」である。これら2社は米を主体にした農業生産とその販売が共通の事業内容となっているが、エコファームみかたは

農産加工品の製造と販売を主力とし、かみなか農楽舎の方は農業研修と農業体験学習に主力を置き、就農・定住の促進を行っている。上中地域の農業と農家民宿によるグリーンツーリズムと三方地域の漁業と漁師民宿のブルーツーリズムを一体化し、さらに鯖街道沿いの熊川宿（上中地域）とラムサール条約登録の三方五湖および若狭三方縄文博物館（共に三方地域）を加え、付加価値と選択性の高い観光圏が形成されている。

　個人客を取り込むには、体験学習と違って、質の高い観光サービスであるフードツーリズムや個性的な漁村景観、瀟洒な宿泊施設、特産品などの開発が欠かせない課題であろう。特に、漁村集落の景観整備は住民がまちづくりの意識を高めない限り、通常は困難である。これは若狭湾地域全体にいえることであるが、ただ宿泊させればいいという、かつての海水浴客相手の民宿経営のままでは、旅行者の「民宿」に対するイメージは昔と変わらない。宿泊施設の質のアップと、漁村風景の改善は重要なテーマである。

　また、地理的に三方五湖を二分する美浜町との連携強化と広域観光ルートづくりは欠かせない。例えば日本海につながる日向湖(ひるがこ)（美浜町）から船舶で常神半島の岬を回りこみ、常神集落へ上陸するコースなどは三方五湖と日本海を周遊でき、興味が持たれる。

　若狭町営観光ホテル「水月花」の日航ホテルへのマネジメント移管は、観光圏全体のホスピタリティの向上に寄与するであろう。グローバル化をうまく取り入れ、ローカリティを磨き上げるマネジメントと、文化レベルの高い若狭の歴史に裏打ちされた「若狭ブランド」の創造が求められる。

〈参考資料〉
・千田千代和「ブルー＆グリーンツーリズムへの取組み」（全国町村会ウェブサイト http://www.zck.or.jp/forum/forum/2585/2585.htm）

事例 ③ 松浦体験型旅行協議会〈長崎県〉
民間主導による地域ぐるみの体制

　長崎県佐世保から松浦鉄道で北へ行くこと約2時間。日本海に面する海岸線が美しい北松浦半島およびその周辺の島々からなる松浦市は、人口約2万7000

図表1　イロハ島（福島町）(提供：松浦体験型旅行協議会)

人のまちである（図表1）。中国の歴史書「魏志倭人伝」に、卑弥呼に遣わした使者が壱岐を経由して末盧（松浦）国に渡ったとの記述があるように、古代から大陸と日本を結ぶ重要な拠点であった[1]。また、13世紀の文永・弘安の役では、元寇襲来を果敢に阻止した水軍「松浦党」発祥の地としても知られている。

明治以降は北松浦半島一帯で発見された石炭産業で大いに繁栄し、1955～65年頃に最盛期を迎えるものの、やがてエネルギー革命で炭鉱はすべて閉山となった。その後、人口減に見舞われたが、2006年の鷹島町、福島町との合併を機に、活気あるまちづくりが進められている[2]。

松浦市を中心に広域で取り組んでいるのが、修学旅行生対象の体験型旅行企画「感動体験、心高まる旅 松浦党の里ほんなもん体験」である。近年、子どもたちが自然と触れあう機会は少ない。地域の人たちが、修学旅行生を家族の一員として受け入れ、生活を共にすることが、互いにどういう意味を持つのだろうか。

1　松浦体験型旅行協議会が誕生するまで

松浦市が体験型旅行事業に取り組んだそもそもの発端は、1995年に遡る。同年12月の「海洋クラスター都市構想[3]実現推進協議会」設立がきっかけだった。この地域一帯（長崎県北部と佐賀県西部）を六つのエリアに分け、それぞれに応じた地域振興策を検討、提案する組織だ。基幹の石炭産業の衰退による人口の急減を食い止めるには、新たな産業の創出が必要だった。経済、歴史の両面で一体性が強い北松浦半島と佐賀県西部が、地域づくりや産業育成で協力すれば、将来は県北地域振興の柱になるかもしれない。こう考えた地元の経

第6章　体験交流開発型　　117

済界と大学が連携し、核になって、「海洋クラスター都市構想」を生んだ。

　同推進協議会の下、各エリアに地域組織が置かれ、地域活性化の具体策を研究した。松浦、平戸、北松浦の各クラスターは、交流人口の拡大策を提案。このうち、松浦クラスター（1996年設立。旧松浦市と福島、鷹島の両町（現松浦市）をエリアとする）は、新産業創出事業と交流人口拡大をテーマに研究を実らせ、国への提言に至った。「北松浦半島体験型観光連携事業（海洋クラスター都市構想）（長崎県・佐賀県）」がそれである。同事業は、国土交通省の2001年度地域連携支援ソフト事業に採択されることとなった。

　従来の振興からの発想ではなく、新産業の観点から取り組むとした同事業は、観光素材の有機的コーディネートおよび心身の"癒し"を目的として体験型観光システムのメニューを開発した。その内容は、①目的に沿ったメニューづくり、②東京・大阪・福岡地区から10名の観光モニターによるメニュー、観光素材の検証、③観光のあり方や新産業づくりなどのテーマでのシンポジウム開催などであった[4]。国土交通省から同事業に対し、約559万円（2001年度）の支援がされている。

　一方、2001年7月、前述の事業と同様の体験事業が、当時の吉山康幸市長にも提言された。同市長は、今後交流人口を増やすことが地域の経済活性化にもつながるとの提言に賛同したものの、事業は市直営や第三セクターでなく、民間で主導すべきであり、軌道に乗れば、産業として独り立ちすることが望ましいとの認識を示した。同時に、市長は「応分の支援はしよう」と表明したことから、市の予算計上へと一気に進むこととなる。

　その後、関係者（松浦クラスターのメンバー、市議会議員、市職員の8名）は、提言の体験事業を実現するため、観光の先進的取組みが行われている長野県飯田市の南信州観光公社、南信濃村を視察する。現地では、先の海洋クラスター都市構想から関わってきたコンサルタントF氏のアドバイスもあり、行政の説明だけでなく、2泊3日の体験と、この事業に関わった人々すべてに生の声を聞いていった。そして、この時の実体験が、後に大きな原動力となるのである。

　視察後、関係者は、事業立ち上げのスケジュールを早急に決定し、飯田市の観光資源や創意工夫の仕方を研究すると同時に、松浦の現状を詳細に検討して

いった。その結果、松浦も資源的に恵まれていることを確信し、受け入れメニューの企画立案に着手した。最初のスタートとして、旧松浦市エリアだけで、68 ものメニューを揃えた。

その後も試行錯誤が続く。9 月下旬には体験型旅行事業関係者説明会を開き、続いて、設立準備会を開催する。2002 年は学習指導要領が改訂[5]となる年であったことから、それを踏まえて、2001 年 12 月議会に松浦体験型旅行協議会設立予算案（780 万円）を提案し通過させた。そして、年明けの 1 月 11 日には、市長を会長とする「松浦体験型旅行協議会」が発足する（図表 2）。

ここで特筆すべきことは、同協議会が、各受け入れ民家、漁協、農協などに対し、地域の協力が得られるよう、きめ細かく働きかけていることである。さらに協議会の他に、「NPO 法人 体験観光ネットワーク松浦党」を 2006 年に設置している。同 NPO では、広域エリア内 13 地区の受け入れ組織の代表が理事となり、受け入れ組織に対して衛生管理の徹底、農漁家への安全対策の強化などを指導するとともに、受け入れ民家・指導員（インストラクター）のための講習会を開催するなどの活動を行っている。協議会と NPO という二つの組織が、相互に連携し、県や市など行政がバックアップするという官民協働の受け入れシステムといえる（図表 3、4）。

また、農林漁業体験民宿における関係法令の取り扱いの規制緩和措置も支援の一つである。簡易宿所の許可では、消火設備、手洗いが別などの規定があるが、同協議会の傘下にある施設であり、さらに衛生講習を受けていることを前提に許可されることとなった。また、遊漁船登録についても各個人任せではなく、組織として登録を受けることで、個々人の負担が軽減されている。加えて、保険制度についても、これまで旅行者が、自ら掛ける保険はあったが、海上で

図表 2　松浦体験型旅行協議会の概要(2008 年 2 月現在)

事務局	松浦商工会議所内に設置
事務局体制	事務局長 1 名、事務局員 4 名、パート職員若干名 2006 年度から長崎県から 1 名、松浦市から 2 名担当職員を配置
会員数・会費	会員数：約 100 名（登録者数） 会費：一般会員は無料。賛助会員は 5 万円 / 年（観光協会、商工会議所、松浦クラスター）
体験プログラム	90 メニュー

(出典：松浦体験型旅行協議会資料を筆者加工)

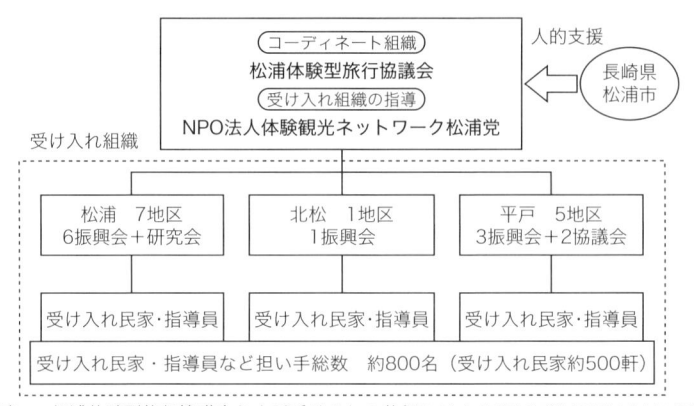

図表3　松浦体験型旅行協議会および受け入れの仕組み（出典：松浦体験型旅行協議会資料を筆者加工）

図表4　松浦体験型旅行協議会受け入れ組織および流通の仕組み（出典：松浦体験型旅行協議会資料を筆者加工）

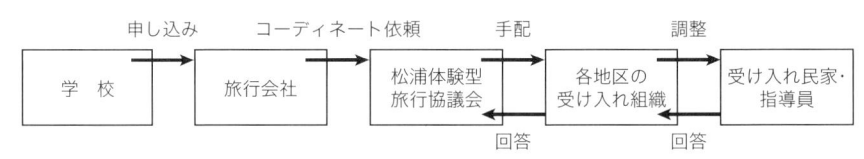

松浦体験型旅行協議会が、地区の受け入れ先をコーディネートすることで、旅行会社の負担が軽減される。協議会にとっては、この仕組みが大きな強みとなる。

図表5　松浦党の里ほんなもん体験プログラムの三つの特徴

①90種類の豊富な農林漁業体験プログラムと1日最大2000名の受け入れが可能な漁村・農村での民泊（受け入れ民家数約500軒）
②民間主導のコーディネート組織「松浦体験型旅行協議会」と広域エリア内13地区の受け入れ組織を指導する「NPO法人体験観光ネットワーク松浦党」が相互に連携し、長崎県や松浦市など行政が強力にバックアップする官民協働の受け入れシステム
③年間延べ60回を超えるインストラクター講習会の実施や事故に対応する傷害保険・賠償責任保険への加入といった安全・安心に対する万全の備え

（出典：『ながさき経済』2007年10月号 p.3～4を筆者加工）

の事故や食中毒などに対して、主催者が参加者に掛ける商品がなかった。そこで、市内にある企業の協力を得て、受け入れのための保険を独自に開発した。

　官民が一致団結して実行したことが、成功につながったといえるだろう（図表5）。

2　未知の営業活動から遂に受け入れへ

　協議会発足から約5ヶ月後の2002年6月、いよいよパンフレットもできあがり、営業活動に着手することとなる。通常、行政担当者にとって営業は未知

の分野だ。最初に突き当った壁は、修学旅行を旅行会社に売り込みに行ったものの、すでに1年先まで決まっていることだった。今、営業しても2年先以降になるのか…、予算も延長しなければならない…と落胆しかかった。しかし、関係者は、コンサルタントのF氏のアドバイスもあり、大手旅行会社の修学旅行担当だけでなく、さらに開拓を進め、中小の旅行会社からも声がかかるようになる。「九州の修学旅行担当者の集まりがあるので、来てくれないか」と、誘いが届いた。念願の修学旅行取扱いが決定した。

　いよいよ、第一陣を受け入れる日がやってきた。実際、先生や生徒たちの当初の評価はどうだったのであろうか。松浦市水産商工観光課の岡正文係長はこう語る。「最初、『先生方が是非というから来てみたが、こんな田舎に来なくてもよかったのに…』といっていた校長先生もいらっしゃいました。また、学生といえば茶髪どころか赤・白・金髪の学生、不登校となった子どもたちもいて、入村式では、人の話を聴かないような子どもたちを前に、『大丈夫かな…』と一

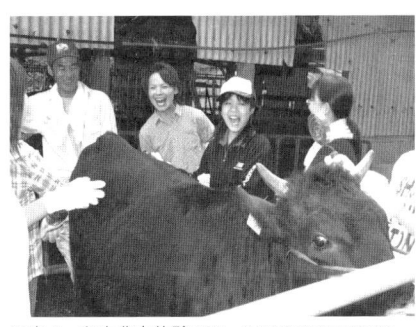

図表6　和牛農家体験(提供：松浦体験型旅行協議会)

図表7　地引網漁体験(提供：松浦体験型旅行協議会)

図表8　農業体験(提供：松浦体験型旅行協議会)

図表9　受け入れ家族との食事風景(提供：松浦体験型旅行協議会)

抹の不安がよぎったこともありました」と。

　受け入れ家族の人たちも当然同じ気持ちであったかもしれない。しかし、それぞれの家族の一員として過ごす時間は子どもたちに貴重な体験をもたらした。

　自分の親には口もほとんどきかない子どもたちも、おじいちゃん、おばあちゃんには心を開いたのだ。人と人との触れあい、人が生きていくための知恵が詰まった仕事を通じた体験の数々が、子どもたちの心を動かすのに多くの時間はかからなかった（図表6〜9）。

　体験を終え、ある生徒が代表として挨拶した。別の生徒からも手が挙がった。先生たちが予想しなかった生徒だった。「自分も挨拶していいですか」と言う。その生徒が「来てよかった、また来たい」と言ってくれた。校長先生はもちろん、先生方、そして受け入れ側の関係者一同が感激した瞬間だった。結果、学校側、受け入れ側双方にとっても自信につながっていった。それからというもの「また、来るから」と言ってくれる学校が増えていった。松浦で体験事業を推進すべき、との提言がなされて2年後のことであった。

3 | 成功要因と今後の課題

　図表10は、松浦体験型旅行協議会の決算等の推移および受け入れ実績である。また、松浦市では松浦体験型旅行事業の成功の要因を図表11のように分析している。

　この実績をもとに、松浦市は2007年9月、「松浦市ほんもの体験日本一のまちづくり宣言」をし、受け入れに携わる市民に、より誇りを持って取り組んでもらい、旅行者に高いレベルの体験を提供していくことを謳った。これまで関わりがない市民への理解を促し、受け入れ規模の拡大を図る考えだ。

　ここで、筆者の視点で松浦の成功のポイントを補足したい。

①クラスターごとの地域振興策の研究が基盤としてあり、国の支援も受ける事業に発展した。その後、同様の事業から協議会が発足し、官民一体の受け入れ態勢が整ったこと

②商品数の多さと豊富な選択肢は顧客（流通およびエンドユーザー）のニーズを的確に捉えている。コーディネート、流通の仕組みも確立し、スピーディーで、行動力を活かした営業戦略を実行できたこと

図表10　松浦体験型旅行協議会の決算額等の推移および受け入れ実績

年度	決算額[1]	松浦市補助金額	学校数	受け入れ人数
2001	810万円	780万円		
2002	2083.5万円	2000万円		
2003	2191.5万円	2000万円	7校	約1000名
2004	1881.8万円	1130万円	21校	約3300名
2005	1533.6万円	1000万円	32校	約4500名
2006	2436.6万円	1000万円	58校	約1万名[2]

*1：松浦体験型旅行協議会自体の収支総額を指し、売上げとは異なる。
*2：1万人は実数であり、1人が3泊しても1名とカウントしている。
(出典：松浦市水産商工観光課作成資料を筆者加工)

図表11　松浦体験型旅行事業の成功の要因

ステークホルダー関連[1]	・体験型旅行事業が松浦市の交流人口増大に有効であるとの了承が得られた。 ・松浦市における民泊[2]は、修学旅行においては子どもだけが可能であり、大人は既存の宿泊施設を利用するというルールにより、旅館・ホテル業との協力態勢がとられている。
商品関連	・観光体験でなく、学習体験を目的としている。 ・漁村地区と農村地区での体験を幅広く用意したことで、子どもたちが選択できること、悪天候でも旅行自体を中止することがない。
広域のメリット	・営業では松浦市だけでなく、平戸での歴史散策、佐世保のハウステンボス、長崎での平和学習などを同時にPRしてきたことで、修学旅行が県内でルート化された。 ・大規模校や多数の受け入れを可能にするため、松浦市以外の地域でも受け入れ組織が設立され、協力態勢がとられている。
受け入れ態勢	・高齢者が重要な役割を担うこととなり、収入面からの効果のみではなく、生きがい対策においての効果が現われた。
行政	・県は、民泊等に関する多方面での規制緩和を速やかに実施。

*1：ここでは観光関連利害関係者の意。
*2：農・漁村の家庭で宿泊体験をすること。
(出典：松浦市水産商工観光課作成資料を筆者加工)

③長崎県の修学旅行数が減少するなかで、松浦地区が他地域から取っているのではないか、といった指摘も寄せられ、関係者にとって厳しい時期も続いた。しかし、これまで長崎県に来ていなかった新規の学校を誘致していることや、長崎県全体をPRしていることで理解を得られたこと

④まず、長崎県に来てもらえるルートをPRし、松浦市だけでなく、広域連携による観光振興を実現していること

最後に、今後の課題を考察しておきたい。

①受け入れ増加に伴う宿泊施設の問題[6]、およびコーディネーターの育成や事務局への協力者数の増強

②指導員（インストラクター）の能力向上（詳細を以下に示す）
- 子どもたちに興味を持たせ、多くの言葉を引き出すためにクイズを取り入れたり、民泊体験で、何を学んでもらいたいかをすべての子どもたちにきちんと伝えるなど、インストラクターとしてのコミュニケーション能力
- 体験は目的ではなく手段であり、体験や民泊を通して地域の食文化や生活文化、農水産物の価値、家族の絆や親の愛・人の愛を伝え、人との触れあいを通して子どもたちのコミュニケーション能力やモチベーションを高めて「力強く生きる力」を育むといった理念を、共有・徹底することが重要
- 食中毒予防、防火防災、ライフベストの着用、危険回避など安全管理の徹底
- 講習受講や自己研鑽によりこれらを習得し、インストラクターの能力向上＝「体験商品のクオリティを高める」ことが全国各地との競争に勝ち抜く上で重要

③受け入れ組織が存在する市町間において、行政レベルの相互理解の必要性
④他地域との競争激化による集客減を想定し、新たな商品企画開発の必要性

〈注〉
1) 松浦市発行『歴史と自然が彩る浪漫のまち松浦』。
2) 同上。
3) 長崎県北部の北松浦半島と佐賀県西部の地域的特性を活かした、民間主導の新たな産業育成、地域づくりの構想。
4) 国土交通省平成13年度地域連携支援ソフト事業「北松浦半島体験型観光連携事業（海洋クラスター都市構想）（長崎県・佐賀県）」。
5) 新たに事業を立ち上げる際には、これまでと異なる何らかの環境変化などが必要であるため、学習指導要領の改訂（体験活動の重視）は予算化などに大きな後押し（後ろ盾）となった。
6) 簡易宿所などの許可を得た民家を増加させるのが理想ではあるが、まず許可取得ありきでは、体験型旅行事業自体への協力態勢が得られなくなるのではという課題。

7章 ニューツーリズム開発型

事例 4 鹿角観光ふるさと館〈秋田県〉
道の駅を中心に資源と顧客・旅行会社を結ぶ

　北は十和田湖（図表1）、南は八幡平国立公園、青垣山に囲まれた清冽な河川、そして豊富に湧き出る温泉郷という天然の観光資源に恵まれた秋田県鹿角市。1972年に花輪町、十和田町、尾去沢町、八幡平村の四つの町村が合併して誕生した同市は、人口約3万7000人（2007年9月現在）、秋田・青森・岩手、北東北3県のちょうど中心に位置し、青森市、盛岡市、八戸市からは車で約1時間圏内という便利さである。鉱山資源にも恵まれ、1300年もの長きにわたり日本有数の鉱物資源を産出してきた尾去沢鉱山がある。また古くから豊かな食文化を持つ秋田県の「きりたんぽ」発祥の地としても知られている[1]。

図表1　十和田湖（提供：鹿角市観光商工課）

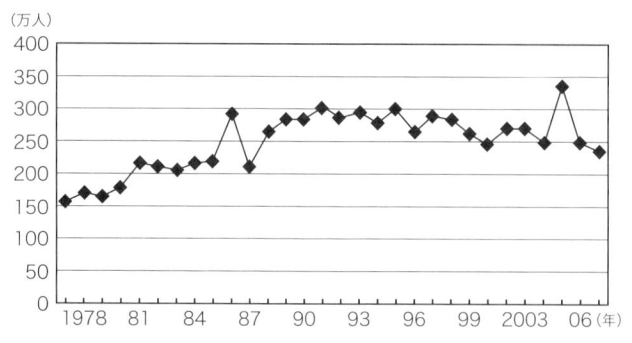

図表2 鹿角市観光客数推移（1978～2008年）
(出典：鹿角観光ふるさと館発行「鹿角観光ふるさと館概要」より筆者作成)

1978年、尾去沢鉱山が閉山した後は、市への工場誘致がなされ、観光については、自然に依存してきたといえるだろう。同鉱山は、1982年、「マインランド尾去沢」（現在の「史跡尾去沢鉱山」）として再利用され、当時は、東北新幹線、東北自動車道などの開通も相乗効果となって大いに集客につながったが、人気は一巡し、同市の観光客は横ばい傾向が続いている（図表2）。さらに近年の地域間競争の激化もあり、宿泊を喚起するような交流、滞在型の新たな取組みやオフシーズン（11月半ば～4月中旬まで）対策も必要であった。

そこで、観光関連施設や宿泊業をはじめとする観光業全体の活性化を促進するため行政と民間が協力し、今まで手がけていなかった伝統芸能や農業体験を観光資源として取り入れ、融合させることにより、点から面へ、また、冬季対策と通年型、滞留型観光への誘導を併せて講じることとしたのである。

1 「鹿角観光ふるさと館」の開業

1989年2月、鹿角市および民間の事業者団体等の出捐（しゅつえん）（資金を出すこと）により「鹿角観光ふるさと財団」が設立された。地域の活性化を図る施策として、市庁舎跡地を活用。同年6月、ふるさとの伝統や文化に触れてもらおうと、観光拠点「鹿角観光ふるさと館」を開館し、運営した。

しかし、財団法人組織では、経済行為に種々の制約があり、毎年赤字決算だった。このため、独立採算性を重視する株式会社への移行を決め、柔軟な経営体制および安定運営を目指した。鹿角市、㈱かづの物産振興プラザと地元銀行等5団体が出資し、運営会社の「㈱鹿角観光ふるさと館」を設立した。その後は、1995年に道の駅として登録、2006年には指定管理者となり、現在は黒字

を確保するに至っている。

　同館は、東北自動車道鹿角八幡平ICより車で3分の国道282号線沿いにあり、JR鹿角花輪駅からも徒歩約15分程度という良好な立地である。

　館内にある祭り展示館では、見事な漆塗りや金箔で飾られた「花輪ばやし」の屋台が10台展示されている。県の無形民俗文

図表3　花輪ばやし (提供：鹿角市観光商工課)

化財の指定を受けているこの花輪ばやしは、お盆明けの8月19、20日に行われる地元で最も賑わう祭りである（図表3）。各町内自慢の屋台が夜を徹しておはやしを繰り広げ、県内外の観光客を楽しませてくれる。出演依頼を受け、全国各地に赴くほか、ニースのカーニバル、サンフランシスコの桜まつり、上海の国際交流フェスティバルなど海外でも披露するなど、高い評価を得ている[2]。

　その他、鹿角の自然、温泉、祭りそして物産などを映像で紹介するシネラマ館、伝統工芸や食品の加工過程を見たり、体験したりできる手作り体験館がある。さらに、地元の特産品が豊富に取り揃えられた観光物産プラザ、比内地鶏、きりたんぽ鍋などのメニューが揃うレストランが、イベントで利用されるふるさと広場を囲むように立ち並んでいる。駐車場も300台まで駐車可能だ。こういった観光の拠点、道の駅の機能に加えて2006年、第2種旅行業登録を行い、旅行商品の企画立案、販売、さらに観光客への宿泊施設の紹介などにも積極的に取り組むようになった。

2　着地型旅行商品の企画、販売へ

　図表4に示すように、関係者と連携しながら観光素材をコーディネートし、着地型旅行商品の造成をするのが鹿角観光ふるさと館だ。鹿角市の総合観光プロデュース機関育成事業費補助金も活用しながら事業を推進している。

　2007年、鹿角観光ふるさと館旅行事業部が、手がけた着地型商品の例として、「鹿角まるごとトレッキングツアー '07」および秋田県の委託事業「ゆぜ健康院

ツアー」など数件ある。

前者のトレッキングツアーでは、全10コース（各20名）を用意し、案内人付きバスツアーとして実施した。出発日は、5月から翌年2月末までの期間で設定、八幡平巡りと温泉を楽しめるコース、秋の紅葉満喫コース、ウォーキング＋リンゴ狩りコースもある。

後者のゆぜ健康院ツアーは、7月18～20日の2泊3日で設定し、鹿角地域振興局と大手旅行会社で実施された（図表5）。これは、県の3年間にわたる委託事業である。首都圏からはJRで盛岡へ、そこからバスで、鹿角観光ふるさと館へ向かう。オリエンテーションと昼食後、湯瀬渓谷の散策を楽しんだ後は、湯瀬温泉にて宿泊する。翌日はリンゴ、ブルーベリー、トマトなどの栽培農家を訪問し、農家体験をしながら過ごす（図表6）。次の日は、史跡尾去沢鉱山や、

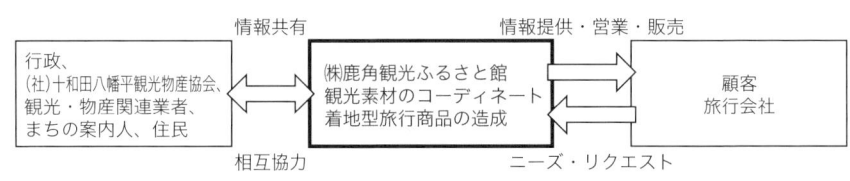

```
                情報共有              情報提供・営業・販売
行政、                  ㈱鹿角観光ふるさと館
(社)十和田八幡平観光物産協会、 ⇔ 観光素材のコーディネート ⇔  顧客
観光・物産関連業者、       着地型旅行商品の造成       旅行会社
まちの案内人、住民
                 相互協力              ニーズ・リクエスト
```

図表4　鹿角観光ふるさと館の事業内容（2008年6月現在）(出典：鹿角観光ふるさと館資料を筆者加筆)

2007年7月18～20日実施
【1日目】
東京発8：30～9：30頃（東北新幹線にて）――盛岡へ（現地の移動はバス）
盛岡駅着――鹿角観光ふるさと館（オリエンテーション、昼食）――湯瀬渓谷散策（米代川の両岸に切り立つ奇岩絶壁）――湯瀬ホテル着、温泉入浴指導（体に良い温泉入浴方法を学ぶ*）
＊湯瀬温泉郷：「川の瀬からも湯が湧き出ていた」といわれるほど湯量が多いところから「湯瀬」と名付けられた温泉郷。肌に優しいため美人の湯として親しまれている

【2日目】
湯瀬ホテル発（現地の移動はバス）――農家体験（心温まる「かづの」の農家との触れあい*）――湯瀬ホテル着
＊リンゴ、ブルーベリー、トマトなどの栽培農家を訪問し、農業体験を行います。農家ごとに体験の内容は異なります

【3日目】
湯瀬ホテル発（現地の移動はバス）――史跡尾去沢鉱山（2008年、開山1300年を迎える鉱山跡地の見学）――八幡平後生掛自然研究路散策（日本一の泥火山）――後生掛温泉（泥風呂をぜひ体験してください）――盛岡駅（東北新幹線にて）――東京着18：00～19：00頃

・天候などの状況により、行程が変わる場合があります
・農家体験、トレッキングがありますので動きやすい服装でお越しください
・ツアー終了後、アンケートにご協力いただきますので、ご了承ください

図表5　ゆぜ健康院ツアーの内容(出典：鹿角観光ふるさと館資料を筆者加筆)

図表6　農家体験の様子(提供:鹿角市観光商工課)

八幡平後生掛自然研究路を散策し、泥風呂を体験した後、解散した。同ツアーのコンセプトは、まさに「癒し」だ。地元農家との触れあい、雄大な自然、そして湧き出る温泉などで感じてもらう。

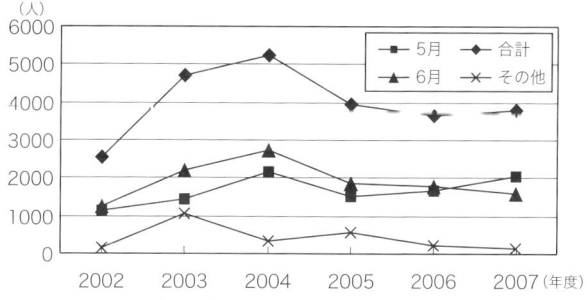

図表7　修学旅行受け入れ人数の推移(出典:鹿角観光ふるさと館資料を筆者加筆)

　これら旅行事業部の2007年度の事業は、県および市の補助事業が主体であり、その他にも(財)あきた企業活性化センターの支援事業により人材の派遣等の援助を得、今後の事業拡大に向け、着々と準備を進めている。

　商品造成に関しては、一般マーケット対象だけでなく、修学旅行も取り扱っている。メニューとして、鹿角観光ふるさと館での、きりたんぽづくり、南部せんべいづくり、わら細工などの体験プログラムが用意されている。そのほか、農家でのリンゴもぎ取り、リンゴ農作業体験、史跡尾去沢鉱山の観光坑道見学や砂金採り体験などもある。

　2007年は年間約3000名の修学旅行生（中学校）を受け入れている（図表7）。

　時期は5～6月、8～9月で北海道からが多い。鹿角での宿泊は、年間3000～4000泊で推移しているが、地域間の競争も激しくなっているため、やや減少傾向にある。

3 今後の課題

　鹿角観光ふるさと館の統括部長は、「主催旅行を造成する、あるいは、旅行事業部だけで事業を黒字化するにはまだ課題が多い。しかしながら、魅力的な商品づくりにあたっては、今後、着地型旅行商品のニーズは多くなるものと思われる。大手旅行会社においても地域との連携を強める必要性を感じており、新たな着地型旅行商品を提案していくことで、大手旅行会社の販売力、宣伝力を活用することができる」と語る。

　確かに、地域で着地型旅行商品の企画・販売を軌道に乗せるためには、適切なタイミングに広告・宣伝を実施し、大手の流通を活用する必要がある。加えてターゲットとなる市場に受け入れられる商品内容でなくてはならない。予算や人材、観光素材、現地での交通手段などの条件を考えると、1地域だけで解決策を見つけることはなかなか難しい。そこで、通過型観光地の抱える課題を考えてみたい。

(1) 商品の充実と利用客価値の向上

　鹿角観光ふるさと館では、地域の自然をより深く味わってもらおうと、今年は、トレッキングによるツアーを約半年にわたり実施する。また、「森林セラピー[3)]のあとは温泉とアロマで心身リラックス」などという新たなコンセプトを導入した旅行商品も発売している。

　近年、個人旅行者の体験・参加型観光ニーズが高まっており、この流れを捉えたものだ。地理的特性、豊かな自然、そして地域の人材を活用した取組みにより、新たな客層の掘り起こしや、滞在時間の延長、宿泊につながる可能性がある。

　通過型観光地では、その地域で提供可能な素材を一定の時間内に利用してもらうこととなる。行政、民間が力を合わせ、地元の農林業や商工業といった分野の協力も得ながら、その土地のよさを体験できるもの、コトをいかに商品として組み込むかだ。同時に、利用客のニーズをしっかり掴み、満足度の向上に取り組むことも肝要である。

(2) 販売チャネルの拡大

　同館の旅行事業部には、旅行業出身者が在籍し、営業体制や流通の仕組みに

も精通している。こういった組織は、ランドオペレーターとしての機能を発揮し、地域資源を商品にしていく力が期待されている。首都圏、都市部の旅行会社、鉄道、エアラインなどのニーズをうまく捉え、ユニット商品を造成できれば、広報・宣伝力を持つ大手の流通チャネルに乗ることが可能となり、販売拡大にもつながる。

　しかし、当初、補助事業でスタートした旅行商品を、将来、ユニット商品として自ら企画し、大手旅行会社と組むといった収益事業に育てることは、そう簡単ではない。というのも、通過型観光地における商品開発は、広域にわたる場合があること、行政、民間、NPOなど関係者との調整や協力体制の構築、人材、予算など、さまざまな条件が重なり、時間を要する場合が多いのも現実だからだ。しかし、地道で粘り強く人々へ働きかけることが、結局は功を奏すだろう。

　個人が、インターネットを利用してあらゆる情報を収集する現在、着地型旅行商品の情報受発信手段として、ウェブサイトを保有するだけでなく、ネット関連の流通を拡大することも忘れてはならない。

〈注〉
1)「角川日本地名大辞典」編纂委員会・竹内理三『角川日本地名大辞典5 秋田県』角川書店、1980年。
2) 花輪ばやしウェブサイト http://hanawabayashi.jp/。
3) 従来からの森林浴に森林の持つ癒し効果を科学的に解明して、その検証結果に基づいたメニューを確立したもの。詳細は㈳国土緑化推進機構「森林セラピー」ウェブサイト http://forest-therapy.jp/。

事例 ⑤　飯山市観光協会〈長野県〉
複数の観光地を結びグリーン＆ヘルスツーリズムを追求

　長野県の北部に位置する飯山市は奥信濃の中心地として発達し、戦国時代以降は城下町として発展した。飯山城は上杉謙信が武田信玄との攻防のなかで、この地を戦略的な重要地として城を築いたのが始まりである。

　現在の人口は約2万5000人。農業は米のほか、花卉、野菜の生産も盛んである。特にアスパラガスは日本でも有数の生産高を誇っている。

　寺院が多いのもこの市の特徴であり、市街地には「寺町」が形成され、近年観

図表1　千曲川

光資源としても注目されている。関連する伝統産業として、「飯山仏壇」といわれる仏壇製造がある。現在市内の仏壇製造業者は約150、年間約1000本の仏壇を製造している。市内には仏壇店が並ぶ仏壇街があり、その風景は壮観である。

　その他、優れた和紙づくりの技法を伝える「内山紙」は、伝統産業として現代に引き継がれている。

　また、豊かな自然環境にも恵まれている。例えばJR飯山線は、長野と新潟を結び、千曲川、信濃川沿いを走るローカル線であるが、美しい山並みと車窓から見える山村風景は日本のふるさとの情感をたたえ、日本人にとって懐かしいものである（図表1）。

　また、現在工事が進んでいる北陸新幹線の「飯山駅(仮称)」が2014年度末には開業する予定であり、市としては新幹線駅開業に向けての整備が進んでいる。

1　地域づくりと観光の背景

(1) 背景

　日本でも有数の豪雪地域である飯山は、地理的なハンディも重なって、高度経済成長時代には停滞、人口流出を招くことにもなった。

　農家は、冬期には出稼ぎを余儀なくされていた。しかし1950年代後半から、出稼ぎ解消を目的に、副業として民宿経営に取り組み始める。その後、スキーブームにも乗って、スキー民宿として冬期の重要な収入の柱となっていった。こうして飯山市におけるスキー観光は主要な産業となった。

　しかし近年スキー客は激減し、スキー場利用者は1991年の144万人をピークに、現在はピーク時の3分の1になっている。また、飯山市の観光入込客は、

1993年の186万人をピークに以後減少し、現在は150万人前後で推移している。

　スキー依存型からの脱皮を目指し、市では民宿滞在型の農村体験、グリーンツーリズムへの取組み、市街地の観光地化、冬期以外の観光イベントの創出などによる通年型観光地への転換を進めてきた。また、観光客獲得以外にも都市部からの移住や定住への取組みも進め、「飯山市ふるさと回帰支援センター」の設立、「いいやま住んでみません課」の設置による政策を進めている。

　この流れのなかで「飯山市観光協会」は、2004年に事務局を市役所から独立させ、07年には有限責任中間法人として法人化し、第3種旅行業登録をした。民間、住民との協力の活発化、地域産業の観光基盤強化を目指し、旅行業務に着手した。

(2)市内の各観光地区

　市には性格の異なる複数の観光地が存在することもあり、それぞれに観光協会を組織している。飯山市観光協会はそれら地区ごとの観光協会と、その他の観光関連事業所を会員とする上部組織となっている（観光協会・旅館組合5団体、その他関連事業所23団体）。

　市内の主な観光地区の概要は以下のとおりである。

①戸狩、信濃平地区など

　農家の民宿営業という形で発展し、農業従事者の多い農村地区。スキー民宿の形態で受け入れを行ってきた。近年では民宿型の林間学校、農村体験教室、小中学生の受け入れなど。信濃平地区では冬期には「かまくらの里」としてかまくら祭り開催等を行う。

②斑尾高原

　1960年代後半から観光開発され、スキー場、ペンションなどを中心に発展してきた。都市部などの他地域からの移住者が多い。近年ではアウトドアスポーツ、トレッキングなどを中心にアクティビティ・プログラムを増やしている。

③市街地

　市の商業地区であるが、他の都市と同じく、飯山市でも中心市街地の衰退、空洞化が進んでいる。市街地の旅館は数が少なく、また観光用宿泊施設として機能してこなかった。

④なべくら高原・森の家

飯山市がグリーンツーリズムの拠点として1997年に建設、㈶飯山市振興公社が委託されて開業、運営を行う体験型宿泊施設である。ブナの森保全活動、里山再生活動など地域の自然、環境保全への取組みも行う。また、長野、新潟をまたぐ80キロにも及ぶロングトレイル（信越トレイル）の運用を行う「NPO法人 信越トレイルクラブ」の事務局も兼ね、森林セラピー基地に飯山市が認定されてからは、そのメインセンターとしても機能している。

図表2　満開の菜の花公園(提供：飯山市観光協会)

　さらに、飯山市がニューツーリズム創出・流通促進事業で取り組むヘルスツーリズムの拠点としても、重要な役割を担っている。開業当時、地域外からスタッフを募集したこともあり、現在働くスタッフの半数以上が、飯山市以外の出身者で占められているのも特徴である。

⑤北竜湖、菜の花公園

　ゴールデンウィークに開催される「菜の花まつり」は、当初は地元の休耕田に菜の花（野沢菜）を咲かせようという市民の活動に端を発したものであった。市が支援をしてイベント化された現在は、飯山市における大きな観光資源となっている（図表2）。

　菜の花は飯山をアピールする主要なシンボル的イメージでもある。観光協会では、飯山市を応援してくれる外部の人を「飯山応援団　菜の花大使」として会員を集め、市のアピールに努めている。

2　着地型観光の取組みについて

(1)観光協会の役割

　着地型旅行商品の企画・販売に、直接観光協会が踏み切った一つの理由に、既存の旅行商品流通の仕組みと噛みあわない観光素材の性格や規模の小ささがある。もともと飯山市は、グリーンツーリズムにも先進的に取り組み、また森

図表3　着地型旅行の商品例

「デトックスと若返りの旅」（ヘルスツーリズム・アンチエイジングモニターツアー） 2007年11月／2泊3日／全4回　代金：2万円～2万8000円	
1日目：農産物収穫体験、アンチエイジング食クッキング体験、そば打ち道場 2日目：ノルディックウォーキングにチャレンジ、森林セラピー体験 3日目：まち歩き（「洗心の里いいやま」を歩く、映画「阿弥陀堂だより」ロケ地巡りなど） ・食事はすべてデトックス・アンチエイジング食を提供（6食） ・毎朝セルフ健康チェック	
「ふるさと応援企画！　観よう！食べよう！野沢"菜の花"？！」 4回に分けて、菜の花の種まき～収穫までを体験。2007年9月～2008年4月	
1回目：菜の花種まき、里山歩き、笹寿司づくりなど 2回目：畑おこしと種まき、キノコ狩りなど 3回目：野沢菜収穫、野沢菜漬け講習会、そば打ち教室 4回目：収穫体験	

林セラピー基地の認定を受けた後は関連したプランをつくるなど、ニューツーリズムの理念に先駆ける形で地域資源を観光に取り入れてきた。しかし、従来から大量の観光客が押し寄せる観光地ではない飯山市では、市内に存在する宿泊施設の大部分が民宿、ペンションなどの小規模のものであり、既存の旅行会社の販売網に乗るものではない。そのため、独自の商品企画・販売や観光資源開発、受け入れ体制の構築が必要であった。このため、窓口の一本化が不可欠との認識から、これらの役割を担う観光協会としての位置づけが新たにされた。

地方小都市の観光においては都市部の消費者に効率よくアピールするために、旅行会社との連携は必要である。しかし、従来からマスツーリズムの対象ではない規模の小さい観光地や、そもそも観光地ではない地域においては、そのことは簡単ではない。飯山市の事例はこのような地域に共通する課題に向きあう、一つのモデルと見ることができる。

現在販売している着地型旅行商品は小規模のものである。内容は地域の祭りに関連したもの、田舎、農体験を基本にした「ふるさと滞在」をテーマ化した商品などである（図表3）。これらは主にインターネットのウェブサイトを通して宣伝を行っている。

(2) ヘルスツーリズムと「なべくら高原・森の家」

「なべくら高原・森の家」は、飯山市の着地型観光の推進において重要な位置を占めている（図表4）。ここでは、自然の観察会やハイキング、スノーシューツアーなど、自然体験を中心にしたイベントを数多く開催している。また、地

図表4　なべくら高原・森の家の宿泊用コテージ　図表5　まち歩きで巡るメニューの一つ、映画「阿弥陀堂だより」のロケセット(提供：飯山市観光協会)

元の人々との協力によるそば打ち体験や、伝統の内山和紙を使った凧づくりなど、地域の文化や生活に根ざしたイベントも行っている。市外出身者が多数を占めるスタッフは、地域住民とは異なった視点で、暮らしや文化、伝統の中に、「資源」としての価値を見出すことができたと思われる。

　国土交通省の「ニューツーリズム創出・流通促進事業」では、この「森の家」や、飯山市森林セラピー協議会との連携のもと、実証事業（モニターツアー）を行うなど、ヘルスツーリズムの可能性を探っている。長野県は長寿県として有名であるが、長寿を支える食文化を伝え、健康増進を図る「デトックス[1]と若返りの旅」をモニターツアーとして2007年に実施した（図表3、5）。

3　今後の課題

　現在の着地型旅行商品は収益性よりも地域のブランド化とイメージ強化への戦略という側面が強い。この点については着地型観光に取り組む際の一般的な課題とも言え、より実質的な収益を確保し、地域の観光業者等に還元させることが必要である。飯山市観光協会ではこれに関連して、着地型旅行商品の企画・販売における実際的で業務的なノウハウの蓄積、旅行会社をはじめ観光業界との協力など、いかにビジネスとして確立させていくかを課題の一つとしている。

　観光資源や人材、組織については、飯山市にはすでにある程度存在するといってよい。今後はさらにそれらを有効に結びつけてネットワーク化させることが必要であろう。これは、地域内のみならず、隣接する他の自治体との広域的

な連携も含めて考える必要がある。

　また、一定の広範囲な面積を有する農山村地域の観光では、地域内に点在する観光地を徒歩で気軽に移動することが難しく、課題として指摘されることが多い。飯山市でも広域に点在する観光箇所を徒歩で散策するのは難しい。JR利用客、あるいは冬期の安全な移動等に関して、二次交通の対策が必要である。

　海外からの受け入れに関しては、すでに中国、台湾、アメリカ等からの受け入れを始めている。今後は、日本各地で外国人受け入れが活発化することが予想される。飯山市にとっては、その中で、いかに独自の魅力を打ち出すか、受け入れ事業を継続、発展させるかが課題となろう。

〈注〉
1) 体内に溜まった毒素や老廃物を取り除き、体内浄化をする健康法の考え方。英語のdetoxificationから来ている。

〈参考資料〉
・飯山市ウェブサイト http://www.city.iiyama.nagano.jp/
・飯山市観光協会ウェブサイト http://www.iiyama-ouendan.net/
・飯山市観光協会提供資料
・日本経済新聞長野版2007年6月1日、信濃毎日新聞2007年6月20日、トラベルニュース2007年12月10日

事例 6　紀南ツアーデザインセンター〈三重県〉
体験プログラムの達人を育てる

　三重県南部の紀南地方は、豊かな自然と悠久の歴史が生み出した独自の文化が息づく地域である。紀伊半島の東部に位置し、東は熊野灘に面し、西には紀伊山地を望む。「古事記」や「日本書紀」に著されている行事などが多く残されており、平安時代から江戸時代にかけては、伊勢から熊野三山への主要参詣道であった。昔からこの一帯を指す「熊野」という名で親しまれているが、現在は熊野市と南牟婁郡（みなみむろ）の御浜町（みはま）と紀宝町（きほう）がこの紀南地方に属し、541.57平方キロの面積を有する1市2町の構成になってい

る。2007年度の熊野市の人口は2万823人、御浜町は9967人、紀宝町は1万2703人と、全体で4万3000人強の人口であるが、人口比率は三重県の総人口に対してわずか2.3％で、過疎化、高齢化が進行している。

1 紀南の観光振興

　紀南地域へは、名古屋からJRで2時間50分、大阪からは3時間30分を要し、観光地としてアクセスの面では決して恵まれているとはいえない。この地域では鬼ヶ城、七里御浜、瀞峡を含む吉野熊野国立公園などが観光地として主に紹介されてきたが、誰もが知る観光資源は開発されていなかった。2004年7月に「紀伊山地の霊場と参詣道」が世界遺産に登録されてから、観光客は増加したが、日帰り観光客が多く、地元に十分な利益が還元されているわけではない。熊野古道伊勢路への来訪者は、2003年10万3187人、2004年15万697人、2005年15万5680人、2006年15万3871人、2007年15万387人であった。

　ここで紀南地域の観光振興を振り返り、図表1にまとめた。

　紀南地域においての観光産業の不振の改善や地域の活力を向上させるために、三重県は2003年に「紀南地域の振興策」を策定し、その推進のため同年に「紀南地域振興協議会」を立ち上げ、振興策の実施に取り組んだ。それと平行して県は、2002年に民間から地域振興のための「紀南振興プロデューサー」を公募し、伊勢の「おかげ横丁」の建設・運営に従事した橋川史宏氏を採用した。この紀南振興プロデューサーの業務の一環として、橋川氏により「紀南ツアーデ

図表1　紀南地域の観光振興の経緯

年	内容
2002年	三重県が「紀南振興プロデューサー」を民間より公募
2003年	三重県と市町村が「紀南地域振興協議会」を設立
2004年	紀南地域振興協議会が「紀南ツアーデザインセンター」を設立
2004年	環境省よりエコツーリズム推進モデル地域に選定される（3ヶ年）
2004年	「三重・紀南エコツーリズム推進ガイド・リーダー養成講座」を開始
2005年	環境省より第1回エコツーリズム大賞「特別賞」を受賞
2006年	「熊野を楽しむ達人の会」が設立される
2006年	「三重・紀南エコツーリズム・シンポジウム」開催
2006年	「三重・紀南エコツーリズム推進会」立ち上げ
2007年	「三重県立熊野古道センター」開館
2007年	三重県と市町村が「東紀州観光まちづくり公社」を設立

（出典：各組織のウェブサイトの情報から筆者作成）

ザインセンター」の立ち上げが企画され、市民同士の交流や、紀南を訪れた観光客との交流の場を提供するビジターセンターとして2004年6月に熊野市にオープンを果たした。

　時期を同じくして、「環境省エコツーリズム推進モデル地域」に選ばれたのを機に、紀南地域はエコツーリズムの普及と事業化に取り組むこととなった。2006年の「三重・紀南エコツーリズム・シンポジウム」では、「エコツーリズムで楽しむ熊野〜自然と文化の伝承のために〜」というテーマで紀南の魅力を内外に伝えた。この時、紀南ツアーデザインセンターが企画した、地元の山歩きの達人や語り部などがガイドを行うエコツーリズム体験ツアーに、多くの地元住民が興味を持って参加した。紀南ツアーデザインセンターは、現在では年間数十本の講座やモデルツアーを企画するまでに成長し、紀南の観光振興には欠かせない存在となっている。

　紀南の観光振興の中心的組織となった紀南地域振興協議会は、紀南の観光振興が波に乗ったということで役割を終え、2006年に解散した。2007年度よりツアー実施地域を紀北地域へも拡大し、エコツーリズムによる誘客と地域による自主運営体制の強化の取組みのために、「東紀州観光まちづくり公社」が後を引き継ぐこととなった。この組織は東紀州地域の観光のみならず、産業振興、まちづくりの推進を目的としている。

2　紀南ツアーデザインセンターの事業

　紀南地域の観光振興の中核施設となるのが、熊野市木本町に設立された「紀南ツアーデザインセンター」（以下、デザインセンター）である（図表2）。紀南地域振興協議会に所属する一機関として位置づけられていたが、協議会の廃止とともに2007年より東紀州観光まちづくり公社が事業を引き継ぎ、「三重・紀南エコツーリズム推進会」とともに運営を行っている。

　デザインセンターの建物は明治時代に地域を代表する林業家が私邸として建築したもので、4代目が集客交流の拠点として活用してほしいと、熊野市に寄贈したものである。

　当時の商家の雰囲気を偲ばせる意匠は、旅人のみならず、地域の人をも魅了してやまない。当初は入場者目標を年間1000人に設定していたが、オープンし

た 2004 年度に 9093 人、2005 年度 9238 人、2006 年度 7503 人、2007 年度 1 万 97 人を記録し、ビジターや地域の人々の交流の場を提供する、なくてはならない拠点となりつつある。

デザインセンターは四つの役割を担うが、ここでは主な二つを紹介する。

図表 2　紀南ツアーデザインセンター(提供：紀南ツアーデザインセンター)

(1) エコツーリズムの推進

　デザインセンターでは、理念「三重・紀南エコツーリズムが目指すもの」の確立、テーマの発掘・選定、人材育成を行ってきた。初期の段階で力を入れたのがガイドの育成である。「三重・紀南エコツーリズム推進ガイド・リーダー養成講座」を実施し、2004 年度は「基礎編」、2005 年度は「実践編」、2006 年度は「事業化編」と 3 年がかりで地元のガイド発掘と養成を行った。「基礎編」では、熊野古道語り部、登山家、川舟船頭、林業家など、紀南地域の自然を舞台に活動を行う延べ 195 人が参加し、うち全 3 回にわたる 5 日間の全講座を受講した 31 名には修了証書が渡された。そこでプロデューサーの橋川氏が提案し、デザインセンターがガイド養成講座の修了者に呼びかけ設立されたのが、より深く熊野の魅力や熊野らしさを学ぶことを目的とし、ツアー参加者を対象にした会員組織「熊野を楽しむ達人の会」[1]である。この会に入会しなければ、同会のツアーに参加はできない。今では、修了者以外の熊野ファンも大勢集まり、176 名にも及ぶ組織となっている。

　「三重・紀南エコツーリズム推進会」は、そのような活動の中でエコツーリズムのガイドとして活躍する熊野を知り尽くした 18 人の達人が立ち上げたガイド組織である。月 1 回の会合で地域資源を活用したモデルツアーや講座の企画や勉強会を行い、紀南地域のエコツーリズムの普及活動に貢献している。

(2) 講座・モデルツアーの企画

　現在実施されているプログラムは、デザインセンターが直接主催運営する地域づくりを目的に作成した学習プログラムと、会員制である「熊野を楽しむ達人の会」のプログラムの 2 種類である。ともにエコツーリズム推進会がデザイ

ンセンターと協力してツアー企画等の協力を行い、参加者募集や予約業務などの事務的な作業はデザインセンターが行う。募集は旅の記録帳に記入したビジターへのDMやEメールの送付、ウェブサイトを利用しているが、DMによる集客が一番効果的であるという。

「熊野を楽しむ達人の会」は、会の趣旨に賛同し登録を行えば無料で会員になることができる。会員はすべて自己責任において旅・講座などに参加し、一切の責任を会に求めることはできない。プログラムの参加費は1人あたり1500円くらいから8000円程度の実費のみを徴収している。ガイドへの謝礼は1回1〜2万円ほど[2]であるが、それでも「謝礼などいらない」という者も多いという。1回のプログラムの募集人数は6〜10名で、ガイドが1〜2名付き添う。2007年度までに延べ235名がツアーに参加した（図表3、4）。

例えば「あなたに見せたい熊野」のツアーは、8時に出発し、春の近畿自然遊歩道（木津呂〜山彦橋〜田戸〜瀞の里）を歩き、昼食後、瀞八丁をさまざまな場所から眺め、両岸を周回した後、川舟で瀞峡巡りを行い、徒歩で出発点まで戻り、15時に解散というプログラムである。参加費は1人4500円で、ガイドが2人付き添う。募集人数は10名である。

図表4　カヌーで瀞峡観光を楽しむ参加者（提供：紀南ツアーデザインセンター）

図表3　熊野を楽しむ達人の会のプログラムの一例

ツアー名	内容
「あなたに見せたい熊野」 〜春の瀞八丁を訪ねる〜	通常の瀞峡観光ではなく、さまざまな角度から春の瀞八丁に近づく。断崖絶壁、奇岩などの山道を4時間以上歩く健脚者向きツアー。参加費4500円
「カヌーで行く、夕暮れの瀞峡（上瀞編）」 〜渓谷の絶景に身をゆだねる〜	観光ジェット船が就航を終えた夕方、瀞峡本来の静寂が戻った上瀞にカヌーで繰り出す。急流救助国際認定書を取得している熊野在住のベテランガイドが案内。参加費5800円
「川舟船頭と過ごす夜の熊野川」	熊野川流域で唯一となった川舟大工の谷上嘉一氏を訪問。夕暮れに川舟に乗り、谷上氏とっておきの場所に案内。参加費2500円
「木は語る」 〜あふれる生命力の不思議〜	林業家の鈴木氏が山会った、個性的で生命力に満ちた5本の樹に会いに行く。参加費1500円

(出典：紀南ツアーデザインセンターのウェブサイトの情報から筆者作成)

図表5 紀南ツアーデザインセンターの学習プログラムの一例

ツアー名	内容
「茶摘み」 〜熊野の静かな山里でお茶作り〜	茶の木が自然の状態で生えている無農薬の茶の新芽をたくさん摘み、生葉を炒り、揉んだ後、天日に干して持ち帰る。昔ながらの茶作りをしている達人が指導。参加費2000円
「トチ餅作り」 〜山の恵みを味わう〜	元営林署森林官で熊野の国有林のガイドを務める竹平巨嗣・禮子夫妻が、国有林で拾ったトチの実を、夫婦で作るこだわりのトチ餅。かまどでもち米とトチの実を蒸し、木の臼で餅をつく。参加費2200円
「藁蓑作り」 〜消えゆく伝統の技を引き継ぐ〜	熊野在住の84歳の達人が、日本の稲作文化を伝える素敵な工芸品、藁蓑づくりを指導。2回シリーズ。修了者には「ふるさとの伝統の技術修得証明書」が授与される。参加費2回分で2700円
「泊観音堂と三十三体の観音石像」 〜祈りの道を歩く〜	祈りの道として世界遺産に登録されている観音道。毎日のように歩いて補修や清掃を行い、石像に花を捧げている、案内人の向井さんから観音石像の話を聞きながら祈りの道を歩く。参加費1000円

(出典：紀南ツアーデザインセンターのウェブサイトの情報から筆者作成)

　一方、デザインセンターは熊野の自然、文化を楽しみ学ぶ旅と講座を提供する（図表5）。学習プログラムという位置づけで、徹底的に熊野を楽しむことにこだわり、2004年から体験講座とツアー合わせて60本以上のプログラムを実施し、2007年度までに延べ963人が参加した。一つのプログラムが5〜10名の定員で、約2000〜4000円の参加費で設定されている。

　例えば熊野市五郷町の茶畑で行う「茶摘み」のプログラムでは、まずお茶に関して講義を受け、無農薬の茶の新芽を摘み取る。そして生葉を炒り、揉んだ後、天日に干す。もちろん、このお茶は持ち帰ることができる。参加費は1人2000円で、指導者が2人付き添う。募集人数は10名である。

　両プログラムとも企画性が高く魅力的な商品であり、さらにガイドのインタープリテーションの質も高く、毎回抽選で参加者を決めねばならないほど好評であるという。毎月2〜3種類のプログラムを実施し、詳細な体験レポートもウェブサイトで公表している。

　デザインセンターは、その他、地域の人や旅人が集う「ビジターセンター」として、また「地域づくり」のための場を提供するという役割を担っている。

3　紀南における着地型観光

　現在の紀南の着地型観光の取組みは、世界遺産登録を見据えて行政が中心と

なり観光振興を図ったことから始まったものではあるが、プロデューサーの橋川氏が中心となって、地域住民の意見を地道に丁寧に吸収し、集約して、地域の環境と住民を尊重しながら地域づくりに力を注いできた。デザインセンターという観光・交流の拠点づくりは、民間での経験豊富な橋川氏なくしては容易ではなかったであろう。金銭的な利益追求を第一とするのではなく、あくまでも地域が中心となって自主的な活動を根気よく続け、エコツーリズムを通じて紀南地域を愛するファンを増やしながら地域づくりを行うという試みは、着実に歩みを進めている。地域の身の丈にあった着地型観光の一つの形であろう。

〈注〉
1) 「熊野を楽しむ達人の会」は、会の趣旨に賛同したものが会員登録を行うことができる。会員である熊野のガイドが企画を行うこともある。
2) 参加費から捻出される。

〈参考資料〉
・三重・紀南エコツーリズムウェブサイト http://homepage3.nifty.com/kinan-tdc/
・橋川史宏「紀南ツアーデザインセンターがめざすもの―地域再生への一つの試み」『地域政策』No.18、2006年

事例 7 出石まちづくり公社〈兵庫県〉
住民主体のTMOによる観光まちづくりの推進

　出石町は兵庫県の北東部に位置し、かつては5万8000石の出石藩の城下町として栄えた町である。2005年に1市5町が合併して、出石郡出石町から豊岡市出石町となった。出石町の人口は約1万1000人である。「但馬の小京都」と呼

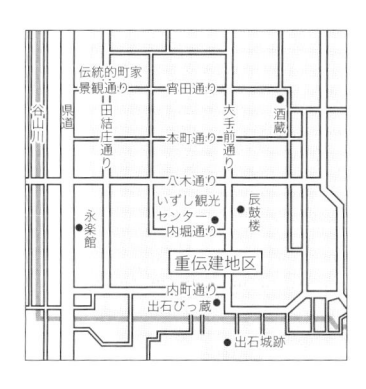

図表1　出石城の大手門脇に建てられた辰鼓楼

ばれ、碁盤の目に区切られた美しい町並みが、昔ながらの城下町の雰囲気を残す（図表1）。2007年に東西約600メートル、南北約620メートルに及ぶ地区が、重要伝統的建造物群保存地区に選定された。

　江戸時代中期に始められた透き通るような白を特徴とする白磁の出石焼は、国の伝統的工芸に指定される陶磁器である。また江戸時代に信州から伝えられたソバは、出石の皿そばとしてその名を馳せ、今では42軒ものそば屋が軒を連ねる。観光業は主要産業の一つで、2006年度には年間87万人の観光客が訪れている。城下町の町並み散策や出石皿そばを楽しむ日帰り観光客が主である。

1 │ 出石町の観光まちづくりと住民力

　出石町のまちづくりの原点は、観光客の誘致に見出すことができる。昭和40年代、出石に立ち寄る観光客は少なかった。そこで出石から半時間程度の距離にある、全国でも有名な城崎温泉へ行く観光客を出石に立ち寄らせることはできないかと、当時の有志たちが話しあいを重ねた。このようにして、1968年に住民が復元費用2300万円を全額出資して復元した出石城隅櫓（すみやぐら）がきっかけとなってまちづくりが始まった（図表2）。

　全額が住民の寄付で賄われたことからもわかるように、出石の観光まちづくりは当時から住民の力によって支えられている。そして現在でも、この時の体験が出石の観光まちづくりの原動力となっている。

　出石の住民力は他に類を見ない。出石城隅櫓復元から5年後の1973年には、観光業者のみで構成されていた出石町観光協会を、町民全員に呼びかけて328人の株主を集めて再スタートさせた。そこには、行政には頼らず、住民も参加して観光振興に力を入れるのだという意気込みが感じられる。また出石名産のソバを「出石皿そば」として発信すべく、そば業者ら自らが行政とともに全国百貨店などで実演販売を行い、ブランド化に成功した。

　1984年には出石の政治家である故斎藤隆夫の精神を学ぶ「静思塾」が立ち上げられ、招いた建築家や専門家たちの話から、出石の財産は町並みであることを再確認し、まちづくりをいかに行うべきかを検討した。1987年には兵庫で第1回目の「兵庫町並みゼミ」を開催、翌年には200名余りの町民を集めて「出石城下町を活かす会」を結成し、町民・行政・専門家が協力するまちづくりを

図表2　出石町のまちづくりの経緯

年	内容
1968年	住民全額出資により出石城隅櫓を復元
1973年	観光事業者だけでなく町民も出資し、「出石町観光協会」を再編
1987年	出石町にて「第1回兵庫町並みゼミ」開催
1988年	200名の町民の参加で「出石城下町を活かす会」を結成
1994年	住民の半額寄付により出石城登城門・登城橋が完成
1998年	第三セクター「㈱出石まちづくり公社」を設立。翌年TMOに認定
2000年	集合貸店舗「出石びっ蔵」をオープン
2005年	観光協会がNPO法人を取得し、「但馬國出石観光協会」となる
	「いずし未来委員会」を立ち上げ
2006年	まちづくり公社の事業として「いずしトラベルサービス」を設立
2007年	「重要伝統的建造物群保存地区」に選定

(出典：ヒアリング調査より筆者作成)

図表3　出石町の観光客数の推移

1972年	1975年	1980年	1985年	1990年	1995年	2000年	2004年	2005年	2006年
9万人	20万人	58万人	71万人	86万人	103万人	94万人	82万人	84万人	87万人

(出典：ヒアリング調査より筆者作成)

進めた。

　観光資源の充実、そしてまちづくりの推進の努力が実り、観光客数は順調に推移していった（図表3）。さらに出石の観光を発展させるために、観光協会の法人化の話が持ち上がったが、最終的には観光協会の事業部門を第三セクター方式で法人化し、「㈱出石まちづくり公社」を設立した。この設立でも全町民に1口5万円の出資を呼びかけたところ、予定を上回る希望があり、資本金5000万円のうち2200万円を168名の地域住民から募った。その後、2005年の市町村合併に備え組織の強化を図るため増資を決意し、出資を全戸に呼びかけたが、この時も新たに150名の町民から手が挙がった。出石まちづくり公社は、新規事業として集合貸店舗や、出石初の旅行会社を設立し、行政や住民とともに観光まちづくりの中核組織として地域づくりへの貢献を果たしている。

　2005年に出石まちづくり公社が呼びかけて設立された市民団体が「いずし未来委員会」である。合併への不安、そして近年、観光客数の増加に陰りが見え始めたこともあり、「これからの出石」を考えるために、行政や観光関連業者だけでなく、農業家や青年、女性らの参加を含む、既存の枠にとらわれない形での住民組織が生まれた。そこから誕生した企画、「出石藩夏祭り」が2007年夏

に開催された。徐々に衰退していた地元の盆踊りを、復活させたいとの趣旨で主に町民向けに祭りを企画したという背景がある。いずし未来委員会を母体とした出石藩夏祭り実行委員会が運営を行う、まさに住民主導のイベントとなり、3万人が祭りを楽しんだ。

　以上のように出石では、常に住民と民間がまちづくりを主導してきた経緯がある。それは金銭面だけでなく、勉強会やシンポジウムを開催し、地域における知識の習得と資源活用などの研究を重ね、かつ外部からも情報を取り入れた結果が柔軟なまちづくりに表れている。そこには常に住民の存在があり、きちんとした意思表示でまちづくりに参加をし、温かい眼差しでわが町を見守ってきた、出石独自の町民文化が感じられる。

2　観光振興を担う組織と着地型事業への取組み

　現在は、主に「NPO法人 但馬國(たじまのくに)出石観光協会」と「㈱出石まちづくり公社」が、出石町において観光振興の役割を担っている。

(1) 但馬國出石観光協会

　出石の観光振興は、行政や商工会とともに任意団体である出石観光協会が牽引してきた。出石皿そばをブランド化し、旧国鉄周遊指定地の認定を受けるために宣伝活動を行い、観光案内所を設け、特産品の販売を手がけた。さらに城跡の敷地にそば屋を開店し、協会の収入増に大きく貢献した。また1973年に観光ガイド制度をいち早く設け、シルバー層の雇用も行った。ピーク時には年間1800団体もの利用者があり、観光客数も100万人を上回っていた。

　このような努力が実を結び、観光協会が得た利益は観光とまちづくりのための資金として活用されてきた。住民の出資により立ち上がった観光協会は25年にわたり観光振興とまちづくりへ貢献してきたといえる。1998年には、前節で述べたように、観光協会の事業部門は出石まちづくり公社が引き継ぐこととなった。それ以降、観光協会は分離して残った事務的な分野を担当していたが、2005年からはNPO法人を取得して「NPO法人 但馬國出石観光協会」として再出発することになり、現在は出石の観光PRと情報発信を担っている。

(2) ㈱出石まちづくり公社

　1998年に約半分近くの資本金を住民の支援で得て設立された「㈱出石まちづく

くり公社」は、現在では株式の約70%を住民、約20%を行政、約5%を観光協会、約3%を商工会が保有している。出石のまちづくりに貢献することを目的とした、第三セクター方式で設立された株式会社であり、中心市街地活性化のためのタウン・マネジメント・オーガニゼーション（TMO）としての役割も期待されている。民間と競合しないよう、また組織の性格上公共性を常に意識して事業を手がけるが、株式会社としては確実に利益を出さねばならないということで、難しい立場でもある。そのようななかでも、2006年度、公社は初年度の売上高の2倍を超える約2億円の販売高を達成し、株主への配当は4%となった。増資後には借用していた建物および借地を購入、さらに銀行融資で駐車場も町から買い取り、その駐車場の営業収入は重要な収入源の一つになっている。図表4に、公社の事業をまとめた。

　現在は物販、ガイドなど、主に訪れた観光客に対するサービス事業を展開しているが（図表5）、今後は観光客と地域の住民が交流できるようなイベントや会議の企画、郊外の農村での体験や地元との交流促進、空き家を利用した宿泊施設事業など、今までのように観光客が数時間しか滞在しない日帰り観光地から、出石の伝統文化や人々の生活文化をゆっくり楽しみ、地域住民との交流を深めることを目的とした観光まちづくりを目指しているという。

　その目標を達成するべく、公社が提案する企画案の一つが「町家ステ

図表5　出石まちづくり公社が運営するいずし観光センター

図表4　出石まちづくり公社の現在の事業と今後取り組む事業

現在の事業	今後取り組む事業
・いずし観光センター直営店 ・観光ガイド ・集合貸店舗事業「出石びっ蔵」 ・ハーノショップ「香りの城」 ・旅行代理店「いずしトラベルサービス」 ・レンタサイクル	・空き地、空き店舗の有効活用事業 ・交流施設の整備 ・観光PR施設の整備 ・田舎暮らし体験の提案 ・公共施設等の維持管理事業 ・各種イベントおよびまちづくり会議等の主催

（出典：出石まちづくり公社ウェブサイト）

イ」である。町民から出石町に寄付された町家が現在2軒ある。出石町の歴史的町並み地区には宿泊施設がなく、それが滞在型観光地として発展しづらい一因でもある。そこでその町家に手を入れ、長期滞在も可能な宿泊施設として改修する案を検討中である。

また豊岡市では、総務省・文部科学省・農林水産省の3省が一体となり、小学生を対象に農山漁村で長期宿泊体験活動を推進する「子ども農山漁村交流プロジェクト」の受け入れを準備している。市全体の広域で取り組む予定であり、出石町では農園、事業所、商店と協力して農業体験や文化体験プログラムを作成・提供しようとしている。

さらに、明治後期から昭和前期にかけて歌舞伎などで賑わった芝居小屋「永楽館」(1901年建設)が所有者により出石町に寄贈され、復元工事を経て2008年8月に完成し、歌舞伎俳優の片岡愛之助氏を迎えて柿落し公演を行った。近畿に現存する芝居小屋としては最古とされ、豊岡市指定文化財の指定を受けている。この貴重な文化施設をまちづくりと観光振興に活かすために、公社が運営を行っている。地域住民のボランティアによるサポート組織や地域内外のサポーターを集めたファンクラブの設立も検討している。

このように地域が主体となってビジターを受け入れるための窓口の必要性が高まり、出石まちづくり公社は2006年より事業の1部門として旅行会社「いずしトラベルサービス」の運営を開始した。

(3) いずしトラベルサービスの着地型事業への取組み

「いずしトラベルサービス」は、出石まちづくり公社が経営する観光センターの中に、旅行業者代理業として2006年4月にオープンした。今まで出石町には旅行会社がなく、地域初の旅行会社として地域住民のための旅行サービスを行うこと、そして出石を訪れる観光客の勧誘と特に教育旅行の誘致を行うことを目的としている。現在業務は、町民の旅行手配が8割、地域外からの旅行手配が2割であるが、地域外からの旅行手配を増加させる意向である。同時に公社の性格上、観光案内所としての案内業務や観光ガイドの予約手配等の窓口的な機能も兼ね備えている。今までは当日宿泊の依頼を観光協会がコミッションを収受することなく引き受けていたが、旅行業の開始により、現在ではその予約業務が収入につながっている。

着地型事業として、主に小・中・高の教育機関の体験学習などの教育旅行の手配を行政と協力して行っている。農業体験（サツマイモ、ジャガイモ、タマネギ、黒大豆枝豆、ラベンダー、ブルーベリーなどの収穫）、クラフト体験（出石焼絵付け、出石焼製作、ちりめん染め）、食の体験（そば打ち）、文化体験（着物着付け）など、体験学習を中心としたメニューを提供している。これまでに100校を超す学校が参加した。

　また「子ども農山漁村交流プロジェクト」を見込んで、これらの体験学習プログラムと歴史的な町並み散策を、クイズやゲームを行いながらグループで競う、ウォークラリーを組み合わせた小学生向けプログラムを計画している。今後は、宿泊施設と連携して永楽館のチケットの販売・管理も行う予定であり、いずしトラベルサービスでは公社のまちづくり事業と連携した新たな企画も考案中である。

3 着地型観光へ向けた今後の課題

　出石町は観光まちづくりに全国でもいち早く取り組んだ町である。また住民からのこれだけの理解と支持と経済的サポートを得ることはたやすいことではない。長年にわたる努力の甲斐があって観光客が途絶えなかったが、ここ数年の伸び悩みが地域の危機感を募らせている。その危機感が公社の増資、観光協会のNPO法人化、旅行会社の設立、棚上げされていた永楽館の復興につながったといえよう。

　これまでの活動ですでに、行政、観光関係組織、住民の関係はできあがっている。この強みを活かして、各関係者が協力しながら豊富な着地型の商品づくりが必要である。出石町では農業に従事する世帯があり、「子ども農山漁村交流プロジェクト」で、子どもの受け入れ体制、体験プログラムの企画など、教育旅行を企画・運営するノウハウを十分に蓄積すれば、これをきっかけとしてグリーンツーリズムへの展開も期待できる。

　文化資源には事欠かない出石であるが、永楽館の復興でさらに文化を活用した集客への期待が高まる。今後は、関西圏から芝居見物目的でやってくる日帰り観光客をリピーターにし、また宿泊してもらえるような仕掛けが必要であろう。その意味からも「町家ステイ」は滞在型観光へつながる構想である。出石

町は、ますます魅力的な観光地に発展していくだろう。

〈参考資料〉
・上坂卓雄「㈱出石まちづくり公社―地域まちづくりの担い手へ」／矢作弘・瀬田史彦『中心市街地活性化法三法改正とまちづくり』学芸出版社、2006 年
・㈱出石まちづくり公社ウェブサイト http://www.izushi-tmo.com/
・NPO 法人 但馬國出石観光協会ウェブサイト http://www.izushi.co.jp/

事例 8 おおず街なか再生館〈愛媛県〉
えひめ町並博を契機に着地型観光を展開

愛媛県の南部に位置する大洲市は、「伊予の小京都」と呼ばれる人口約 5 万人、面積 432 平方キロの地方小都市である。2005 年 1 月に当時の大洲市、長浜町、肱川町、河辺村の 4 市町村が合併し、新しい大洲市が誕生した。城下町・大洲市の中心を流れる肱川に抱かれた自然、文化、歴史を誇り、かつては手すき和紙、木蝋、製糸業が盛んで、現在でも「大洲和紙」「伊予生糸」の名で知られている。初夏から初秋にかけては、日本三大鵜飼の一つ「水郷大洲の鵜飼」に多くの人が訪れる。市の中心には 2004 年に天守閣が木造で復元された大洲城がそびえ、4 階の天守閣の窓からは、肱川とそれに沿って築かれた大洲市全体のすばらしい景観を堪能できる。

1990 年に人口は 5 万 5766 人であったが、2008 年には 5 万 667 人と、この 18 年間で 1 割減少した。他の地方都市と同様に、高齢化という課題を抱えている。

1 大洲市の観光と「えひめ町並博」

大洲市の魅力は、なんといっても城下町として栄えた風情を残していることである。市の中心には、1966 年の NHK 朝の連続テレビ小説「おはなはん」のロケが行われたことから、「おはなはん通り」と呼ばれる江戸および明治の面影を残す町並みが残っている。また腰板張りの武家屋敷やなまこ壁の土蔵があり、

通りのいたる所に京都の風情を見せ、地元の人たちが一番好きだという風景の「明治の家並み」や、明治時代の豪商が京都の名工に依頼し、延べ9000人の人手を要したという肱川沿いの小高い丘の上に建つ名建築「臥龍山荘」、さらには1901年に大洲商業銀行として建設された赤煉瓦造りの「おおず赤煉瓦館」と、手軽に1日で散策できる魅力的な文化資源を有する。

　大洲・内子・宇和を中心とした南予地域において2004年に開催された「えひめ町並博2004」では、200以上ものイベントが行われ、174万人の来場者を集めた。南予地域の歴史・文化のシンボルである歴史的町並みを題材に、地域住民も自発的にイベントを企画・プロデュースし、楽しんだということで、住民の潜在的なモチベーションを引き出すことに成功し、地域活性化への布石が示されたイベントであったとの評価を受けた。

　結果として「えひめ町並博2004」の開催で、県、市、民間の協力体制ができ、地域資源のプロデュースの必要性が叫ばれ、すでに活動を開始していた「まちづくり会社」である「㈱おおず街なか再生館」が、着地型集客交流事業に力を入れることとなった。

2　集客交流による地域経済活性化への挑戦

　1998年の中心市街地活性化法の制定で、大洲市でも他都市と同様にまちづくりの基盤としてTMOの設立が検討された。当初から株式会社方式で検討され、2002年に市および民間の出資が50％ずつで第三セクターのまちづくり会社「㈱おおず街なか再生館」が誕生した。中心となったのは、現在代表取締役専務の河野達郎氏である。

　河野氏は自営業の傍ら、大洲商工会議所でさまざまな活動を手がけた。なかでも「大洲の将来を考える会」は、「行政のみで計画するのではなく、民間と共同で議論を収れんさせてから議会に出そう」という当時の大洲市長の発案で、行政側6人と河野氏を含む民間側5人が立ち上げた会である。その頃の大洲市は、観光客はそれほど多くはなく、バスの駐車場も観光客用のトイレもなく、土産物販売店もない状況であったという。このような課題に応えるべく、考える会は大洲市の地域振興への議論を深めていった。その後数年間を経て、1998年官民共同で「TMO特別検討委員会」が設立され、これ以降河野氏が中心と

図表1　おおず街なか再生館の歩み

1998年	官民共同で「大洲商工会議所TMO特別検討委員会」を設立
2001年	商店街の空き店舗を利用して「街づくりサロン」を開設
2002年	㈱おおず街なか再生館」スタート。大洲まちの駅「あさもや」開業
2004年	「えひめ町並博2004」開催で観光事業の重要性を認識。観光新商品開発
2005年	「旅南予コラボ・コンソーシアム」[*1]を結成。社員が国内旅行業務取扱管理者資格を取得[*2]
2006年	第2種旅行業登録。「着地型ツアーエージェント」として事業開始 「着地型地域再生事業」の一つとして、「かわべ里山道場」をプロデュース
2007年	集客交流基盤整備事業の一環としてウェブサイトの機能充実化 着地型インデックスパンフレット「四国・肱川　おおず歳時記探訪」を創刊

*1：経済産業省の2005年度ビジネス性実証支援事業に採択された組織。愛媛県南予地域において地域活動を通じたエージェント機能を提供する。

*2：2005年度経済産業省「電源地域活性化先導モデル事業」の受託により「着地型ツアーエージェントによる地域資源マネジメント」事業の展開のため、社員が国内旅行業務取扱管理者資格を取得する。

(出典：おおず街なか再生館ウェブサイト)

なり大洲市の観光構想を展開し、「おおず街なか再生館」に結実する[1]。その歩みを図表1にまとめた。

　観光の拠点となる施設に関しては、2001年に市が土地を取得し、観光集客交流施設の建設と運営をまちづくり会社が担う方向で調整を行った。同年「街づくりサロン」として、前身となる「おおず街なか再生館」を開設し、2002年に第三セクター方式の株式会社として再生館はスタートした。当初は土産物などの物販を中心に展開し、徐々に特産加工品の企画育成に力を注いでいった。2004年の「えひめ町並博2004」で旅行商品の企画販売を手がけ、翌2005年度経済産業省「電源地域活性化先導モデル事業」に採択され、おおず街なか再生館が旅行業を行うという決断に至った。

　以上のように、おおず街なか再生館は事業範囲を徐々に拡大し、河野氏は地域再生プロデューサーとしての活動を広めていった。

3　再生館による着地型事業の展開

　おおず街なか再生館は、歴史的町並みが集まる大洲市の中心に位置し、バス駐車場、土産物屋、レストラン、観光案内所を備えた、観光拠点となる大洲まちの駅[2]「あさもや」の運営を行う。現在、運営の柱となっているのは「自然派食文化企画開発」と「着地型地域資源企画開発」の2本である。

(1)「あさもや」での物販を通じた事業運営

「あさもや」は2002年に事業を開始してから、観光客に情報と憩いの場を提供するとともに、食品を主とする物販をベースに業績を上げていった。「おいしいもの」にこだわり、常に新商品開発に挑戦するのは、「食文化を通じた情報」が重要であり、それが人を惹きつけ、最終的には人の気持ちに応えることになるというポリシーを持つからである。魔法のロールケーキ、天使のポケットスイーツ「エンジェルロール」、里山プリン、BIG栗大福などユニークなスイーツや、地元の小学生が考案した和菓子なども商品化し人気を博している。

特に大洲の銘菓である「志ぐれ」には、興味深いエピソードがある。競争意識が薄い大洲で、販売競争には積極的でなかった地元の「志ぐれ」職人たちに、観光客に試食をさせるためのアイディアを出させて試食品を競わせると、そのバリエーションの豊富さが観光客に受け、各店ともみるみるうちに商品が売れ出したという。今では各店とも「あさもや」を自店の支店のように思い、決して商品を切らさない。

現在、まちの駅「あさもや」の店舗販売とウェブサイトを通じての商品販売で、年間約7000万円（2005年）の売上げを生み出すまでになり、再生館の総販売高の8割強を占める[3]。

(2)「蔵里ネットTMO」での地域密着型エージェント事業運営

もう1本の柱「着地型地域資源企画開発」の着想に至ったきっかけは「えひめ町並博2004」であった。このイベントで観光事業展開の重要性を認識、「ひじかわ遊覧」や「ぐるめっち」という商品を企画販売し集客が増大した。さらに、2005年に地域活性化のための着地型ビジネスモデルを構築することを目的とした、経済産業省の「電源地域活性化先導モデル事業」に採択されたこともきっかけの一つとなった。

「えひめ町並博2004」での地域住民による自主企画を継続させる仕組みとして、地域で旅行商品をオペレーションできる機能を持つ旅行会社を運営すれば、他地域から観光客を誘致できるのではないかと考え、第2種旅行業登録の「蔵里ネットTMO」と名づけられた地域密着型ツアーエージェントを設立した。そして手がけたのが、ユニット商品である（図表2）。

例えば「ひじかわ遊覧」では、明治時代の町並みを楽しんだ後、明治時代の

貿易商が建てた日本建築「臥龍山荘」を訪れ、次に屋形船で肱川を遊覧しながら昼食をとり、その後明治の洋風建築「赤煉瓦館」を巡る。専属の案内人が付き添う約 2 時間のツアーで、1 人 3600 円である（図表 3、4）。また、鵜飼いのシーズンの 6 月 1 日から 9 月 20 日までは、肱川にて「大洲うかい」ツアーが行われている。ツアー代金は大人 1 人 4500 円である。

「ぐるめっち」は事前予約制（団体のみ）の先払いミールクーポンで、個人客用と団体旅行客用のメニューを取り揃えている。料金は 1 人 1000 〜 1500 円くらいで、地元の食材にこだわった料理を提供している。

「ノスタルジック旅南予」は、インターネットから大洲・内子・河辺・宇和・伊方という、五つの南予のエリアのツアーの予約が手軽にできるサイトを提供している。例えば内子では「石畳むら並み博物館でのそば打ちと農村料理」（旅行代金 1 人 3000 円）、宇和では「昔の着物体験〜着物で歩く明治の町並み〜」（旅行代金 1 人 2000 円）、伊方では「瀬戸ぐるめ　生ちりめん」（旅行代金 1 人 1500 円）などの体験型旅行商品を販売している。

「かわべ里山道場」の 1 泊 2 日の「生活文化伝習プラン」では、入門道場（入門中に使用する箸と器を自分で作成）、細川道場（わらじを作成）、夕食（里山

図表 2　蔵里ネット TMO の着地型旅行商品

ひじかわ遊覧	屋形船で肱川を遊覧・食事をするツアー
ぐるめっち	メニューを絞り、事前に支払い・オーダーを済ますミールクーポン形式の商品
ノスタルジック旅南予	自分で観光地を選んでプランをたてることができる。大洲・内子・河辺・宇和・伊方と広域で合計 35 種類のツアーを設定
かわべ里山道場	河辺郷の農家が生活文化を伝習する宿泊プラン

（出典：おおず街なか再生館ウェブサイト）

図表 3　ひじかわ遊覧(提供：おおず街なか再生館)

図表 4　案内人によるまち歩き(提供：おおず街なか再生館)

囲炉裏焼き)、古民家での宿泊、中野道場(河辺郷の生活習慣を体験、そば打ち体験)、河辺郷の屋根つき橋巡り、梅木道場(あまご等の川魚を釣り、その卵を使用した丼にて昼食)、専属案内人、「あさもや」からの往復送迎がついて1人2万9800円という商品を提供している。

　旅行業界でいうユニット商品とは通常、宿泊、交通、食事、オプショナルツアーなどを組み合わせてつくる商品をいう。河野氏は大洲地域内の資源を組み合わせ、一つの旅行商品に仕立て上げ、それを直販、または外部に販売するという仕組みを考案した。地元の旅行会社が地元の資源を利用して直接旅行商品を造成するので、商品をつくる側も資源を提供する側も十分な知識があり、信頼関係の構築が容易で、比較的安心してさまざまな交渉事を進めることが可能である。当然質の高い商品が生まれる。

　なかでも「かわべ里山道場」は特筆すべき着地型商品である。少子高齢化問題を抱える農村地域の活性化に一役を担うという目標を掲げ、単なる体験ではなく、生活そのものをビジターに伝え、農家にも誇りと自信を与えるという仕組みをつくった。村の廃校になった小学校を宿泊施設として利用し、地元で取れた農産物などを地元民が料理するレストランも設けている。

　河野氏は、これらの商品を「えひめ町並博2004」で連携が深まった日本航空、全日空、JR四国へユニット商品として販売する流通ルートを構築した。大手交通機関は、地域に密着した蔵里ネットTMOが造成した商品を自社商品に組み込み販売することで、旅行企画の質を高めることが可能になる。蔵里ネットTMOとしては自社商品を持つことで、大洲の魅力を最大限にアピールできる。また直接観光客を受け入れる地元の事業者は、地元の事情に精通した蔵里ネットTMOがすべてをコントロールしてくれるので、発地の旅行会社と取引をするよりも効率がよい。

　蔵里ネットTMOは外部の大手交通機関系の旅行会社に商品を卸すだけでなく、個人客からの予約に対応するために、ウェブサイト「おおず歳時記探訪」にて大洲市の旅行商品を、そして上記で紹介したように「ノスタルジック旅南予」では大洲、河辺を含む南予エリアをカバーしている。このように複数の販売ルートを通じてオリジナリティあふれる旅行商品を提供している。

4　着地型観光のあり方

　大洲市の着地型観光のマネジメントでは、地域出身のプロデューサーがまとめ役として、観光客と受け入れ側の地域の人々をうまく融合させていき、行政は「応援団」に徹し、業界関係機関は「アドバイザー」としての役割をこなしている。また大洲市のような地方小都市では、道後温泉や内子町など近隣の観光地との広域連携も不可欠で、おおず街なか再生館が中心となって広域を視野に入れた商品開発と販売にも挑戦している。地元がイニシアチブをとることで、最大限の経済効果を生み出す仕組みをつくること、そこに地域再生の鍵があると、河野氏は述べている。おおず街なか再生館の試みは、着地型観光の一つのあり方を提示している。

〈注〉
1) 河野達郎「講義3：私の考える『着地型』─えひめ町並博2004からの展開」／㈶日本交通公社『平成18年度観光実践講座』2007年。
2) まちを歩く人のための、無料で休憩できるまちの案内所。
3) 河野達郎、「三位一体型ツーリズムとオンリーワン」『季刊中国総研』Vol.11-4、No.41、㈳中国地方総合研究センター、2007年。

〈参考資料〉
・大洲市ウェブサイト http://www.city.ozu.ehime.jp/
・㈱おおず街なか再生館ウェブサイト http://www.asamoya.com/

事例 ⑨　伏見夢工房〈京都府〉
観光資源と商店街を結ぶクーポンを開発

　伏見区は京都市の南玄関に位置し、豊臣秀吉が隠居城の伏見城を築いたことで城下町が形成された。江戸時代には京都〜大阪を1日約200隻の船が往来し、河川港の宿場町として栄えた。幕末になると地政上の要衝地となり、坂本龍馬や新撰組など幕末の志士が行き交う港町となった。かつての伏見奉行所に続く宇治川派流と伏見城の外堀の濠川には、現在十石舟・三十石船が運航しており、使用されなくなった酒蔵はレストランや記念館などに転用され、観光の町として注目を集め始めている。

図表1　宇治川派流の三十石船

1　河川整備から始まる伏見の観光まちづくり

　東京遷都と鉄道の敷設が始められた頃から伏見の衰退が始まる。明治時代以降、伏見の河川機能が徐々に薄れていき、人と物の流れの主流は陸上輸送に変わっていった。それにともない、京都と大阪をつなぐ伏見の地理的重要性は失われた。そして舟運が完全に途絶えることによって伏見港の大部分は埋められ、川幅が狭められたことで、河川は水を流すだけの役割しか持たなくなった。その結果、人々の目が行き届かなくなった河川には不法投棄が行われるようになり、ヘドロや異臭が漂う泥川になるほど水質が悪化し、地域住民の間で「危ないので行ってはいけない」といわれるほど危険な場所になってしまった。

　そこで京都府は1994年を完工予定とした大規模な改修工事を行った。同年は平安遷都1200年祭と重なり、伏見では「伏見港開港400年祭」を開催している。同祭は京都府が伏見観光協会に依頼した事業であり、利き酒、コンサート、花火大会などさまざまなイベントを行い、開催期間中におよそ30万人を集めるほどの成功を収めた。なお、同祭中に催された、「水運の再現　高瀬舟」と称した十石舟・三十石船運航は観光客や地元住民から好評を博したため、同祭終了後も伏見観光協会によって運航され続けることとなった（図表1）。十石舟を運航させ続けることは、観光客を誘致するだけにとどまらず、かつて舟運で栄えた伏見を彷彿させることができるため、地域住民に歴史文化への関心を喚起していた。

　また、その運航に合わせて伏見観光協会は地元住民と宇治川派流・濠川の清掃を行い、行政や奉仕団体と共に桜、紫陽花、紅葉などを植樹したことで、河

川沿いは地域住民が憩える場所として蘇った。このように「伏見港開港400年祭」が契機となり、河川が地域住民にとって親水空間となることで、人々の環境意識も高まっていった。

これらの取組みと並行して、伏見でまちづくりを行う活動団体の萌芽が見られる。1998年

図表2　伏見夢百衆

に「元気な伏見桃山地域のまちづくり協議会」が伏見桃山界隈の3商店街、酒造組合、料理飲食業組合、女性会、酒造会社、銀行の参加にて発足し、伏見のまちづくりが話しあわれ始めた。1999年11月にはまちづくり協議会によって、「伏見いっぷ蔵館」（現在の「伏見夢百衆」）が月桂冠旧本社に開店し、土産物販売、喫茶店、案内処を兼ねた店舗が設けられた（図表2）。これにより、各団体は伏見を観光地として集客することを決め、観光を核にしたまちづくりを行っていくことを明確にした。

その後、中心市街地活性化法（以下、中活法）の施行により、2001年に京都市は「京都市（伏見地区）中心市街地活性化基本計画〜水でつながる文化とくらし—酒と歴史が薫るまち伏見〜」を国に提出した。そしてその翌年、伏見地区は中活法の適用を受け、同基本計画の活動母体としてTMO「㈱伏見夢工房」が第三セクター形式で設立された。伏見夢工房は伏見の7商店街組合、酒造組合、行政、銀行、旅行会社、マスコミ、鉄道会社、観光協会、料亭、各企業など55団体の出資で構成されている。このように、中活法の施行とともに伏見では各団体が協力し、さまざまな観光事業やイベントを行うことが可能となっていった。

このような流れをまとめると、舟運復活をはじめとした観光事業は観光客の誘致だけにとどまらず、地域住民の歴史文化や水辺環境への意識を高めていた。そして、そのような実績に自治体や企業が目を向けるようになったことで、伏見の観光によるまちづくりを行う団体が組織されていった。

2 │ 自由に伏見を散策「伏見夢蔵歩クーポン」

　伏見夢工房の中核事業となる「伏見夢蔵歩クーポン」は、伏見観光協会専務理事で伏見夢工房観光担当部長でもある永山惠一郎氏が中心となって2002年にスタートした。永山氏は十石舟・三十石船を復活させ、「伏見夢百衆」の店舗を手がけるなど伏見で観光事業を率先して行っている。一方、地元の小学生やその保護者を無料で十石舟に乗せ、河川の歴史、環境教育などにも力を入れている。

　永山氏は着地型の観光商品として、伏見夢工房と近畿日本鉄道㈱（以下、近鉄）が提携した観光パッククーポンの「伏見夢蔵歩クーポン」（以下、夢蔵歩クーポン）を販売している[1]。この夢蔵歩クーポンは観光客に回遊性を持たせることを目的としており、伏見の観光地を個々で自由に巡ることができる。なお、夢蔵歩クーポンの利用場所およびモデルコースは図表3を参照されたい。

　同旅行商品は4月上旬から12月上旬までの十石舟運航期間に合わせて発売される。利用方法は、近鉄の最寄り駅でクーポン引換券を購入し、近鉄桃山御陵前駅から徒歩で十石舟乗船場まで移動し、引換券で7枚セットの夢蔵歩クーポンとガイドマップを受け取る。昼食場所は図表3の3箇所から選択することができ、1200円相当のコース料理が食べられる。なお残った夢蔵歩クーポンは後日使用することが可能である。そのため当日に使用する必要はなく、利用者の都合に合わせて夢蔵歩クーポンを使用することができる。また他人に譲渡す

図表3　伏見夢蔵歩クーポンの実施例

タイトル	伏見散策と十石舟
販売価格（近鉄主要駅例）	近鉄難波6710円　近鉄奈良6260円　津9210円
利用期間（例年春秋）	平成20年4月1日～6月29日、9月6日～12月7日
クーポン利用場所	十石舟乗船券、月桂冠大蔵記念館入館券、御香宮神社石庭拝観券、寺田屋入館券、伏見夢百衆にてきき酒またはケーキセットサービス、伏見7商店街買物券（500円分）、食事券（3店共通）、京都伏見ガイドマップ
モデルコース	最寄り駅→桃山御陵前駅→十石舟乗船場→月桂冠大蔵記念館→伏見夢百衆→寺田屋→昼食（鳥せゑ本店・キザクラカッパカントリー・月の蔵人よりいずれか1箇所）→伏見7商店街買物→御香宮神社石庭→桃山御陵前駅→最寄り駅
オプション	変身舞乱（へんしんプラン）：1人2時間利用、大人1万2500円。衣装は新撰組、龍馬、おとせ、舞妓、結髪（普段着）舞妓、芸妓、時代衣装から選ぶ

ることもできるため、購入したクーポン券が無駄にならない。

　このように夢蔵歩クーポンは伏見の主な観光地を利用者が巡りやすくしており、時間を気にせず自由に回遊できるよう工夫されている。そして利用者は個々の都合に合わせた旅を楽しみながら、伏見の観光地巡りや商店街で新たな発見や出会いを体験できる。これらの点が他の旅行商品とは違うところである。

　精算システムは、伏見夢工房が窓口となり、使用された夢蔵歩クーポンの換金を行っている。換金額は次のように正規料金よりも安くなっている。例えば、寺田屋での大人の正規料金は400円だが夢工房で換金される料金は300円であり、月桂冠大蔵記念館は入館料300円のところを250円で換金される。そして、商店街で使用できる500円券は450円で換金される。このような各施設や商店街の協力によって利用者が割安の値段で伏見を満喫できるようにしている。また、伏見夢工房は夢蔵歩クーポン事業により利用者1人あたり500円程度の利益を得ている。このように、伏見夢工房は行政の補助金に頼らずに経営を行える事業を展開している。

3　着地型商品の要となる組織統制

　十石舟の乗船客数は年々増加しており、2005年度から2007年度の実績では平均2万8000人が乗船し、同様に夢蔵歩クーポンも250名近くが利用している。しかし、このような実績が着実に積み重ねられている裏で不安要素も抱えている。そのなかで夢蔵歩クーポンの利用者の苦情から、着地型商品に関わる人々の協力意識や組織統制の弱さが垣間見える。

　永山氏によると、「夢蔵歩クーポンが利用できる寺田屋や月桂冠大蔵記念館などの各施設は、クーポン券が使用できるように直接交渉した。だが、商店街利用券は伏見夢工房を設立した時に、商店街組合の理事長から申し出を受けた。そのため、商店街の商店主たちと直接交渉しておらず、各店舗にまで指示が行き届かなかった。その結果、利用者がクーポン券の使用を拒否される事態が起きた」としており、約40件のクレームを立ち上がり時に受けている。この問題はいまだ完全に解消されておらず、クーポン券の使用を断られた利用者は不満を募らせている。

　永山氏は「商店街内部の意識を変えるために夢工房の商業部会で話をしてい

るが、いまだ改善していない」と言う。利用者に不便や不快を与えることは、夢蔵歩クーポンの売上げを低下させるだけにとどまらず、まちのイメージ悪化につながる。これらの状況を打開する策として、観光事業の意義や目的を共有する複数の人員を集め、積極的に関わらせていくことが賢明となる。そうすれば300店舗近くある7商店街でも指揮系統が確立されていくだろう。それが構築されれば、末端の個店にまで着地型商品の情報が行き届くようになる。

　着地型商品は、地域に密着した観光商品であるがために、各方面でさまざまな人々や団体と関わることが欠かせない。その上で、積極的に観光事業へ参加する商店主を集めることが観光でまちを活性化するために重要となる。伏見の事例から引き出される着地型商品の課題は、指示が行き渡る一貫した組織系統の構築であり、これらの改善を施すことができれば、さらに幅広い団体間のつながりを築くことができる。そして着地型商品の利用できる用途や規模も拡大することで、利用者をさらに増加させることができるだろう。

〈注〉
1) 近隣住民が手頃な値段で伏見観光を楽しむために、十石舟乗船場にて鉄道料金を引いた4700円で夢蔵歩クーポンを購入することもできる。

〈参考資料〉
・㈱伏見夢工房『平成19年度株式会社伏見夢工房事業報告』
・京都市産業観光局商工部商業振興課『京都市（伏見地区）中心市街地活性化基本計画〜水でつながる文化とくらし—酒と歴史が薫るまち伏見』2001年
・矢作弘・瀬田史彦『中心市街地活性化三法改正とまちづくり』学芸出版社、2006年
・山本眞嗣・水野克比古『京・伏見歴史の旅（新版）』山川出版社、2003年

事例 ⑩ 天神天満町街トラスト〈大阪府〉
民間の力で文化施設をつくり文化体験コースも開発

　天神橋筋商店街は大阪市北区の東部に位置する南北約2.6キロの日本一長い商店街であり、江戸時代に付近を流れる大川沿いに天満青物市場ができたことで形成されていった（図表1）。明治時代には、「遊ぶ、飲む、買う、食べる、観る」ことができる大阪の一大商業集積に拡大し、現在では遠方からも人々を惹きつけるほどの超広域商圏を構築していった。

　また天満天神地域の中心には大阪天満宮があり、日本三大祭の一つ「天神祭」

図表1　天神橋筋商店街

が毎年開催されている。さらに、古くから大衆芸能と縁の深い土地柄であるため、商業と伝統文化の結びつきが強いまちである。

1 天神橋筋商店街のまち活かしと観光客誘致

　戦後まで順調に成長を続けてきた天神橋筋商店街だが、1970年代に入りモータリゼーションやドーナツ化現象などによって天神橋筋一丁目から三丁目は低迷期を迎えた。当時は人通りが1日8000人ほどにまで落ち込み、空き店舗が増えていった。しかし1978年、空き店舗に文化発信基地として「てんさんカルチャーセンター」(以下、てんカル) が開設されて以後、天神橋筋商店街の活性化が本格的に行われるようになった。そしてその根幹には、商売人が地域の人々と共生してきた歴史の中で培われてきた「街商人」[1]精神が流れ、この精神に基づきさまざまな「まち活かし」が行われるようになった。

　1998年、商店街振興組合だけでは取り組めない事業を行うために「NPO法人天神天満町街トラスト」(以下、町街トラスト) が立ち上げられた。町街トラストは天神橋筋商店街の一丁目から七丁目まで歩いた人々に「満歩状」の賞状を進呈するイベントや全国からの修学旅行生を受け入れる「一日丁稚体験」などを行っている。後者の修学旅行生受け入れは現在も継続して行われており、大阪弁の習得、街商人の心得伝授、各店舗での実地体験、修学旅行生が持参した地元の特産物販売など貴重な経験が得られるため、全国各地から応募が来ている[2]。このような集客イベントが随時行われることにより商店街の知名度が上がり、2006年には天神橋筋商店街の1日の通行量は約3万人にまで増加した。このように、今や天神橋筋商店街は大阪の観光名所になったといってもよい。

そこで、天神橋筋三丁目商店街振興組合理事長と町街トラストの代表を兼任し、商店街における観光事業を率先して行ってきた土居年樹理事長に商店主・地域住民がこれらの事業にどのようにして関わってきたかについて伺った。

　土居氏によると、天満天神は大阪のキタやミナミと違う、独立した観光地として確立していくべきだとしている。「観光は、その国の光を観るということだ。そこでは原風景が一番大事だと思う。そのなかで、住民やそこで商いをしている人を観ることも観光に当てはまる。だから、商業施設やレジャービルのようなハコモノだけが観光ではない。そして観光客がその土地を訪れた時、迎えるみんなが歓迎する姿勢が大事である。天神橋筋商店街では、そういうものを観てもらいたい」と言う。その意味で、「大阪の観光といえば、街の商いや大阪弁といった文化も含まれる。だから、商店街も観光資源に含まれる」と語っている。このような信念のもと、天神橋筋商店街における観光事業は推進されていった。

　そして、着地型観光の要となる地域住民との関わりについて、「天満天神はいろんな歴史がある。そのような内包している文化や歴史性などをどれだけまちの中で表現していくかを考えている。それらが、いかに若者から年寄りまで幅広い年代に支持されるかが大切だ」としている。

　このように商店街振興組合や町街トラストは大阪の伝統文化を活かすことで集客することを目的として事業を推進しており、それらが観光客だけでなく地域周辺に住む幅広い世代に支持されるような取組みを行うよう努力してきた。

2 ｜ 天満天神繁昌亭の設立過程と上方落語ツアー

　天神橋筋商店街周辺はかつて「天満八軒」と呼ばれ、芝居小屋や寄席が立ち並ぶ大阪の伝統芸能の中心地の一つであった。そのような歴史的背景から、「天満天神繁昌亭」（以下、繁昌亭）の創設は天満天神周辺の伝統芸能を取り戻す試みでも重要であった（図表2）。

　繁昌亭の設立は上方落語協会の申し入れを天神橋筋商店街が受けたことがきっかけとなった。当初は商店街の空き店舗を活用するだけの計画であったが、寄席の定席を設けることを土居氏が提案し、大阪天満宮とともに話しあいを始めた。その結果、大阪天満宮の駐車場の一角に繁昌亭を建設することが決まっ

図表2 天満天神繁昌亭

た。ところが、土地を大阪天満宮より無償で借り受けられた一方で、建物の建設に約2億4000万円を要した。この建設費は商店街の店主や地元企業から寄付を募り、不足分は企業を駆け回り、大阪はもとより世界中から寄付を集めた。このように税金を1円もかけず民間出資だけで娯楽施設を設立したことは、大阪の伝統文化復活に向けた市民の強い想いが実を結んだ結果といえよう。

　そして、繁昌亭オープン後の2007年10月に町街トラストは、着地型の観光商品「芸能てんこ盛りツアー」を販売し始めた。これはてんカルで企画された「天三寄席」でつながりがあった桂福團治一門の演者による道中案内であり、その落語と縁のある地で落語の一席を楽しむ。土居氏によると、同ツアーは「天満をはじめとした大阪発の落語ネタはたくさんある。その落語ネタの場所で一席設け、その地場のものを食することで観光客に喜んでもらいたかった」と言う。このアイディアが土居氏と縁のあった北港観光バスへ投げかけられた。値段設定や日程などはすべて同社（第2種旅行業）が決め、料金は全コース1人1万円で月に2、3回の頻度で開催されている。これまでに開催された落語ツアーのタイトルとコースは図表3を参照されたい。

図表3　落語ツアー概要（実施期間2007年10月〜2008年3月）

	落語タイトル	コース
第1回	莨の火	大阪天満宮―中之島―てんぷらの喜太八〈昼食〉―加賀屋新田会所―大阪天満宮
第2回	くっしゃみ講釈	大阪天満宮―大坂城（豊国神社〈昼食〉）―安居天神・三光神社―大阪天満宮
第3回	淀五郎	大阪天満宮―箕面市萱野三平邸跡―シティプラザ大阪〈昼食〉―吉祥寺―大阪天満宮
第4回	蜆売り	大阪天満宮―住まいのミュージアム―堀川戎神社〈昼食〉―民家集落博物館―大阪天満宮
第5回	抜け雀	大阪天満宮（盆梅展）―ホテルセイリュウ〈昼食〉（風呂付）―枚岡神社・梅林―大阪天満宮
第6回	高津の富	大阪天満宮―高津神社―庵総本店〈昼食〉―司馬遼太郎記念館―大阪天満宮

この落語ツアーの概要例として第4回の「蜆(しじみ)売り」を挙げたい。主人公である蜆売りの男が十日戎(えびす)に戎神社で蜆を売り、草履泥棒と間違えられたところから始まる。その臨場感を堀川戎神社で楽しめるため、寄席で聞く落語とは違った趣がある。また、その他に当時の暮らしぶりが学べる住まいのミュージアムや民家集落博物館をツアーで見学することによって大阪の暮らしや町並みを楽しむことができる。このように落語と縁のあるまちや史跡、施設を巡りながら懐の深い大阪芸能を堪能することができる。このツアーの特徴は落語の舞台となる場所の歴史や文化をよりわかりやすく、そして深く知ることができることである。

3 ｜ 商店街の地域性維持とフランチャイズ店進出の攻防

　大阪商工会議所の統計によると、繁昌亭が設立されたことによる経済波及効果は116億3000万円としている。その中で、天神橋筋商店街の商店主95％は来客数が増え、50％は売上げが増加したと答えている。また繁昌亭は商店街の活性化にプラスであると92％が答え、地域の景観、風情などによい影響を与えていると86％、地域の自慢・誇りだと82％の商店主が答えている。このように繁昌亭は経済、社会的に天神橋筋商店街によい影響を与え、商店主たちから高評価を得ている。しかしその一方で、全国で展開しているフランチャイズ店の進出問題を抱えている。

　まちが活性化すると、フランチャイズ店が空き店舗に出店するようになる。これは地域が30年の年月をかけて商店街を活性化してきた努力が踏みにじられることと同意である。画一的なフランチャイズ店に商店街が占領されてしまうと地域性は失われ、商業機能だけを優先したまちに変化してしまう。今後、商店街の伝統や文化を守る商店主と利益を求めて進出するフランチャイズ店との攻防はさらに激しさを増していくことが予想される。

　このフランチャイズ店の進出について、土居氏は「まちづくり条例でなんとかしたいと思う。現法のように中心市街地活性化法を改正して都心部に集客施設を集中させても効果は不明である。むしろ商店街には100年以上続く刃物店などがたくさん残っている。それを今後どう活かすかなどを考えていきたい。何十年も暖簾を守ってきた人が商店街の礎を築いてきた。歴史の重みが商店街

を支えていることを忘れてはならない」としており、商店街が今後進むべき方向を見定め、これまで継承してきた暖簾やまちの伝統文化を大切にしていく姿勢が伺えた。

しかし、現状はこのように「まちづくり条例」での対策が練られているが、実際は地権者に意識を変えてもらうことしかできない状態にある。それゆえ、そこに住む人々がまちを守っていく気概とそれを可能にする利益を生むためのマネジメントをさらに展開していく必要があるといえよう。

〈注〉
1) 天神橋筋街商人三ヶ条として「人情―人守り―気遣い、信条―街守り―気働き、繁盛―店守り―気合」を挙げている。そして、街は1日にして成らず、温故創進の日々を土居年樹氏は信条としており、天神橋筋町商人心得に「常に箒(ほうき)と塵取りを、常に笑顔と明るさを、常に一声、前向きに、常に心でおしゃべりを、常にてきぱき丁寧に、常に感謝を忘れずに、常に知識と知恵を持て、常に仕事は自分で探せ」としている。
2) 2007年度の修学旅行生受け入れ総数は367名であり、毎年同数程度を受け入れている。

〈参考資料〉
・大阪商工会議所「天神橋筋商店街の現況と課題」2007年、http://www.osaka.cci.or.jp
・大阪商工会議所「天満天神繁昌亭の経済波及効果調査結果及び地元商店街でのヒアリング調査決定について」2007年、http://www.osaka.cci.or.jp/Chousa_Kenkyuu_Iken/press/070905.pdf
・㈳大阪建設業協会『O-WAVE』第60号、2007年
・土居年樹『天神さんの商店街　街いかし人いかし』東方出版、2002年
・橋爪紳也『集客都市』日本経済新聞社、2002年

事例11　堺観光コンベンション協会〈大阪府〉
地元や発地の旅行会社と連携した体験ツアーを開発

堺は中世から現代に至る、わが国有数の歴史文化を有する都市である。室町時代後期に九州の博多と並ぶ日明貿易の海港として膨大な富を蓄えた自治都市・堺は、安土桃山時代にかけて茶の湯、和歌などの町衆文化や南蛮文化などが華開いた国際文化都市でもあった。戦国時代から江戸時代にかけては刀剣製造、鉄砲製造が盛んで、商人から職人の町へと発展した。

明治時代には紡績や煉瓦などの近代工業化

が進み、同時に白砂青松の地として水族館や料理旅館の建ち並ぶ関西随一のレジャーセンターとして開発された。明治維新後、堺県として、最大時には現在の大阪府東部・南部、奈良県のほぼ全域を含んだが、1881年に大阪府に合併された。第二次世界大戦中には空襲により焼け野原となったが、戦後は臨海工業地帯の造成、泉北ニュータウンの開発により工業都市・衛星都市として急成長を遂げ、2006年には政令指定都市へと移行した。人口83万5000人（2007年12月）、面積150平方キロで、関西では大阪、神戸、京都に次ぐ大都市である。

1 「大きな歴史、小さな宝」

　堺の観光資源でまず思い浮かぶのは、世界最大規模を誇る仁徳陵とその周辺の古墳群である。しかし、天皇陵は宮内庁の管理下にある上、堀の外周は住宅地が広がり、観光資源としての十分な活用は困難な環境にある。一方、市街地には4本の鉄道交通（南海本線、阪堺電車、南海高野線、JR阪和線）が通るが、中央駅が分散しているため都市美に欠ける嫌いがある。

　堺の市街地は三度滅びた。室町時代の1399年に応永の乱で民家1万戸が焼け、二度目は1615年の大坂夏の陣で壕が埋められて焼かれ、三度目は1945年7月の大空襲によって市街地のほとんどを焼失した。戦後の都市計画は戦前に満州国を建設した都市計画技術者によって進められたと聞く。

　このような歴史を持ちながら、現在の堺は観光資源に乏しいわけではない。堺の町を歩くと、北旅籠町の界隈には昔の区割が偲ばれ、築200年の商家や町家、寺院を見ることができる。千利休一族の供養塔のある南宗寺、堺事件とソテツの巨樹で有名な妙国寺、それに大安寺などの名刹が残る。それにもまして、刃物、線香、和菓子などの伝統産業が現在も生きている町なのである。そのような堺の観光特性を「㈳堺観光コンベンション協会」の岩井敏久氏は「大きな歴史、小さな宝」と表現する。古墳時代から現代までの歴史が断絶することなく、中世には国際的な栄華を誇った堺の町には、京都、奈良、大阪にも比肩する「大きな歴史」がある一方、市中には三度の都市焼失の悲運に遭いながらも伝承されてきた「小さな宝」が散逸し、隠れているのである。

2 着地型観光の展開

　2006年4月に大手旅行会社から堺市に出向してきた岩井氏は、着任後まず市内を3ヶ月歩き回った。歩くだけでなく地元の和菓子や料理を食べ歩き、代々続く刃物鍛冶や線香製造、和菓子製造などの老舗へ訪問を重ねた。始めのうちは仕事の邪魔になるからと追い返されていたが、次第に店主や職人との信頼関係を築いていき、地元の人たちへ「観光」の持つ意味が徐々に伝わり始めた。堺の「小さな宝」は、そこに住む人々の日々の生活の中にもあったのである。刃物工房である「水野鍛錬所」、手づくり線香の「薫主堂」、元禄元年創業の和菓子商「八百源来弘堂」など、老舗の主人との人間関係の積み重ねから、地域に隠された資源が活用の可能性を持ち始めたのである（図表1、2）。

　こうした伝統産業の経営者たちが、保守的な姿勢から、訪問客との観光交流に積極的に参画する「やる気」へと態度を変化させた。伝統技術を継承する職人がその技を訪問客へ披露し、伝承の技の話を始めたのである。そこで初めて体験観光プログラムが可能となった。刃物焼き体験、鍛冶打ち見学、刃物研ぎ体験、和菓子づくり体験、線香づくり体験などいくつかの伝統技術体験や見学が、老舗店や職人さんの協力により可能となった（図表3）。

　堺の観光商品化はこうして伝統産業観光から始まったが、岩井氏が次に着手したのは、その着地型旅行商品を流通に乗せて、集客をするという販売の課題だった。大手旅行会社での営業経験を通して、旅行商品の流通と販売を知り尽

(左)図表1　堺伝統の刃物の鍛冶打ち
(右)図表2　和菓子づくり体験

(以上、提供：堺観光コンベンション協会)

A	お香づくり体験コース				旅行代金（大人・子供同一料金）／5300円		
堺市役所21階展望ロビー	奥野清明堂 お香作り体験	たこ昌（昼食）	大寺餅河合堂	南宗寺（入場）	堺市役所		

B	コンペイトウづくり体験コース				旅行代金（大人・子供同一料金）／4700円		
堺市役所21階展望ロビー	コンペイトウミュージアム コンペイトウ作り体験	たこ昌（昼食）	仁徳陵古墳	大寺餅河合堂	堺市役所		

C	包丁研ぎ体験コース				旅行代金（大人・子供同一料金）／5300円		
堺市役所21階展望ロビー	岡田刃物製作所	味岡刃物製作所	たこ昌（昼食）	堺HAMONOミュージアム 包丁研ぎ体験	南宗寺（入場）	堺市役所	

D	和菓子体験コース				旅行代金（大人・子供同一料金）／5900円		
堺市役所21階展望ロビー	堺HAMONOミュージアム	日本庭園（昼食） 和菓子作り体験	和菓子店	堺市役所			

図表3　堺伝統産業ものづくり体験ツアー（2007年12月～08年1月 JTB主催）（出典：パンフレットより作成）

くした岩井氏は、体験プログラムを主要な旅行社を通じて旅行商品に組み込み、販売することを展開した（図表4）。地元の旅行会社が堺ツアーをつくり、販売をするということは、従来、発地型旅行のみを取り扱っていた地元の支店にしてみれば異例な試みではあった。しかし、着地型旅行を取り扱うことにより、新聞等のツアー紹介記事を通じて地域団体（営業先）への知名度向上と、加えて参加者の多くが堺市民であり、地元住民への宣伝効果が大きいことがわかった。

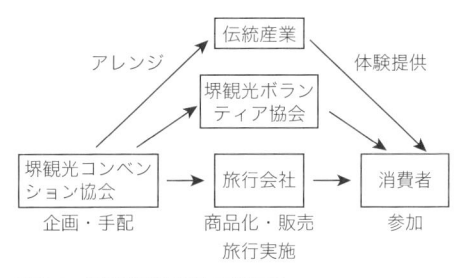

図表4　着地型旅行商品の実施例

この着地型観光の展開により、堺観光コンベンション協会で企画された堺体験ツアーは、市のバス補助制度を利用したこともあり、2006年度だけでツアー参加者3300人の実績を上げた。さらに、ツアー主催も市内の旅行社だけでなく、大阪、名古屋の旅行会社へと拡大し、合わせて20社以上に及んでいる。参加者は73％が堺市民、外部からが27％という割合になっている。現在、堺観光コンベンション協会内のデスクでは観光素材の開発、ツアーコースの企画、旅行商品の見積もり、販売網の営業、見学先や食事場所などの予約手配、ツアーの運営サポート、販促ツールの作成などを行っている。

ツアーはいずれも集合場所を堺市役所の駐車場とし、まず最初に堺市役所の

21階展望ロビーから堺市周辺を一望する。岩井氏が市役所の駐車場と展望ロビーの利用を市当局に打診した時、市の施設を観光に利用する発想は当局にはまったくなく、怪訝な顔をされたという。その後、使用の承認を得、今では、バスツアーや団体旅行に欠かせない観光コースになっている。さらに、南海電車へ依頼して各駅に駅員による「堺手づくりマップ」を掲示したり、市内20箇所の銀行ロビーでの堺観光紹介のビデオ放映を働きかけ、周辺市町村の観光施設での「堺観光パンフレット」の配布を手がけるなど、緻密な販促活動を展開している。

3 着地型観光から新たな観光交流戦略へ

　堺観光コンベンション協会では堺市、堺商工会議所、堺ホテル協会との連合で2006年の秋に「堺文化財特別公開」を初めて実施した。山口家住宅の内部（重要文化財）や大安寺の本堂障壁画（重要文化財）など十数箇所が公開され、開催当日は各所で見学客の長い行列ができたという。多くの市民や外来客が堺の「小さな宝」を目にし、それらの文化財が決して小さくないことを知り、堺の「大きな歴史」を改めて実感したことであろう。

　町並みを見にくる観光客が増えたことで、住民が道路の掃除をやり始めたりするなど、住民の観光に対する意識の向上とその効果がはっきりと表れている。さらに1例を挙げれば、伝統工芸製造業の令嬢が、製造現場を見学に来る熱心な観光客を見て、家業を継ぐことを決意したというエピソードは、着地型観光とそこに住む人々との関係を如実に物語っているといえる。

　着地型観光により、堺の伝統産業と文化財を国内だけでなく、外国人観光客にも見せて、体験してもらう文化的な意義は大きい。山口家住宅は2年をかけての改修工事と、その後の常時公開により、旧市街地での観光の大きな目玉となる。山口家住宅を核にした北旅籠町を歴史的町並み景観地区としてさらに整備を進められれば、堺は関西の歴史文化都市の一つとして、強力な観光交流拠点となるであろう。

8章

観光地再生型

事例 12 阿寒観光協会まちづくり推進機構〈北海道〉
温泉地一体で展開する着地型観光

　阿寒湖温泉はひがし北海道、通称道東の中央部に位置し、主要都市の釧路、網走、北見、帯広などからほぼ同等距離の山岳地、雄阿寒岳と雌阿寒岳の麓に横たわる湖畔の温泉街である(図表1)。昭和40年代の第一次知床ブームのもたらした秘境の自然観光を目玉とする北海道観光にあって、阿寒湖温泉は森と湖に加え、アイヌコタン(アイヌの集落)を中心とした文化を合わせ持った温泉観光拠点として人気を維持してきた。知床ウトロ温泉、網走湖畔温泉、川湯温泉、十勝川温泉などの代表的温泉宿泊地と比較しても、抜きん出た宿泊者数を誇る。

　しかし、1998年に年間観光客数103万人を記録したものの、その後、航空法

図表1　阿寒湖ボッケ

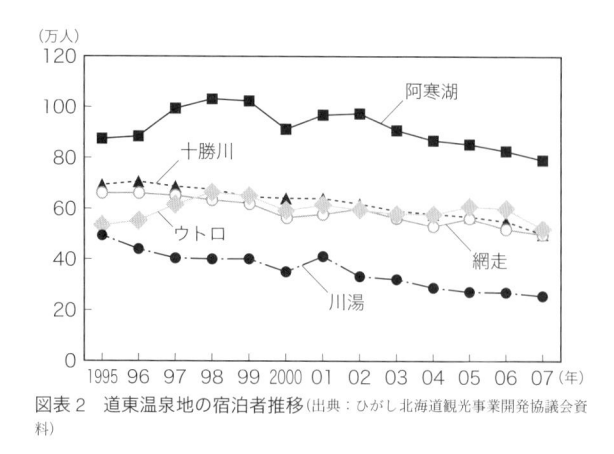

図表2　道東温泉地の宿泊者推移（出典：ひがし北海道観光事業開発協議会資料）

の改正から道東便の座席減少のあおりを受け、2007年度には79万人（最盛期の77%）まで減少してしまい、苦戦を強いられている（図表2）。ここでは阿寒湖という温泉観光地のあり方、生きのびるための具体的対応に焦点を当て、今後の着地型観光の方向性を示唆する実例として取り上げた。

1　まちづくり観光協会の発達

「NPO法人 阿寒観光協会まちづくり推進機構」の発足前から、「まりもクラブ」という婦人組織の存在は、まちづくりを目指す活動団体として、道内では広く知られていた。1949年発足の阿寒観光協会と、2001年に発足した阿寒湖温泉まちづくり協議会の組織統合になってからは、観光事業に焦点を絞り、積極的な事業展開を行う、より強固な組織となり、阿寒湖温泉の観光を語るに欠かせない存在となった。

2005年7月に「NPO法人 阿寒観光協会まちづくり推進機構」（以下、阿寒観光協会）は設立されるわけだが、現在に至る中期計画の第1期計画は2002年より始まった。組織は明確な役割分担がなされ、最高決定機関としての経営会議が営業本部、まちづくり本部、管理本部を包含する。各本部には明確なビジョンに裏打ちされた目的意識と数値目標が共有され、ホテル、商店街、体験ツアーに至るまでの観光関係従事者の主だったメンバーは、ほぼ全員参加で名を連ねている。観光産業で生活する地域の受け入れ組織として、顔の見える経営体になっているといえる。

現在は、2008年から2010年度までの第3期計画の途上であり、「再生プラン2010」へ向けた中期計画の最終にあたり、その目標は以下のとおりである。

①宿泊客の連泊の割合9%を20%に引き上げて、年間100万人宿泊を目指す。

②リピーター率を高めるため、道内からの観光客比率を現在の22％から40％に引き上げる。
③日帰り客は現在90万人であるが、人数は現状維持し、滞在時間を延ばす。
④外国人観光客比率を現状の3.6％から10％に増加させる。
⑤宿泊施設の収容部屋数を1554室から1240室へ減らし、稼働率を高め、品質アップで宿泊単価を＠12186円から＠13500円へ上げる。
⑥商店街の経済効果を109億円から130億円へ高めるべく、昼間の対応を検討するとともに、夜間対策としてはコタンでイベントを仕掛け、商店街に誘導する。

阿寒湖温泉は、過去100万人宿泊の温泉観光地であったにもかかわらず、このように模索しているのはなぜか。全国屈指の周遊型観光地である北海道は、マスツーリズム後、個人型、滞在型などの対応に大きく後れをとってしまっており、その危機感が行動を後押ししているのである。

具体的な行動指針としては、NPO法人スタート当初から「自ら阿寒湖温泉の将来を考え行動しよう」を重点項目として、いち早く着地型観光商品の企画販売システムの稼働を掲げており、商品企画、ルート開発、宿泊客の滞在時間を延ばすための検討が明記されていた。

2008年の段階では、「滞在すると楽しい温泉地にしよう」というテーマでの「のんびり阿寒プロジェクト」の重点事業として、着地型旅行商品の開発・販売事業が位置づけられている。阿寒湖周辺の自然や文化を数時間で堪能できる着地型商品を、コンベンション後の近郊日帰りなどエクスカーションツアーへの対応も意識して充実させ、旅行会社販売やウェブサイトで、予約販売体制の確立を目指している。またその商品充実に向け、ガイドの育成やアーリーチェックイン・レイトチェックアウトなど、宿でゆっくりする仕組みを構築することが明文化されている。将来像は「2泊3日できるレイクサイドリゾート・道東の一大宿泊拠点化」として固まっている。滞在中、何をするかがニューツーリズムの商品造成であり、多彩なアイテムと情報充実がポイントである。そして受け入れ体制づくりは地域づくりであり、まちづくりであると謳われている。

このように着地型観光のビジョンが唱えられ、会員全員が共有しながら進むという組織は全国でも珍しい。阿寒湖温泉は既存温泉観光地における着地型観

光の先発隊ともいえる。

2 着地型観光の進展

　この数年間、着地型観光の充実に向けて阿寒観光協会が主体となり、行政補助事業との連携によりさまざまな社会実験や旅行商品を試行錯誤してきた。例えば観光ルネサンス[1]（2005～2008年）、地域再生マネージャー制度[2]（2007年）、北海道シーニックバイウェイ制度（2007年～）などである。また地域最大のホテルグループである鶴雅グループの子会社、鶴雅トラベルでも、2006年には旅行商品販売を始めた。

　まず第一に挙げられるのが、阿寒の湖と周辺の森林整備や再生事業を「異国の森プロジェクト」と名づけ、英国に倣って森歩きのフットパスの整備を目指す活動がある。「日本で最も酸素濃度の高い森」というキャッチフレーズで北海道大学の研究結果も添えて大々的にプロモーションした。ユニークなストレスチェック器を使い、歩く前と歩いた後での、癒され度合いを数値で測ることのできる、約1時間半の森林ウォークを300円で販売するという商品である。これに観光協会を挙げて取り組んだ結果、ツアー客ばかりでなく個人の顧客も含め2007年度には初年度にもかかわらず、年間1482人の参加者があった。

　また阿寒湖温泉アイヌブランド化事業として、シアター建設や公園整備などのハードだけでなく、秋には50日にもわたるイオマンテ[3]のロングラン公演（有料で900円）を行った（図表3）。これまでの熊祭りのパフォーマンス・イベントとは異なり、大々的なプロモーションをし、阿寒のホテル街と商店街中に鳴り響くイオマンテの音楽と、イベント30分前より開始される、街の端からコタンまでの一般客も参加して行われる松明行進によって、観光客と迎える阿寒のスタッフや住民とが一体感あふれるイベントとなって大成功した。阿寒は他の北海道観光各地とは異なり、古くからアイヌ文化の発信基地であったが、今後の周辺観光においても、まちとしても、アイヌ

図表3　イオマンテの火祭り

文化の継承発展が阿寒の目指す方向であることがこのイベントでより明確になった。

温泉街を中心とした道路交通システムの整備としては、7月から10月中旬までの期間中、「無料循環バスまりむ号」を運行し（図表4）、2007年には前年比141％となる8655人の利用があった。これは阿寒ビジターセンターやボッケ（泥火山）の森、商店街と遊覧船、コタンと各ホテルを結ぶ。

図表4　無料循環バスまりむ号

隣町足寄町オンネトーや野中温泉、対岸の滝口側散歩にも足を延ばすことのできる「りんりん号」も運行した。このバスには自転車を持ち込める。北海道の観光地周辺はあまりに広範囲で、自転車にとっては距離がありすぎることを想定した珍しいバスである。4ヶ月間で約5000人の実績だが、阿寒湖観光の二次交通として今後も要の一つになる。外国人対応のパンフレット完備や、ビジット・ジャパン・キャンペーンに連動した通訳人材育成にも進展を見た。

この他に阿寒湖遊覧船でご来光を望む朝クルーズ、夕日タイムのサンセットクルーズなど、従来の阿寒湖遊覧に体験要素を組み込んだ着地型旅行を販売し、減少続きの実績を下げ止まりにした。

阿寒観光協会では2008年に第3種旅行業を取得予定である。当日の宿泊予約、斡旋で年間6000万円以上の売上げと、最低限の手数料収入を見込んでいる。また、地域内のネイチャーガイド商品販売手数料や先のバス、遊覧船と昼食がセットになったプランなどの商品販売を検討中である。地域内でネイチャーガイドの育成、各メニューの統一化や、料金に整合性を持たせることなどが観光協会の調整機能として挙げられる。

従来から熱心に着地型に取り組んでいるのは観光協会理事長で観光カリスマの大西雅之氏が率いる鶴雅グループ職員や鶴雅トラベルであったが、どうしてもホテルのカラーが出てしまう。企業の色が出ないように中間の立場で販売することも、阿寒観光協会の旅行業本部の大きな役割である。いずれにしても上記のような着地型観光システムが成り立つのも、これに先駆けて2007年から

鶴雅トラベルがさまざまな実験を行ったからであると、阿寒観光協会は評価している。そこで次に鶴雅トラベルで行った着地型観光商品について述べる。

3 鶴雅トラベルの着地型観光商品

　鶴雅グループオリジナルの阿寒版「シピリカ」には30のアウトドア体験メニューが紹介されている（図表5）。出発前のウェブサイト、来訪後のカウンターと販売チャネルは確保されているものの、売上げ収入として確実な数字を確保できるのは、発地における旅行会社の商品に組み込んだ「釧路湿原とノロッコ号の周遊日帰りバス」での販売が群を抜いており、全体の収入の38％になる。したがって、直販よりは旅行会社への卸しがメインとなっている。一般に、ゼロから立ち上げた着地型観光商品の場合、苦戦を強いられるのだが、この会社では元来、ホテルから発地旅行会社への販路が確保されており、大きく優位に立つものであった。

　ただ、発地においての商品化は半年前と早期に行われるため、そのサイクルに合わせることが初年度はできなかった。2008年度はこの反省に立ち、日帰りバスに加え、女満別空港をキーにした阿寒、知床、網走を周遊するバスも商品

図表5　鶴雅グループのアウトドア体験メニュー

MENU1　散策＆トレッキング編 ［阿寒周辺ウォーク］5メニュー
阿寒湖周辺散策＆フォト／夜のボッケ散策とアニマルウォッチング／夕暮れのボッケ散策／オンネトー五色巡り／秘境！白藤の滝と湯めぐり　　　　　　　　　　　　　　　　　　　　（すべてガイド付）
MENU2　カヌー＆アクティビティ編 ［阿寒体験プログラム］6メニュー
カナディアンカヌー／カナディアンカヌーアドベンチャー／グループ（大型）カヌー／スターウォッチング／グラスホッパーフィッシング（キリギリス釣り）／フライキャスティング　（すべてガイド付）
MENU3　フィッシング＆登山編 ［阿寒フィールドスポーツ］4メニュー
阿寒湖トローリング／フライ＆ルアーフィッシング／白湯山トレッキングツアー／雌阿寒岳縦走ツアー　　　　　　　　　　　　　　　　　　　（フライ＆ルアーフィッシング以外ガイド付き）
MENU4　伝統工芸体験 ［阿寒カルチャープログラム］5メニュー
アイヌ民族伝統楽器ムックリ制作＆演奏／アイヌ文様刺繍体験オリジナルコースターづくり／ミニクラフト作り(以上、講師付)／森の小路散策とクラフト作り／アイヌ文化エコツアー(以上、ガイド付)
MENU5　釧路湿原散策カヌー＆フィッシング編 ［道東体験ツアー］3メニュー
釧路川カヌーフィッシング／釧路川カヌー＆フォトツアー／道東フィッシング　　（すべてガイド付）
MENU6　日帰りバス観光 ［道東名所巡り］4プラン
〈釧路湿原号〉湿原の自然が織りなす古代ロマン／〈サロマ・あばしり号〉サロマ・網走と道東四湖めぐり／〈大自然チミケップ号〉神秘の湖「チミケップ湖」散策／〈オンネトー早朝号〉早朝のオンネトー散策

（出典：鶴雅グループパンフレットより作成）

化し、旅行会社にすでに前年度中に販売を告知している。鶴雅トラベル販売担当者によると、大手の企画担当者は着地型商品にはまだまだ興味がなく、単なるフリープランにおけるオプショナルツアーアイテムの一つとして捉えるか、2008年度のように周遊コースのパターンにして表現しない限り、有効な素材として活かしきれないというのが現状だそうだ。オプションとしての登用であれば、現在の3～5倍のコースアイテムがあって初めて評価されるようでもあり、鶴雅トラベル単体による企画には限界があった。

　2007年度は春からの立ち上げだったので、夏過ぎからこの会社の存在が浸透し問合せが増えてきた。個々の実績としては5～9月にJR北海道が運行するノロッコ号に乗車する「釧路湿原号」が約600名の集客であった。催行保証にしたため、1台に平均5.3人の乗車効率となり、単体としては厳しい数字だが、ホテル本体からの連泊客向けサービスの一環としての補助もあり、初年度としてはいい滑り出しといえよう。あとは現地案内人などの脚色づけが必要ということで、2008年度からは現地ボランティアガイドも加え、着地型商品色を強化している。

　また、鶴雅アウトドア事業部商品として作成したカヌーは大人気で、ネイチャーアイテムの主流となった。この他に「アフタヌーンあかん」として昼食をキーに遊覧船やレンタカー、カヌーなどの素材がセットになった簡単な商品も販売したが、まち歩きやまちづくり要素との連動性が濃いため、将来的には観光協会企画が望ましい商品の一つである。阿寒観光協会の旅行業認可取得に1年先駆けて活動した結果、以下の問題点が考察された。

　まちづくりとして活動している事業に則した商品と、他のホテルでも十分販売できる商品は阿寒観光協会が中心になって販売する。一方、サロマ、網走における宿泊や屈斜路湖に飲食施設を所有する鶴雅グループは、広域での商品を販売するといった仕分けが必要になる。鶴雅トラベルには本来、自社ホテルの宿泊客へのサービスとして、さまざまなアレンジをした手配旅行などカスタマイズ商品での収入源もある。ホテル系旅行会社としての顧客サービスに加え、本来の収入を追求したいところである。

4　今後の課題

　ここまで述べたように、阿寒湖温泉の場合、旧来の温泉地には珍しく、阿寒湖観光協会まちづくり推進機構による、今後の北海道観光のあり方を見越した着地型観光販売体制の整備が大前提としてあり、町を挙げての方向はしっかりしている。商品造成だけでなく、行政との関わりによるインフラ整備、イベントの充実化に加え、二次交通や体験メニューといった単体の素材には事欠かないところまできたといえる。阿寒観光協会による旅行業取得で、素材や簡単なセット販売は鶴雅トラベルから移行するとして、あとは旅行商品を誰が企画し、コーディネートするのかが課題である。

　宿泊業による着地型観光商品販売に期待するところは大きい。今後加速される鶴雅トラベルによる販売の役割は大きいが、他地区系列ホテルとの広域企画商品が最優先にならざるをえないのも現実である。観光協会による旅行業取得をいい機会に、元来の地域販売に大きな優位性を持った宿泊業者たち全社参画による着地型観光商品の販売が本格化しない限り、阿寒湖全体の温泉観光地としての強みが活かしきれたとはいえない。2007年1年間で、鶴雅トラベルが作成した阿寒湖地域発の着地型商品を、競合会社が作成したとはいえ、他ホテルでは一切販売がないといった実態は、この年限りにしていただきたい。

　道東地区は元来、本州客が多く、航空施策との連動から旅行会社のシェアが高い。したがって、マスツーリズムの影響を受けやすく、廉価周遊型商品サイクルに陥っている。個人化は進むものの、急速に滞在型への移行は見込めない。先述した阿寒湖温泉エリアにおける着地型観光に向けた明確な方向性が道東全体に浸透しない限り、本質的な改善は難しい。今後、道東各地は阿寒湖の例をその土地流にアレンジした上で、素材を活かし、商品化し、体制を整えた上で、その着地情報を発地の旅行会社、インターネットによる直販等に活かすためのプロモーションをしていくことも必要であろう。そのためにも道東における先駆者としての阿寒湖温泉の役割は大きい。

〈注〉
1) 2010年までに訪日外国人を1000万人にする政府目標達成のため、急務となる国際競争力ある観光地づくりを目的とした観光地活性化に積極的に取り組む「民間」活動支援の補助制度。インターネッ

トを中心とした受け入れ整備、地域ブランド商品開発、人材育成のほか、施設整備などが対象である。
2) 地域再生をテーマに、ノウハウのある企業や個人が地域振興のバックアップをする。㈶地域総合整備財団が総務省の協力のもとで事業化。
3) アイヌに古来から伝わる、生け捕りにされたヒグマを神に感謝しつつあの世へ送る儀式を、阿寒湖の祭りして自然への感謝を込めて現代風にアレンジしたイベント。2007年からはアイヌ詩曲舞踊団モシリが加わって、より哲学的に深まる一方、音楽的には電子音楽も交えたアレンジで好評である。

事例 ⑬ 斎藤ホテル〈長野県〉
ホテルによる着地型旅行商品の開発

長野県中央部に位置する鹿教湯温泉（かけゆ）は、平成の大合併により2006年に上田市に編入されるまでは、丸子町に存在する内村温泉郷（大塩・霊泉寺・鹿教湯）の中核温泉地であった。周辺の浅間温泉（松本市）や戸倉上山田温泉（現在の千曲市（ちくま））、別所温泉（上田市）などと比べて個人客中心の温泉地であった。

1956年に国民保養温泉地として病院を誘致してからは湯治場色を強めた。それ以降、2、3泊の連泊客が増え、さらに来訪客も年間約30万人にも達する人気となった。顧客層には老人が多く、各地からJRで松本駅に到着後は、駅から各旅館の送迎バスに頼っている。

1 ホテルによる着地型旅行商品の開始

このように連泊客が多い鹿教湯温泉であったが、1998年に、収容力の大きい「斎藤ホテル」がJRの会員情報誌『ジパング倶楽部』[1)]に1泊ごとに料金をダウンしていき、4泊目は室料無料になるというユニークな宿泊プランを掲載したところ大ヒットし、集客実績もさることながら、1人あたりの泊数をさらに伸ばすことに成功した。

斎藤ホテルは、顧客側からの近隣観光地や周辺温泉地などへの送迎ニーズの必要性に気づき、2001年には一般貸切旅客自動車運送事業の認可を取得、連泊客の2、3日目対策として毎月数コース、平日に限った日帰りバスツアーを設定

して、希望者に毎月送付するホテル情報誌にも「斎藤駕籠屋(かごや)」というブランド名で掲載も始めた（図表1）。

あくまでもホテル連泊客へのサービスの延長線としてのスタートであったが、桜の時期の高遠、春秋シーズンの上高地、夏季の黒部、新穂高、善光寺、安曇野などは、当初から盛況だった。これに加えリピーター対策の商品を企画するに至り、着地型旅行商品の典型的ビジネスモデルが完成した。それぞれのツアーは、単なる滞在客サービスとしてだけではなく、バス事業としても採算性があり、同時に本業のホテルの顧客の増加を目的とする販促活動にも結びついた。

図表1　斎藤駕籠屋バス

顧客マーケットは県内30％（時期は農閑期に集中）、首都圏40％、中京圏25％、他地区5％であり、そのシェアは、バス運行当初からほとんど変わらない。平日では松本までJRを利用して、送迎バスを利用する宿泊客が70％である。宿泊数は平均2.1泊であるが、1泊か3、4泊かに分かれ、後者は日帰りバスツアー参加客に連動する顧客である。

最近の顧客の特徴として、1人参加が急増する反面、10名ほどのグループによるオリジナルルートを希望するバス手配も増えつつある。また、一般的にはマイカー客が増加している宿泊旅行[2]ではあるが、この地では夏休み期間だけ、マイカー利用のファミリー層が多い。ホテル滞在中は、運転者であるお父さんも飲酒できるという理由もあり、家族全員がツアーバスに参加しているのは注目点である。マイカー、レンタカーのシェアが大きい時期に、着地型旅行商品拡大のため、ターゲットをどこまで広げるのかという基本的問題に直結する事例である。

2　商品の概要と課題

2007年度、年間を通じての集客ベスト5は、300名近くになる上高地を筆頭に、何種類かのテーマを積み重ね百数十名になる白馬、短期間に一気に100名

ほど集める桜で有名な高遠である。さらに小布施、蓼科と続く。どの行き先の集客が多いかということよりも、年間のラインナップを見渡した時、実にさまざまなテーマに基づいてつくりあげられた商品群としての魅力による集客ではないかと考える。

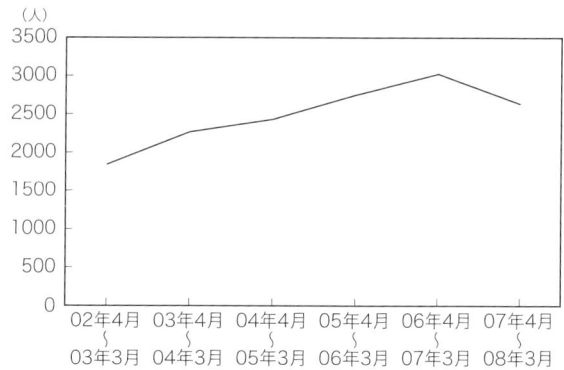

図表2　斎藤駕籠屋の輸送人員実績

花だけでも、福寿草から始まり、水芭蕉、杏、レンゲツツジ、ユリ、ニッコウキスゲ、ラベンダー、コスモス、赤ソバ、白ソバなどが時期を違えてある。歳時記ものとして、樹氷、御神渡（おみわたり）、こたつ船、雛祭り、雪形、その他の祭り、ホタル。オフ期には近隣の小都市再発見として松代、飯田、南木曽、小布施などの歴史文化テーマを設定し、12月はグルメをテーマとする。

こうして、年間約2500名以上の集客をここ4年間維持し、安定した着地型旅行商品となっている（図表2）。斎藤ホテルの場合、ツアー実施は旅行業としてではなく、一般貸切旅客自動車運送事業としてである。このため、旅行業の範疇になってしまうバスにプラスして昼食、入場観光、案内ガイドなどをセットし、企画料を加味した料金設定はできない。したがって、募集内容は行程表ではなく、「このような観光資源がありますので、ご自由にお楽しみください」といった表現となる。しかし、記事風に表現した解説は通常の旅行業における企画商品よりも目的が伝わりやすい。

旅行内容も、訪問地の特定スポットで解散して、その後は4時間フリーといった形になっており、同乗し

図表3　斎藤駕籠屋のお客様とスタッフ

第8章　観光地再生型　　181

たホテルスタッフがフロントコンシェルジュ業務の延長線として、個々の顧客の相談にのってアドバイスをするという手法である（図表3）。バスガイドのいない長時間のバスの中で、下見を重ねて観光資源を発掘した地元出身の若いホテルスタッフが、案内や会話などで懸命に対応し、真夏には冷え切ったおしぼりの提供やさまざまなサプライズ、足の不自由な方にはディアシートといって前方席の確保など、細やかな気配りが旅行業や添乗員顔負けの対応である。今ではDMにも、彼らの顔写真つきで「私たちの大好きな場所へご案内・○○がご案内するコーディネートツアー」と銘打って販売しており、着地側の企画ならではの着眼点はさらに深化している。このような旅行商品、斎藤駕籠屋は延べ数日間のホテルライフにおけるトータルコーディネートの一環としての貴重な存在である。

　これを地域に置き換えると次のようになる。数日間滞在するに相応しい地域があるとして、ホテルなどの宿泊施設、飲食施設などさまざまなステークホルダーからのサービスがあり、その中に着地型旅行商品や地域内での触れあいがあり、そのホスピタリティが地域全体への好印象をもたらせば、結果的にその地域への継続顧客増へとつながっていくということだ。

　また、ホテル営業とバス事業の運行管理者も兼ねている中尾徹也氏から「商品アイテムが頭打ちである」ともお聞きした。アルプスハイキングなどで、バス費用とは別に山岳ガイド料を顧客直接払いで別途設定するなど新しい試みも挙げられる。しかし先述したように、ホテルスタッフが下見を重ねて観光資源を発掘しているが、これは着地型旅行業のコーディネート業務に他ならない。したがって、ホテル従業員が片手間で行うには限界があるし、この部分を地域または旅行業との連携を図って省力化しながら、顧客ニーズや満足度を高めるための内容深化を進めることが必要であろう。

3 鹿教湯温泉としての着地型観光への動き

　地域内連携の必要性に関していうと、これまでにその動きがなかったわけではない。顧客流動を見ていた斎藤ホテルの現相談役である斎藤兵治氏も、着地型観光への地域での取組みに温泉組合などを通じて動くことになった。2005年、長野県が中京圏と連携して「キャンプ鹿教湯推進連絡協議会」を設立し、

(左)図表4　パッセジャータでのまち歩き
(右)図表5　斎藤ホテルと五台橋

実施した「キャンプ鹿教湯5泊6日」という企画がそれである。

　ここでいうキャンプとは野営ではなく、アメリカ大統領が滞在するキャンプ・デービットの「キャンプ」で、別荘に近いコンセプトである。温泉湯治場としての風土を活かした心身の健康づくりを目的とし、「パッセジャータ[3]かけゆ」と銘打ったまち歩きをしながらの地元との触れあい、それをさらに深めるグリーンツーリズム体験、周辺観光など、古きよき里山の湯治場に欧米のコンセプトを持ち込んだ、極めて斬新な企画であった。先の協議会には温泉旅館組合、信州ガイドトラベル社（第2種旅行業登録）、信州せいしゅん村、クアハウスかけゆなどが名を連ねており、対応も充実し、ユニークさも加え注目された（図表4）。しかしこの時は行政による実験の域を超える結果にはならなかった。

　その後、このコンセプトで再挑戦することになったのは2007年からのJTB旅連支援事業として始まった「里山のパッセジャータ実行委員会」である。まち歩きのためのあづまやの設置や植栽のほか、閑散期にあたる冬場のイベント「氷灯篭」（12月28日～2月12日）の充実を図るミニコンサートなど、個性的な企画である。屋根付きの風変わりな五台橋を舞台に見立てて、温泉街の町並みから観客がコンサート舞台を見下ろす設定は類を見ないものである（図表5）。旧町内に信州国際音楽村を有するだけに、楽器も津軽三味線、ピアノ、弦楽、ギター、ハーモニカ等多様であった。この事業には、行政、観光協会、JTBに

第8章　観光地再生型　183

より2006年から3年間の予算が立てられており、別府オンパクに倣ったコンセプトによる温泉をキーにしたまちづくり観光として位置づけられる。

　こういったあづまやなどのハードやコンサートなどのイベントからのまちづくりの一方で、地道な動きとして見落としてはいけないのが、2003年度からスタートした「内村っ娘の会」である。主婦層や旅館女将などの会で、その名称は内村温泉郷に由来し、まちを挙げての顧客プロモーションと地域再発見を目的としている。毎月1回、先の五台橋や霊泉寺温泉の共同浴場前などで「お話しやしょ」という行事により、地域交流を図る一方、四季の食膳や田舎料理、野草などの健康食レシピや、いなか食アーガイブス事業、地図づくりなど女性陣ならではの取組みを進めている。

　この事業に関わる女将の1人、斎藤繁子氏は、「昭和初期から40年代頃まで、長い方は3ヶ月この地に留まり、商店主、地域の住民ともよい関係で、祭りなどにも参加し、親戚に近い交流がありました。心付けの代わりに心のこもったお土産を持ってくるといった素朴なつながりが保たれており、東京の珍しいお菓子がかなりの数で積み上げられていました。生活を共に過ごし、究極の着地型温泉地であったと思います」と話す。

　2005年より「ばんび～ゆ」というネーミングのボランティアバスガイド4人が、毎週土曜日14：20上田駅発の千曲バスに乗車し、代わる代わる案内を始めた。彼らは江戸期からの歴史、文化の勉強をし、北欧の路面電車におけるお茶を飲みながらの交流に着想を得たそうである。まち歩き交流の「パッセジャータ」に対し、「ばんび～ゆ」は送迎バスの車内での交流というコンセプトで、全国に例のないホスピタリティ演出である。

　今後の方向性として、先述した斎藤ホテル顧客には、他地域の観光地ばかりでなく、意識してこのような温泉地内での地域交流の機会を設けることも必要であろう。一方では、すべての宿泊客対象に、地域内旅行業者主体で、各宿泊業者との連携をより強め、地域内着地型旅行商品の充実と販売を進めていくことも温泉地内の交流を活発化させるのに役立つであろう。観光協会が中心になって仕掛けられた着地型商品で6月に実施されるホタル見学ツアーは、地域内連携のモデルにすでになりかけているが、その他に年間歳時記を通じての素材発掘がヒントではないかと考える。そのような地域宿泊業者間での接点が出て

きた時を見計らって、斎藤ホテル以外に宿泊した顧客にも、斎藤駕籠屋による他地域への着地型旅行商品の一部に参加する機会を設けることができれば、総合的な宿泊対応として、大きな前進になるのではなかろうか。

「パッセジャータ」「内村っ娘の会」「ばんび～ゆ」といった地元住民によるホスピタリティが、「斎藤駕籠屋」と連携して動き出した時、鹿教湯温泉の着地型観光における優位性を活かしたビジネスモデルが一気に完成すると考える。

〈注〉
1) JRによるシルバー層を対象にした会員制度で、毎月冊子を送付する。男性満65歳以上、女性満60歳以上が有資格である。
2) ㈶日本交通公社『旅行者動向2007』2007年。
3) イタリアでの古くからの風習で、街のある場所、ある時間に住民がちょっと御洒落をして散歩がてら集い、お茶などをして心豊かな時間を過ごすこと。2005年に、鹿教湯温泉が独自に考案したライフスタイルでは、温泉滞在客、病院入院患者なども地域住民と交流をしてさらにその輪を広げるといったコンセプトで取り組んだ。

事例14 KAGA旅・まちネット〈石川県〉
周辺観光のための二次交通を運営

石川県南端に位置する加賀市の加賀温泉郷には片山津、山代、山中、粟津の四つの温泉があり、最盛期の1991年には年間宿泊客数420万人にのぼった。ここ数年では190万人台にとどまっているものの、北陸3県における中枢宿泊拠点として長年親しまれている（図表1）。マーケットは関西圏30％、中京圏25％、首都圏10％で、北陸3県が30％である。周辺に観光施設は数多いものの、典型的な宴会型温泉地として団体客が中心の観光地である。

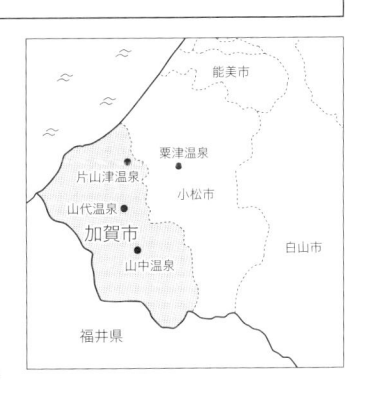

地元関係者が、数年前からさまざまな角度で温泉地観光の構造改革に取り組み、温泉宴会中心の販売手法からの脱皮を仕掛けた結果、軌道に乗ってきた面と、一方で新たな課題が浮かび上がった。そのような状況を取り上げて、今

図表1　加賀4温泉の宿泊者数

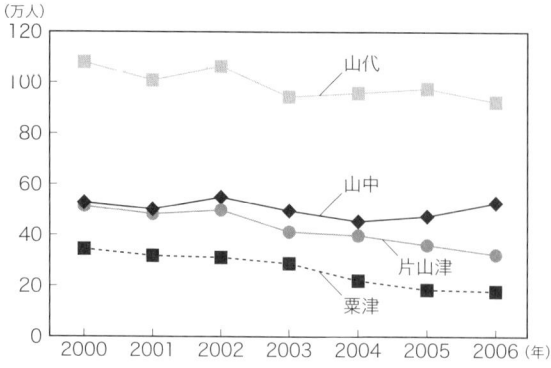

後の着地型観光商品の課題としたい。

1　KAGA旅・まちネットにおけるキャンバス運営

　まずは全国的モデルにもなる二次交通「キャンバス」が運行されていく過程で、着地型観光の充実へ向けた動きがどのように進んだのか述べることにする。

　2000年度に加賀市では、「温泉観光地再生検討委員会」が発足し、いくつかの課題に取り組んだ。まず商工会議所が中心になって進めた温泉周辺の観光地周遊の二次交通網の設立、次に観光総合案内所の設置、さらに観光情報のデータベース化の促進などであった。同年の9月にはキャンバスを運行し始め、二次交通として加賀温泉駅を中心に三つの温泉と周辺観光地を8の字を描いて、定期的に回る珍しいコースで運行を始めた（図表2）。2001年3月には「㈱まちづくり加賀」が設立され、キャンバスはそちらに引き継がれた。一方、10月には個人化した顧客に対応するべく情報ステーションとし加賀市観光情報センター「KAGA旅・まちネット」が設立され、ハード面では案内所を、ソフト面ではウェブサイトを開設した。こうして加賀市観光協会と㈱まちづくり加賀（キャンバス運営）、観光情報センターの三者共同で、地域観光へ向けた動きがスタートした。

図表2　キャンバス

　キャンバスは4台の大型、中型バ

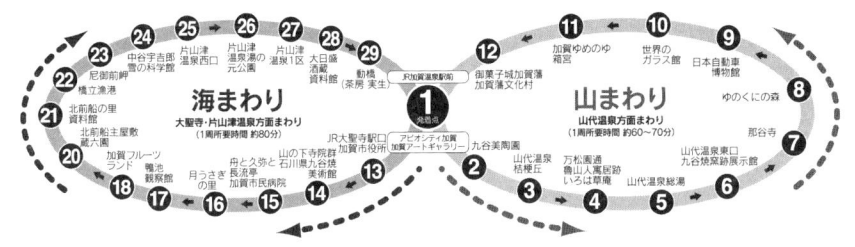

図表3　キャンバスのコース（出典：キャンバスのウェブサイト）

スで運行され、海回り、山回りの二つのルートに計28ヶ所の観光体験施設などに隣接したバス停を持ち、1ルート1周を70分〜80分かけて回る（図表3）。途中で気の向くままに乗り降りでき、観光周遊できるというバスである。1日券、2日券という販売手法をとったことにも、域内周遊を意識していることがわかる。このように路線バスとは本質的に異なる観光客向けの交通である。自分で描くキャンバスと、自由に回ることが可能という意味の CAN に BUS を引っかけたネーミングも、受け入れやすいものであった。実績も確実に増え、4年後の2003年度には6万6300人もの利用者数となった。収支は約70%が運賃収入、加えて各停留所の観光施設などからの協力金でかろうじて黒字にこぎつけることができた。利用客はゴールデンウィークと夏休みが多いが、11月のカニ解禁から3月までが全体の61%を占める。マイカーを手控える冬場の時期のJR個人客の、各駅からの二次交通として機能している。

　こうして運行したキャンバスを地域観光振興の核として、情報発信やプロモーションを徹底した結果、加賀温泉周辺の個人客への観光対応は充実し、着地型観光への取組みも始まった。その波をさらに加速化させたのが2002年1月から放映された NHK 大河ドラマ「利家とまつ」と、それに合わせた3月からの「加賀百万石博」であった。ビッグイベントに合わせ県内各地域でも小イベントが実施され、入込人員は増加した。

　この県による施策は従来の大規模イベント頼りとは根本的に異なっていた。百万石博の時から実施した地域ボランティアガイドによるウォークは、当初から「ポスト大河ドラマ」を目指したもので、地域にウォーク観光を定着させるのが目的であった（図表4）。実際、翌年以降も県により「百万石ウォーク」としてまとめられた観光素材は、断続的にインターネットで発信された。それにとも

図表4　加賀百万石ウォークでのガイドによる案内風景

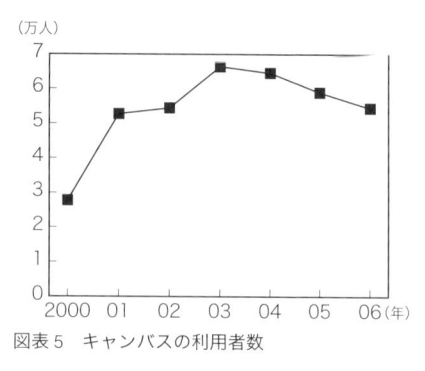

図表5　キャンバスの利用者数

ない県内各地とも全国でも稀に見るほど、観光素材とその対応面で個人旅行受け入れ態勢が充実した。その結果、大河ドラマ終了後の4温泉における宿泊人員減にもかかわらず、キャンバス利用客数だけは、その後も2年間伸び続けた。

しかし、2004年以降の3年間は実績が頭打ちである(図表5)。JR利用者減がそのまま数字に連動し、個人化の次に訪れたマイカー化の波に押されたということだ。二次交通バスの有効利用として、ホタルや夏休みの花火見学バスを夜に運行するなど、着地型観光からも収支へのテコ入れを図るのに苦心している。

2 キャンバスから着地型観光商品へ

キャンバスは、各地に増えてきた二次交通（第3章参照）とは異なり、各観光施設や体験と一体になったもので、券の購入は駅周辺と旅館とで96％になり、発地旅行会社での販売は4％にしか過ぎない。しかし、利用者のほとんどが関西・中京・首都圏の県外顧客であることは重要である。

2002年度より始まった地域内の百万石ウォーク数コースに加え、年間行事に合わせキャンバスを有効活用した夜間運行バスなどに温泉をプラスし、もう一つの旅として地元ガイドの案内する小旅行「加賀四季の風景散歩」が売り出された（図表6、7）。2007年度には全14コース、約1400名の設定に対し、集客は500名を超えており、募集型ツアーとしては好調である。インターネットによる情報発信を駆使し、発地における大手旅行会社の募集冊子にも一部掲載されたりした。しかし、その結果は、発地旅行会社や旅館を経由して首都圏からの予約がホタルバスなどに少々入るくらいで、残念ながら、その他の商品では

図表6　加賀四季の風景散歩

春	夜桜散歩（夜・バスツアー）／大聖寺流し舟と町並み散策（昼・ウォーク）／吟行（昼・ウォーク）
夏	ホタルの名所めぐり（夜・バスツアー）／温泉街路地裏散歩（夜・ウォーク）／花火と氷のペンダント（夜・バスツアー）／あじさいの港町を歩く（昼・ウォーク）／ぶどう狩りと氷のペンダントづくり（昼）
秋	幽玄の九谷焼探訪（夜・バスツアー）／大聖寺流し舟と町並み散策（昼・ウォーク）／魯山人が愛した湯の町を歩く（昼・ウォーク）
冬	伝統坂網猟と鴨料理（昼・バスツアー）／北前船と旬の礒料理（昼・バスツアー）／酒蔵のある町を訪ねて歩く（昼・ウォーク）

(出典：KAGA旅・まちネットのパンフレット)

圧倒的に近隣市町村からの申し込みばかりであった。

着地型観光が動き出したといわれる他地区でも、例えば別府オンパクや湯の川オンパクにおいて地元客が80～90％という実態がある。着地型観光の創生期は地元客が地元の魅力を再確認し、その先に地域主役で

図表7　加賀四季の風景散歩での大聖寺の流し舟

展開していく着地型観光の素地づくりをし、地元地域の本当の売り物がまとまっていく過程において、地域外の消費者への販売ビジネスモデルも確立するのではないだろうか。ただ、このように地元客ばかりだと宿泊が伴わないので、四つの温泉や観光協会などの底支えで成り立つ現在の寄り合い組織では評価が分かれるところであり、この点も難題の一つである。

受け入れ業務を行うKAGA旅・まちネットでは、上記の着地型ツアーの業務以外のニーズがあると、観光情報センターの岡田基義所長は述べている。

一つは発地旅行会社からのさまざまな手配業務である。2007年に旅行業法が一部改正され、旅行会社が地域の質の高い観光素材に付加価値を付けて販売することが可能になって以来、旅行会社からの地域差別化された素材の発掘や組み立ての依頼、地域ボランティアガイドの手配依頼が増加し、さらに多様なカスタマイズを要求されているとのことである。エリア全体のコーディネートを要求され、結局、初歩的なことから詳細まで丸投げされているようなものだということである。

またもう一つは、ボランティアガイドの手配急増で、旅行会社だけでなく多様な団体が多様な目的で依頼してくる。地域ガイドの対応にも得手不得手があり、的を得た手配をしなければクレームや地域イメージのマイナスにつながるわけで、慎重な主旨説明と説得で両者の調整を図っていく必要がある。

　このような二つのニーズから、「シナリオ組み立て的なコーディネーター」と「ランドオペレーター的なコーディネーター」の存在が必要であることがわかる。これがしっかりした収入源になっていくことが、今後の着地型旅行業としても重要な部分である。

3　今後の課題

　旧来型団体旅行中心の温泉観光地からの脱皮のために、キャンバスや着地型観光商品が個人客誘致によって貢献するという所期の目的は達成したといえる。また一方で、発地旅行会社の手配による団体旅行にも着地型観光素材が活かされている。このようにキャンバスも着地型ツアーも、今後の着地型観光の進化へ向けて貢献をしているものの、同時に全国に先駆けてさまざまな課題を抱えてもいる。

(1) キャンバスの利用者増加対策

　一つにはキャンバスの乗車人員の頭打ちである。JRと連動するだけの二次交通から、マイカー客にも対応したオリジナリティある周辺観光（触れあい体験、エコツアーなど）に対応したバスへの脱皮が必要である。コアになるキャンバスに、枝葉のようにミニツアーや下車箇所、昼食箇所での着地型観光素材や商品を付け加え、進化させていくという構想である。運行当初にも課題になっていたサテライト構想として地元の道の駅のようなスポットを拠点にしていくことも再検討課題である。

　さらにキャンバスの誘客の可能性を広範囲に向けるため、小松空港とのアクセスの整備も課題である。能登空港における交通整備が首都圏対策として効果があったように、何らかの対応が迫られている。富山県氷見商工会議所によるバスコールセンター設立例などを参考に、従来のJR加賀温泉駅までの各旅館による送迎サービスの集約化によるコスト削減で、その資金を空港アクセスの設定に向けられれば、宿泊も顧客対策も両面の効率化を図れると検討中である。

小松空港の場合、能登とは異なりインバウンド（訪日外国人旅行）対策も含むことになる。2008年6月に予定されている台湾定期便をはじめ、チャーター便など、北海道で増加しているインバウンド個人客を加賀温泉にも取り込む展開も必要である。

(2) 第3種旅行業の取得と運営

2点目の課題は、着地型観光に対応する組織である。先述した三つの組織に、2007年からは「加賀温泉郷協議会」も加えて四つの組織がキャンバスをキーにこの地区における着地型観光に取り組んでいる。第3種旅行業を2009年度に取得する方向を目指しているものの、旅行業の販売行為など労力のいる業務はどの組織が受け持つのかまだ未定である。現段階のように情報発信にとどまるならともかく、今後、責任をもって販売をという段階になると、どこがイニシアティブをとるのか明確にしていかなければいけない。まちづくりだけが、温泉施設の利益だけが、公平な利益だけが、と何かだけが突出するわけにはいかないので、既存の組織では難しいのである。当初は白馬村観光局のような組織をモデルに推し進めていたが、経費面から行政がそれぞれの組織運営からいち早く脱退する方向が見えたため構想が崩れた。いずれにしても温泉旅館のほかにも、民間団体が多すぎてまとまらないなどという、過疎の町村からは羨ましい限りの話だが、既存の観光地ならではの、一筋縄では組織が動かないという問題である。

(3) 地域滞在型への進化

三つ目は、今後どのような組織が着地型観光商品を販売することになったとしても、温泉宿泊観光地として最も販売力と影響力があるのは宿泊施設ということである。これは個人化の次のステップである地域滞在型への進化などを踏まえても当然である。もう1時間、もう1ヶ所と地域内でより長時間過ごしてもらうことが滞在型へと導く最適なプロモーションである。そのためには彼らが1宿泊施設だけを販売するのでなく、周辺地域を販売するという姿勢が大前提で、彼らのウェブサイトやフロント、従業員全員に地域販売という意識を植えつけられた時に初めて、温泉宿泊地として着地型観光商品販売プロモーションへ向けた素地が一つできたことになる。宿泊業者と着地型旅行業との連携は全国的にも当然の方向性であり、先述の岡田氏の言葉を借りれば、「加賀温泉地

区の着地型観光の次のステップは、顧客、住民もさることながら、宿泊業者への鋭角化したカーブを描くベクトル」である。少し難しい表現であるが、彼の主旨とは、旅行業者、観光関係者よりも住民や顧客が主役になるとはいうものの、その裏側では、宿泊業者にはこれまでの本業とは違った地域販売という役割において積極的に動いてもらわねば、着地型観光は進展しないという深い意味が込められている。

　このように三つの角度からの課題を抱えたこの地区ではあるが、マスツーリズムからの脱皮も徐々に進み、これからが地域や住民が前面に出て、かつての観光地にはなかった素朴な観光資源を皆で発掘していくべき段階である。加賀温泉のように観光地として集客力があった地域より、かつて何もなかった後発の地域が、その土地だけのオンリーワンをニューツーリズムの一環として発掘することからスタートを始めている。ここで出遅れるわけにはいかないという状況は、既存観光地である加賀温泉郷でも何ら変わることはない。

事例15　海島遊民(かいとうゆうみん)くらぶ〈三重県〉
環境にも地元にもやさしいエコツアーを実現

　三島由紀夫の小説「潮騒(しおさい)」の舞台となった神島(かみしま)、そして坂手島(さかてじま)、答志島(とうしじま)、菅島(すがしま)は有人離島。島々の深い緑と青い海が瑞々しく輝き、人々を魅了してくれる。志摩半島を囲む鳥羽(とば)湾、的矢(まとや)湾、英虞(あご)湾など、典型的なリアス式海岸である伊

図表1　生浦湾(おおのうら)(提供：鳥羽市観光戦略室)

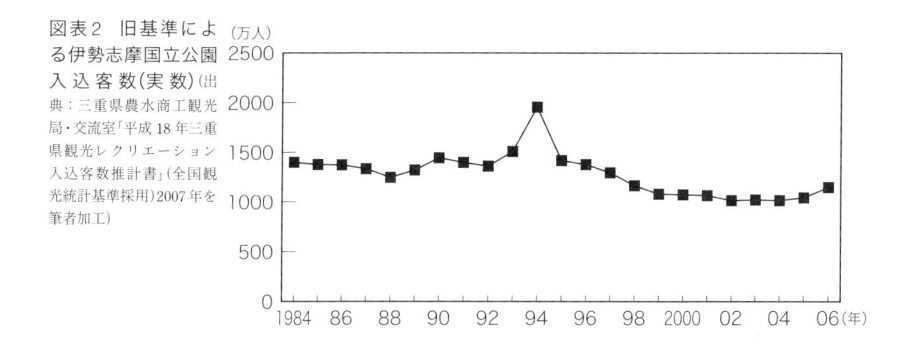

図表2 旧基準による伊勢志摩国立公園入込客数(実数)(出典：三重県農水商工観光局・交流室「平成18年三重県観光レクリエーション入込客数推計書」(全国観光統計基準採用)2007年を筆者加工)

勢志摩国立公園の入り江に点在する風景である（図表1）。

　鳥羽市（人口2万3067人、2008年6月現在）[1]にとって、この内海を活かした真珠の養殖や海女の働く姿、伊勢えび、的矢かき、あわびなど、海の幸は重要な観光資源で、伊勢神宮を訪れる参拝客や修学旅行生はもとより、国内外からの観光客を惹きつけている。今や観光産業は市の基幹産業となり、第三次産業就業人口比率は約65.7％と高い[2]。

　この地が、観光地として急速に発展を遂げることとなったのは、1970年の近鉄線(山田～鳥羽間)の延長開通[3]により名古屋・大阪と賢島が直結し、関西・中京圏のリゾート地としての利用が高まったことや、修学旅行誘致といわれる。

　その後、1974年4月、同市は他の自治体に先駆けて、環境と自然を守るための施策の基本を定めた「市民の環境と自然を守る条例」[4]を施行している。その第14条には、事業者はその事業活動により自然環境及び文化環境を破壊し、または損傷することのないよう、第15条では、市その他行政機関が実施する良好な環境の確保に関する施策に事業者が協力することを求めている。さらに、市民は自然環境の保護及び緑豊かな都市の保全に努めなければならない（第18条）とあり、行政、民間そして住民が一体となって環境に配慮し、観光資源を守ることの重要性を当時から意識していたことを示すもので、先進性をうかがわせる。

　しかしバブル経済の崩壊後、観光地間の激しい競争も相まって、伊勢志摩地域の観光入込客数[5]は、1994年の「世界祝祭博覧会（まつり博）」の1954万人をピークに以後は減少傾向が続き、2002～04年まではほぼ横ばいとなっていた（図表2）。鳥羽市の観光入込客数も1991年の699万人をピークに減少を続

け、2006年には503万人[6]となっている。

1 鳥羽の現実

「まず、降り立った鳥羽駅周辺を見てください」と、江崎貴久氏（㈲オズ[7]代表取締役）は言う。「鳥羽には手つかずの自然が数多くあります。でも、駅周辺からは、そのよさがすぐには感じていただけなくて…」と。

江崎氏には別の顔がある。家業の老舗旅館「海月」の若女将である。大学卒業後、故郷を離れていたが、実家の経営を立て直すこととなり、鳥羽に戻る。そして、多額の投資による旅館再建という道ではなく、さまざまな智恵を絞った。結果、自分たちの目の前にある鳥羽の自然を活かす、住民が生き生きと参加できるまちづくりが必要、と立ち上がる。ちょうど長野県飯田市が住民主導によるまちづくりを目指していた頃で、江崎氏もこの動きを意識していたという。

2000年、ついに着地型旅行商品などを企画する「海島遊民くらぶ」を立ち上げた。故郷の観光の現状を目の当たりにした江崎氏にとって、むしろ自然な流れだったかもしれない。旅館事業で近隣地域と価格競争をするのではなく、むしろ手を組むことで地元に還元したいという思いは、将来のまちづくりを見据えてのことだったのだろう。

2 エコツアー実施までの道のり

「海島遊民くらぶ」は、㈲オズの中で、ツアーの商品企画を担う重要な事業部門である。この事業を開始するにあたって、江崎氏はじめスタッフは、周到な準備と環境に配慮したルールを作成した。同時にその経済効果が地元に及ぶよう、持続可能な観光マネジメントを目指した。しかし、事は一朝一夕には、いかなかった。行政、漁協、住民といった地域の人たちへの根気よく、粘り強い働きかけを必要としたからだ。その結果、ようやくルールの設定に至っている。

(1) 事業およびルール設定に至る経緯

持続可能な観光マネジメントを目指すには、その基盤となるビジネスモデルを確立する必要があるが、それだけでは今までの観光事業と変わらない。収益を確保しつつ、地域の環境に配慮しながら事業を行うことは、新たな事業モデルへの挑戦である。確固たる経営方針を立て、社員の仕事に対する思いや環境

に対する理解も互いに共有しながら課題を解決していった。

①第1段階：ツアーコース、周辺地域の事前調査研究および日々の調査
　ツアー企画では、通常の旅行企画の手順に加え、コースや周辺の環境などを徹底して調査・研究することから開始。

②第2段階：ガイド全員参加によるツアー運営の検討と案内のシナリオ作り
- 鳥羽市、伊勢市、伊賀市から来ているガイド全員で、参加者に伝えたい共通事項は何かを検討。
- ガイド内容（サービス）の標準化。
- ガイド1人1人が参加者に伝えたいことは何かを検討。
- 季節、当日の天候、気象条件に応じ、ツアーのテーマを事前に考え、同社ならではのサービスを臨機応変に提供する。

③第3段階：ガイドの個性とチームワークの確認
　ガイドの人生経験、得意分野、伝え方等の個性を活かしつつ、基本的なガイド内容の提供を確実にし、毎回の引き継ぎによるサービスの品質維持管理を徹底。

④第4段階：参加者、ガイド、住民、資源（歴史文化財・自然）にやさしい工夫とそのためのルールづくり
- 主役である参加者のニーズを常に察知し、居心地よいツアーを心がける。
- 住民の生活文化への配慮、気配り、迷惑をかけないなどを大前提とする。

その詳細は図表3のとおりである。

(2) ツアーを実施して

体験ツアーの企画は、以上のような手順を踏んだことで、周囲の信頼、協力を得、ようやく実施にこぎつけることができた。その後、環境に配慮した、ユニークなガイド活動が評価され、日本エコツーリズム協会のプロジェクト「このガイドさんに会いたい100人」に、海島遊民くらぶから江崎氏、桃園ゆかり氏、兵頭智穂氏の3名が選ばれている。

その背景には、三重県出身の山田桂一郎氏の存在があった。現在、同くらぶの顧問を務め、これまでの事業展開に深く関わってきた。山田氏は、地域の観光振興を支え、人材育成の先達となる、内閣府・国土交通省・農林水産省認定「観光カリスマ百選」に選ばれている。「サービスクオリティ」の向上や、「プロフェッ

図表3　エコツアーのルール

1	地域に貢献できるガイド活動について島でのルール設定

・島に入ることへの感謝
・条例に基づいた条件
・磯場の生き物を持ち帰らない
・島の人たちの生活の邪魔をしない、迷惑をかけない
・島の人々と仲良くするために努力・工夫する

2	ガイド活動の目標・意義

参加者および地域にとって必要とされるガイドになるため、以下を考慮し、遵守する
・観光による環境負荷の軽減
・参加者への環境教育での社会貢献
・鳥羽観光の質の向上
・集客交流
・新しい雇用の場
・地元への経済効果

3	参加者と共有する資源に負担をかけない、大切にするためのルール

・持ち帰る貝殻・石は1人一つまでにする
・ゴミを残さない→逆に清掃活動をし、持ち帰る
・フィールド管理：浮島上陸はガイドを除き、1日1回30名まで、長者が浜付近は1日1回40名まで
・同じ磯場に3日以上多く続けて入らない
・観察前に、参加者の意識づけ・指導を必ず行い、効果的なオリエンテーションを心がける（島の背景・住民の大切な島・生き物のための観察時の注意等）
・観察時の生き物採取に関して、1人1種1固体とし、観察後は生息条件に合わせて海へ返す
・魚類や皮膚の薄い生き物については、素手では、触らない
・プラスチックケースに入れる時間を制限し、ガイドが管理する
・棘皮動物、特にウニ・ナマコなどの鳥羽の食用となりうる水産資源は、生き物がその後弱らないよう、その生息環境に合わせて、ガイドが海に返す

ショナル」なツアーガイドの育成、また自立できる組織づくりや地域性を活かした商品開発など、地域観光のコンサルタントとして、観光振興に大きな役割を果たしている[8]。江崎氏は、師と仰ぐ山田氏から、地域と共存する観光について、多くを学び、そのことを鳥羽の地で実践に結びつけた1人であるのだ。

(3) ツアーの特徴・実績

　海島遊民くらぶのツアーの特徴は、第一に、商品ごとに目的や意義を明確に示していることである。

・無人島や人のいない海探検：磯観察・地形探索を通じ、自然と触れあい、自然から学ぶ（図表4,5）。人間の生活と自然への影響について、体験しながら考え学ぶ。漂着ゴミの発見では、ゴミ収拾を通してゴミの現状を考え、自発的に環境への意識を高める（図表6）。

- 有人離島・漁師町探検：小さい町を探検・散策し、素朴な島民との触れあいを通じ、忘れかけた人間らしさを感じてもらう。

第二は、参加者の目的に合わせたメニューを提供することである。同時に参加者、受け入れ側の両方の満足度を高めるよう努力を惜しまないことだ。

- 修学旅行生には：海の恵みを食す→漁業に携わる人々の日々の営みに触れる→自然の大切さや島での生活を理解できるようになる。
- 一般参加者には：ルールに則ったツアーを理解する→ガイドの丁寧な案内を受ける→自然との共生を知り、住民への配慮をする→地元住民との触れあい、新鮮な食を体験→海産物の販売所への立ち寄り（決して無理に勧めない）。

第三は、持続可能な着地型旅行商品を目指し、実践している点である。

- コミュニケーションによる信頼関係の構築

ステークホルダーとのコミュニケーションを最も大切にする。そのために

図表4　島たんけんツアー(無人島・島の裏側)の概要

期間：5月～9月
集合：9：10　解散：16：00
受付締め切り：実施前日17：00
昼食付（予約時に特製穴子丼または地元産海鮮炭焼きのいずれかを選ぶ）
持ちもの：帽子・タオル・軍手・飲み物・着替え・マリンシューズ・濡れてもよい服や水着
最小催行人数：6名
＊磯場保護のためのルールを設けているため定員があります。無人島（30名まで）・島裏（50名まで）
大人￥6340、小人￥5360（昼食代・保険料￥400込）

特製穴子丼(提供：海島遊民くらぶ)

図表5　磯観察(提供：海島遊民くらぶ) 　　　図表6　ゴミ収拾(提供：海島遊民くらぶ)

は詳細で厳格なルールを設定し、参加者全員がそれを理解し、守る。
・環境教育での社会貢献
　観光による環境への負荷を軽減し、観光資源を持続可能なものとする。参加者には、環境教育を実践するという形で社会貢献をする。
・ビジネスモデルの構築と円滑な経営
　環境教育という付加価値および鳥羽の観光の質的向上、集客交流を通じ、地元への経済効果を図る。

　ここで見逃せないのは、参加者・住民・資源それぞれにやさしいというコンセプトだけでなく、地元に経済効果という形で還元し、持続可能な観光マネジメントを目指している点である。

　ツアーの実績としては、年間参加者（修学旅行を含む）が、2006年実績で1800人、2007年2657人（一般317人、修学旅行2340人）であり、軌道に乗ってきている。収益率は50％（一般、修学旅行ほぼ同様）。その配分は、50％を地元の渡船、民宿などに還元し、残り25％をガイドへ、25％が会社分としている。また、鳥羽磯部漁協には環境保全のため、修学旅行生1名につき10円を、一般参加者1名については50円を寄附している。

3 努力の結果と将来展望

　2007年、海島遊民くらぶは、環境省主催第2回エコツーリズム大賞特別賞を受賞する。そして、さらなる努力の甲斐あって、翌年第3回エコツーリズム大賞優秀賞受賞に至っている。このことは、鳥羽を愛するがゆえに、環境を大切にし、住民がいきいきと参加できる自然を活かしたツアーを実現した江崎氏はじめ関係者の努力の賜物であろう。

　同年6月、旅館「海月」に隣接したビルの1階に「観光インフォメーションセンター」が開設された（図表7）。同センターは、海島遊民くらぶと地元のホテル・旅館の若手女性経営者による女将の会「うめの蕾会」が、鳥羽のために何かできることを始めようと、共同運営に至ったものだ。

　ここを拠点とし、早速新たな動きが始まっている。地産地消を目指す「伊勢海老お料理大学」（11月～4月実施）である。これは、気軽に地元の高級食材である伊勢えびを使った調理法を学びながら、自らがつくったその料理が楽し

めるという初の取組みで、将来、もう一つの収益の柱とすることが目標だ。

エコツアーといったテーマ性のある観光に取り組む組織の共通の課題として、今後どのように定着、発展させるかがある。そのためには、ガイド自身のスキルを向上させ、初心者から上級者までを楽しませるメニューづくりが必要だ。時間はかかるが、長期的視点で考えると、充実した研修・教育プログラムを構築し、実践することで、効果が期待できる。

図表7　観光インフォメーションセンター前で、うめの蕾会と海島遊民くらぶのメンバー。後列右端が江崎貴久氏（提供：海島遊民くらぶ）

リピーターを増やす工夫としては、宿泊を伴うツアー設定を充実させ、参加者の行動範囲を広げたり、テーマを深く掘り下げたりすることも選択肢として考えられる。持続可能な観光地となるには、提供する側の努力が欠かせない。

〈注〉
1) 鳥羽市ウェブサイト「市の概要」http://www.city.toba.mie.jp/page/gaiyo/gaiyo.html。
2) 同上。
3) 「角川日本地名大辞典」編纂委員会・竹内理三『角川日本地名大辞典24 三重県』角川書店、1983年。
4) 鳥羽市ウェブサイト「鳥羽市民の環境と自然を守る条例」(1974年4月施行) http://www.city.toba.mie.jp/kakuka/kikaku/jourei/index.html。
5) 平成16年三重県観光レクリエーション入込客数推計書。
6) 鳥羽市観光基本計画（2008年1月）。
7) 江崎氏が友人4名と設立した会社。現在は、海島遊民くらぶの事業が中心となって稼働している。
8) 国土交通省ウェブサイト http://www.mlit.go.jp/sogoseisaku/kanko/charisma_index.html。

事例 16　観光販売システムズ〈三重県〉
旅行会社の強みを活かした販売ルートを確立

1　きっかけは世界遺産登録

2004年7月、三重・奈良・和歌山の3県にまたがる「紀伊山地の霊場と

図表1　世界遺産熊野古道伊勢路「馬越峠」(提供：東紀州観光まちづくり公社)

参詣道」[1]が、ユネスコの世界遺産に登録された（図表1）。

当時を振り返って関係者の1人、Aさんは言う。「観光業界にとって千載一遇のチャンスであり、こんな機会を逃すわけにいかない。しかし、三重県の観光の取組みは他の2県に比べて始まったばかりでした」と。

その頃、県では、同年11月に公表することとなる「三重県観光振興プラン」策定に向けた議論を重ねており、伊勢志摩地域をモデルに地域主体の取組みを支援しながら、観光客を誘客するシステムの構築を進めていた。熊野古道の世界遺産登録に加えて、2005年は中部国際空港の開港、「愛・地球博」の開催が予定され、国においても「グローバル観光戦略」[2]に基づく事業が展開されていた[3]。ただ、熊野古道へのアクセスはよいとはいいがたく、古道沿いの宿泊施設も少ない、いわば観光地として売り出すにはあまりにもハードルが高かった。和歌山、奈良の両県は、もともと観光を売りにし、着々と対策が進行している。送客を担当する発地側からも苛立ちの声が寄せられつつあった。

県内には、三重交通に代表される運輸事業のほか、不動産、流通、レジャー・サービス、建設という五つのグループ事業を傘下に持つ㈱三交ホールディングス（本社：津市）という会社がある（図表2）。

2000年、同社のレジャー・サービス事業の中に、総合旅行業である三交トライパル㈱（本社：名古屋市）が設立された。事業内容は、旅行商品のホールセラー（卸売り）、グループ会社のバスを活用した観光コースをユニット化し、旅

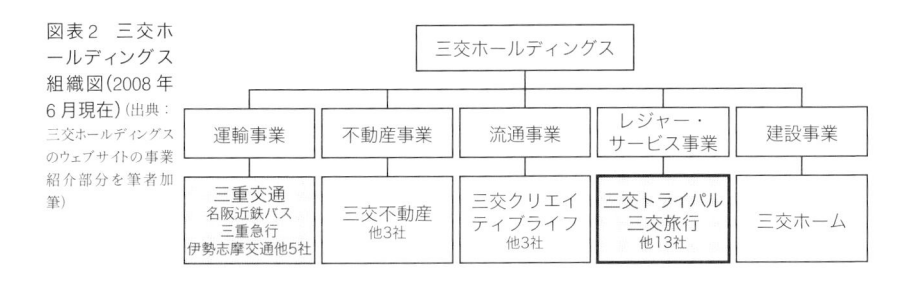

図表2 三交ホールディングス組織図(2008年6月現在)(出典：三交ホールディングスのウェブサイトの事業紹介部分を筆者加筆)

```
                     三交ホールディングス
    ┌──────────┬──────────┼──────────┬──────────┐
  運輸事業    不動産事業    流通事業   レジャー・   建設事業
                                      サービス事業
  三重交通    三交不動産   三交クリエイ  三交トライパル  三交ホーム
  名阪近鉄バス   他3社     ティブライフ   三交旅行
  三重急行               他3社       他13社
  伊勢志摩交通他5社
```

行会社に販売を行うユニット販売、そしてランドオペレーター業務などである。代表的な商品は、大手旅行社の人気テーマパーク行バスツアーや信州スキーツアーなどがある。

先の世界遺産登録決定を機に、三重県は関係各業者と協力し、2004年7月、「三重県観光販売システムズ」を立ち上げることとした。これは、三重県への観光客誘致を目的として、旅行会社、運輸・宿泊業に携わる法人・団体等の会員51社(2008年4月現在)で形成され、三重県内の観光産業ならびに観光素材を開発し、流通・販売を促進していくためのものであった。運営資金は3500万円で、三重県が半額を補助、残りは三交トライパルが拠出した。6社が幹事となり、事務局長に三交トライパル常務取締役の小高直弘氏が就任した。事務局は三交トライパル内に置き、3年間の期限を設定し、事業を行うこととなった。

まず着手した事業は、名古屋圏内から出発し、直行バス(シャトル)で世界遺産熊野古道を楽しめる日帰りウォーキングツアーだ。この直行バスが後に大きなヒットとなる。

当初、観光地として売り出すには受け入れ態勢が整っていないのではと危惧された。しかし、名古屋を入口としたことで、首都圏からのマーケットも取り込めたこと、アクセスの悪さをカバーする二次交通を自前で確保できたこと、価格設定とコース内容等が旅行社および利用者のニーズと合致したこと、東海地区の旅行会社

図表3　熊野古道シャトルバスの乗車人数

2004年度	累計(人)	2005年度	累計(人)
①みえ・伊勢路号A	1636	④伊勢志摩ライン	829
②みえ・伊勢路号B	597	⑤津・松阪ライン	768
③みえ・伊勢路号N	9454	⑥名古屋ライン	6428
合計	11687	合計	8025

＊①④伊勢志摩発、尾鷲方面行　②伊勢志摩発、熊野方面行　③⑥名古屋発、尾鷲・熊野方面行　⑤津・松阪発、尾鷲・熊野方面行

(出典：三重県観光・交流室資料を筆者加工)

27社が一丸となったこと等が成功の要因といえるだろう。結果、図表3のとおり、2004年度には1万1687人、2005年度は8025人が訪れるという実績を弾き出した。

　三重県観光販売システムズは、こういった実績を評価され、2005年5月、御遷宮(せんぐう)対策事務局から、「お木曳(きひき)行事」に全国から訪れる1日神領民(しんりょうみん)の受け付け、日程調整などの代行業務を委託された[4]。お木曳行事は7万6000人（それまでの実績は1万5000人）もの集客となった。また、世界遺産ブームが収まった後も、「熊野古道シャトルバス」の認知度は高いようだ。

　振り返ってみると、中部国際空港の開港と、愛・地球博は全国に三重県をPRする絶好のチャンスとなり、県への誘客に大きく結びついた。伊勢志摩地域をはじめとする「魅力ある観光地づくり」等の支援を充実すると同時に、三重県観光販売システムズの活用は、旅行のプロフェッショナルがオペレーションを担当し、地元企業もそれを支えるというビジネスモデルの構築につながり、観光振興に大きく寄与したといえるだろう。

2　成功をバネにさらなる挑戦

　さて4年目からは、これまでの三重県観光販売システムズとしての仕組みは継続しながら、出資は三重交通が100％を受け持った。というのも、県からは、2004～06年の3年間、毎年1750万円の補助金が交付されたが[5]、支援は3年間の期限つきであったからだ。事業は、大手の旅行会社が引き受けにくい三重県の市町村全体の資源を活用し、商品造成を担うこととなった。

　ところで、通常、旅行会社が手がけにくいということは、どういうことを意味するのか。それを事務局長の小高氏が解説してくれた。

・観光素材はあって当たり前である。それらをいかに商品化するかが重要。よく地域に行くと、「こんなに観光素材があるのにどうしてお客様が来てくれないのか」と言われるが、それだけでは誘客できない。いかに素材を商品化するかが大切である。

・現地到着後の交通手段はどうなっているのか、マイカーの導線はあるのかなどの工夫が必要。「到着してみるといかにも不便」では、利用客は動かない、動けない。そして大いなる不満を持って帰途につく。結果、二度と来

なくなるという悪循環に陥る。

このように、三重県観光販売システムズでは、素材をいかに商品化するかを繰り返し、繰り返し検討し、創意工夫を重ねながら、売れる旅行商品をつくりだしていくことが使命だったと語る。

いよいよ、世界遺産登録後の3年間で得た手法を活用し、三重県観光販売システムズでは、定期観光バス事業の見直しに着手するが、ここで着地型観光としての同事業の現状を考えてみたい。

図表4　定期観光バスイメージ（提供：観光販売システムズ）

定期観光バスは、景勝地や神社仏閣といったいくつかの観光スポットを周遊し、観光客にとっては手軽でかつ効率的に地域の見所を楽しめることから人気を博してきた（図表4）。しかし、マイカーをはじめ、タクシー、鉄道など競合する交通手段の充実、旅行者の成熟や多様なニーズにより、お決まりの周遊旅行の人気は次第に低下した。その結果、仙台市、神戸市などの都市は、すでに定期観光バス事業から撤退し、大阪市交通局も2008年3月末で廃止といった厳しい環境にある。

このような逆風の中、三重県観光販売システムズでは次のように視点を変えて取り組み始めた。

・現地到着後の交通手段を兼ねて定期観光バスを活用し、付加価値としてはどうか。
・今まで商品化されていない観光資源を発掘し、磨きをかけることによって地域の活性化に結びつけられるのではないか。
・地元のバス会社なら利幅を確保することができ、商品企画によっては地元の観光関連事業者への利益も配分しやすいのではないか…等。

そこで、これまで一つのコースしかなかった定期観光バスのコース数および内容を大幅に見直し、付加価値の高い要素を組み合わせた16コースもの設定を行った（図表5、6）。特に考慮したのは、定期運行でありながら、企画商品として、クーポン（利用券）を発行したことだ。これは旅行会社が観光施設など

図表5　美し国周遊ばすのコース例(2008年4月1日～9月30日)

日本のはじまり物語号　全6コース		
コース1&2	神宮参拝。神様に近づく伊勢の町〈願いがかなう一日プラン〉	食事なし／付き
コース3	20年に一度！1400年の歴史〈式年遷宮記念プラン〉	食事付き
コース4	これは大満足！美し国！伊勢の食！〈伊勢まるごと満喫プラン〉	食事付き
コース5	厳粛な参拝と神楽奉納は一生の思い出〈平成のおかげ参りプラン〉	食事付き
コース6	食の神様だから本物を〈「フレンチ ボンヴィヴァン」食の匠プラン〉	食事付き
懐かし思い出の旅行号　全10コース		
コース7&8	縁結び、夫婦円満のシンボル・二人仲良く〈二見夫婦岩プラン〉	食事なし／付き
コース9&10	自由に遊んで〈美味しいもの発見プラン〉	食事なし／付き
コース11&12	うん！懐かしい昔の記憶に新しい？〈鳥羽水族館プラン〉	食事なし／付き
コース13&14	日本の奇跡、世界が認める〈ミキモト真珠の魅力プラン〉	食事なし／付き
コース15&16	鳥羽湾の魅力を船いっぱい！〈素敵な湾巡り遊覧船プラン〉	食事なし／付き

(出典：観光販売システムズのパンフレット)

図表6　伊勢神宮でのガイドの案内(提供：観光販売システムズ)

と契約を結び、利用者に対してクーポンを販売し、各施設は、利用者が使ったクーポンをまとめて、旅行会社に利用全額を請求するものだ。しかも地元の観光施設（観光関連事業者なども含む）にできるだけの手数料を支払えるようにした点であった。

　三重県観光販売システムズが、これだけの商品を開発できたのも、前述の発想の根幹となる、地域資源を知り尽くし、地元の足となる交通基盤を保有し、高度な企画力、機動力のよさ、そして県内外の観光事業者との長年の信頼関係があったからこそであろう。

　さて、次に商品をつくっても販売を軌道に乗せなければならない、重要なのは販売戦略である。そこでホールセラーの強みを活かし、旅行会社にはきちんと手数料を支払った上で、その会社のパンフレットへの商品掲載を実現させていった。このような販売チャネルの開発は非常に重要である。一方、商品自体に魅力がないとなかなか販売に結びつかないので要注意だ。そこで、これまで取り組んだことのない、松阪牛を提供するレストラン（17店）を初めてコースに組み込むなど、企画の魅力を追求し、成功させた。

3 新たな出発

　一方、三重県観光販売システムズとは別組織として、2007年7月、全国を対象とした、「観光販売システムズ協議会」および「㈱観光販売システムズ」（本社：名古屋市）が設立された。協議会は大手旅行会社を幹事会社に、旅行会社など24社が会員となりスタートした。同協議会から業務委託される㈱観光販売システムズの現在の主な業務内容は、以下のとおりである。

　①行政からの委託事業
　②行政への観光システム教育
　③観光商品の造成・企画
　④観光商品のユニット販売
　⑤広報、新聞・メディア販売、販売チャネルの開発
　⑥ホスピタリティ教育、タクシードライバーの教育
　⑦誘客事業、観光説明会：対エージェントファムツアー（旅行業者を対象としたツアーを指す。事前に下見をしてもらうことにより商品企画・造成を奨励する）
　⑧販売体制構築：プランニング・プロダクト（商品企画）・プロモーション・セールス（販売促進のためのセールス活動）

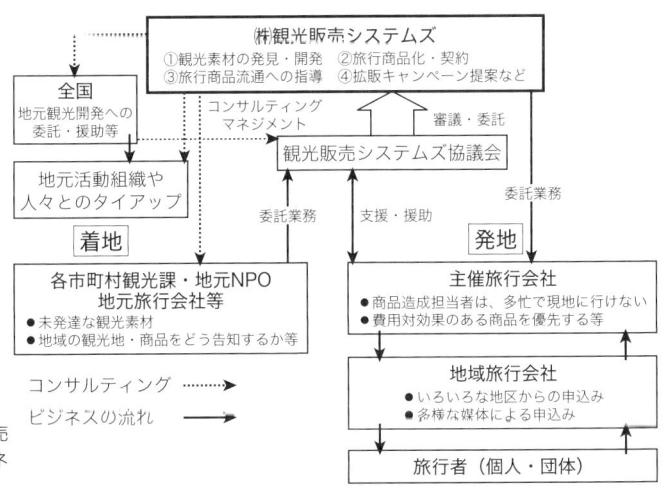

図表7　㈱観光販売システムズのビジネスモデル

第8章　観光地再生型

では、同社のビジネスモデルをもう一度整理してみよう（図表7）。各組織では下記のような課題を抱えている。
　①自治体観光振興担当者の課題：観光素材はあるものの、観光商品化のノウハウ等が不十分である。
　②主催旅行会社、地域旅行会社の課題：厳しい競争の下、経費削減、限られた人材で、いかに売れる商品を造成し、販売に結びつけるか。
　③旅行者の課題：こだわりや、高度なニーズを満たしてくれる商品を、さまざまなメディアを通して、納得する価格で手に入れたい。
　上記の悩みや課題を解決する同社の役割は、
　①それぞれの立場のクライアント[6]の問題解決を請負うコンサルタントとしての機能と、幅広い流通チャネルを販売に活かす機能。
　②地元の観光産業を担っている会員で構成される共同のプラットフォームに支えられ、会員の利益の確保を支援する機能。
を果たしているところが、今までの地域には見られなかった注目すべき点だ。

　最近では、国内需要が頭打ちになるなか、大手電機メーカーをはじめ、製造業や流通関連企業にも、同じ業界の企業同士が業務提携や共同購入等でコストを削減し、競争力を強化する動きが見られる。こういった流れが旅行業にも波及し、地域で上記のようなビジネスモデルが生まれたのではないかと考えている。

4　独立採算に向けて新規事業を展開

　2007年10月、同社は、これまで培ってきた観光システム教育を基本にした観光コンサルタント・マネジメント事業を展開すると発表した。対象としているのは、主に都道府県の観光行政に携わる担当者である。今後、全国各地で対象者向けに説明会を開催していく予定だ。

　自治体からは、地元に観光素材があるものの、それらを旅行商品化する手法がわからない、売る仕組みが把握できないという声が多く寄せられる。そんな課題を解決するために観光素材を活用して旅行商品を造成するほか、旅行会社にその商品の販売を働きかけるなど、観光資源の発掘、観光商品化、販売を一括して手がけるのが有効であるとの判断だ。同社のノウハウを活用すれば、三重県以外にも拡大することが可能と考え、観光振興に情熱を持って取り組んで

いる地域（県）からの委託を目指し活動を開始した。2008年6月現在、熊本県、和歌山県、松山市、宇和島圏域からの受託が決定している。

〈注〉
1) 熊野三山、吉野・大峯、高野山の三つの霊場と、これらを結ぶ「熊野参詣道（熊野古道）」「大峯奥駈道」「高野山町石道」からなり、三重県・奈良県・和歌山県の合計23市町村にわたって広がっている遺産（三重県教育委員会事務局文化財保護室ウェブサイトより）。
2) 国土交通省が、「経済財政運営と構造改革に関する基本方針2002」（2002年6月25日閣議決定）に基づき、外国人旅行者の訪日を促進するために関係府省と協力して策定し、2002年12月24日に発表した。同戦略は、日本人の海外旅行者が約1600万人であるのに対して、日本を訪れる外国人旅行者は、その4分の1の約500万人に過ぎないことから、その格差をできる限り早期に是正しようとするもので、①外国人旅行者訪日促進戦略、②外国人旅行者受け入れ戦略、③観光産業高度化戦略、④推進戦略の4戦略を内容としている。
3) 三重県2006年度継続事務事業目的評価表より。
4) 同上。
5) 三重県観光・交流室資料より。
6) ここでは同社にとっての顧客を指す。

事例 17　田辺市熊野ツーリズムビューロー〈和歌山県〉
合併後も存続した各観光協会の連携

　和歌山県田辺市は、2004年7月、熊野古道等が世界文化遺産に登録され、2005年5月には5市町村（田辺市、中辺路町、大塔村、龍神村、本宮町）が合併し、新「田辺市」となった。みなべ町、白浜町等の10市町村に接し、総面積は約1026平方キロあり、和歌山県の4分の1を占め、近畿で一番広大な面積を有している。人口は、8万2499人（2005年）で減少傾向にあり、少子高齢化が進行している。

　神秘的で奥深い森林・渓谷、世界遺産に登録された熊野古道や熊野本宮大社に代表される史跡、日本三美人の湯の龍神温泉や日本最古の湯である湯の峰温泉等の有数の秘湯（龍神温泉や熊野本宮温泉郷の国民保養温泉地）、自然環境保全の象徴であるナショナルトラストで有名な天神崎に代表される豊かな海など、人々の心と身体を癒す文化と自然にあふれた

地域であり、同時に、商工業、交通、情報通信などの都市的機能が集まる紀南の中核都市となっている。さらに、田辺広域市町村圏は、田辺市をはじめ、みなべ町、白浜町、上富田町、すさみ町の1市4町で構成されている。

1 テレビ番組の知名度を活かした「ほんまもん体験」

　和歌山県は、霊場高野山と熊野三山など、歴史と文化の宝庫であり、美しい海、緑なす山々に恵まれた自然の宝庫としても古くから親しまれている。その豊かな地域資源を活かし、和歌山県と㈳和歌山県観光連盟（行政、観光協会、各種法人・団体で構成）は、「南紀熊野体験博」が開催された1999年に、観光体験プログラムを設定した。NHK朝の連続テレビ小説「ほんまもん」が放送されたことにちなんで、2001年に「ほんまもん体験」として命名された。県内30市町村のうち、26市町村が参加し、15地区が指定されて各種のプログラムを提案して取り組んでいる。内容は、新しい旅の形として、旅人が体験を通して地域の自然、歴史、文化、伝統産業などにありのまま触れることができ、分野は、農林漁業、生活文化、歴史文化、自然観察、スポーツ、地域産業の各体験がある。また、ターゲットや目的では、個人向けのものから、修学旅行、総合・環境・校外・体験学習、林間・臨海学校などの教育旅行や、企業などの社員研修に活用できる体験プログラムまで、幅広く提案している。

2 近畿一広い田辺市の「田辺市熊野ツーリズムビューロー」

(1) 設立の経緯

　合併直後は、各観光協会（田辺、龍神、中辺路、大塔、熊野本宮観光協会）の連携を強化し、互いの事業収益を検討するとともに、イベント等を見直し、会員に受益のある協会として持続可能な運営を目指すことが求められていた。また、組織の若返り、マンパワーを活かした資源の商品化、世界遺産登録後に増加した観光客への対応や、対外的な発信の充実等が課題として挙がっていた。

　合併協議の時期から新しい田辺市の大きな柱の一つとして「観光振興・観光を中心とした新市づくり」があり、交流も含めた観光を新市づくりの中心に位置づけていた。観光を基幹産業である一次産業や二次産業とリンクをさせ、観光交流を第一次総合計画の重点プロジェクトとして位置づけ、観光を柱にした

まちづくりが展開されている。

2005年9月には「田辺市観光協会連絡協議会」を設けた。あまりに広域で、あまりに事情が違い、「観光」という2文字の言葉の中身もそれぞれの観光協会で違っていたため、情報交換などを進めた。一気に統合するよりは、五つの観光協会を存続させ、協議会を発展させた方がよいということとなった。したがって、現在も各観光協会は統合せず、これまでどおり存続させている。

2006年4月、市内五つの観光協会加盟により「田辺市熊野ツーリズムビューロー」が設立された。これは、法人格を持たず田辺市の事業委託を受けている。新しくなった市全域をPR、宣伝し、世界に誇れる一流の観光地「田辺市」をつくるための組織である。名称の「ツーリズムビューロー」というカタカナは、何か新しく始めるイメージとともに国際観光に向けてというのにもふさわしいという理由で決まった。また、「熊野」だけでは、三重県熊野市と間違えてしまうという問題や、インターネットで検索する時には田辺市を必ず入れて検索することを考慮しての命名である。

(2)推進主体・体制

事務局職員のうち、田辺市からの出向職員は、将来引き上げることも視野に入れている。現時点での職員構成は、専務理事（市から派遣）、事務局長（市観光振興課から派遣）、国際観光推進員（英語圏出身の外国人を新規採用）、事務職員（新規採用）等の5人で、内プロパーは2人である（図表1）。

(3)観光商品開発

各観光協会では、地域性や独自性を保ちながら、それぞれの地域に密着した

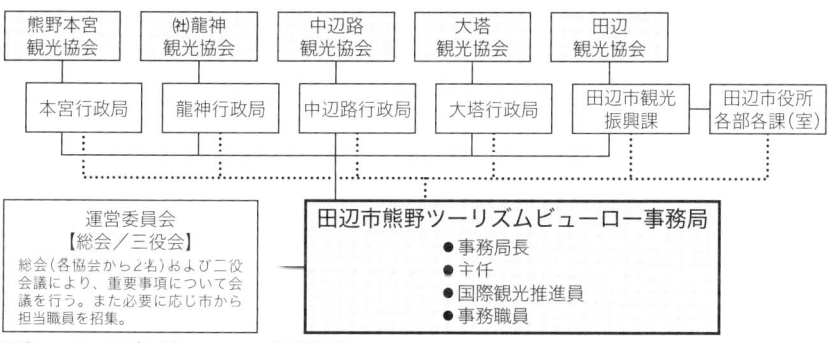

図表1　ツーリズムビューローの組織構成（出典：田辺市熊野ツーリズムビューローウェブサイト）

第8章　観光地再生型

```
┌─────────────────────────┐  ┌─────────────────────────┐  ┌─────────────────────────┐
│ 各地域観光協会・行政局   │  │ 田辺市熊野ツーリズムビューロー │  │ 田辺市観光振興課         │
│〈地域密着型まちづくりの推進〉│  │〈外に向けた情報発信と誘客〉│  │〈基盤整備と連絡調整〉    │
│● 地域づくりの場と情報の提 │  │● 観光プロモーションに関わ │  │● 地域づくりと観光の総合的 │
│  供                      │  │  る諸業務                │  │  な連携推進              │
│● 地域内外の交流促進      │  │● 観光(ソフト系)に関する総 │  │● 国、県、他の自治体との連 │
│● 地域のブランド化        │  │  合的な窓口業務          │  │  携窓口                  │
│                          │  │● 国際観光の推進          │  │● 外部主体との連携窓口    │
└─────────────────────────┘  └─────────────────────────┘  └─────────────────────────┘
```

〈観光戦略〉
● 情報発信戦略の作成・実施
● 観光商品の研究・開発・販売ルートの確立
● 取材窓口、各観光協会への連絡調整、総合観光窓口機能
● 広報、情報発信(HP、パンフ)、キャンペーン事業
● 観光事業者との連携事業
● 国際的な観光振興

図表2　ツーリズムビューローの事業内容(出典:田辺市熊野ツーリズムビューローウェブサイト)

図表3　語り部と熊野古道ウォーク
(提供:田辺市熊野ツーリズムビューロー)

これまでの活動を継続強化し、一方ビューローでは、新市全体を視野に入れた広域的な取組みと外に向けた情報発信、さらには誘客を主業務とする観光プロモーションを積極的に推進する。またビューローは基盤整備と連絡調整を行う行政と連携し、誘客にも直接つながる「官民協働」の先駆け事業として図表2の内容を実施している。なかでも特徴的な事業として、以下の熊野古道ウォークとほんまもん体験メニューがある。

〈熊野古道ウォーク〉

「南紀ほんまもん王国」(田辺市、白浜町、上富田町、すさみ町の1市3町で構成)のウェブサイトで、熊野古道ウォークのモデルコースなどを紹介し、これを基本としたコースを観光客の要望に合わせて提案している。詳細は、各観光協会に照会をかけて情報提供を行っている。

・東京からの健脚向けプラン:熊野古道中辺路横断ウォーク
・大阪方面からの日帰りまたは田辺前泊プラン:田辺から、世界遺産登録・熊野古道中辺路へ

また、熊野本宮語り部の会、南紀ほんまもん王国のウェブサイトで申し込む

図表4　ほんまもん体験のプログラム

	紀州備長炭・炭焼き体験	熊野古道自然観察ウォーク（本宮）	平安衣装壺装束体験
対象	小学高学年以上	―	―
人数	4～20人	3～15人	―
実施期間	通年	通年	通年
所要時間	4時間	3時間～	約15分（着替え時間）
1人あたりの費用	3000円/人	相談	1人1時間以内2500円（衣装着付け、貸出料）
プログラムの狙い	特産品であり無形文化財にも指定された紀州備長炭。製炭師から炭焼きの歴史や技、自然と共生するための知恵などを聞き、奥深い炭の世界に感動。	いにしえの道「熊野古道」を季節によって移り変わる自然や草花をテーマに観察しながら歩く。	熊野古道館で、滝尻王子での記念撮影用に、簡単に着られる平安衣装の貸出し。熊野古道を訪れた記念に。

左上：紀州備長炭窯だし
右上：熊野古道研修
左　：平安衣装をまとった絵巻まつり
（提供：田辺市熊野ツーリズムビューロー）

と、語り部さんが熊野古道を一緒に歩いて案内し、熊野の歴史や文化のほか、古道に生息する動植物などの紹介も行ってもらえる（図表3）。

〈ほんまもん体験メニュー〉

「ほんまもん体験」の田辺市内プログラムをウェブサイトで紹介している(図表4)。

(4) 特徴

以上より、本組織の特徴を整理する。

第一に、合併前の5市町村も1町を除き田辺広域市町村圏の構成市町村であり、日常生活圏、住民交流、経済圏の面から共通認識があったことである。

　第二に、合併による広域化のメリットがある。具体的には、①個人ニーズに対応できる多様、多彩な資源の組合せ等が豊富、②雄大な自然景観と、宿泊施設等の受け入れ体制の安定化、③各観光協会では限界のある外国人スタッフの雇用も含めた人材の採用、④組織体制の新しいコンセプトづくり、⑤世界遺産である熊野古道のクライマックス地域としての統一イメージづくり、である。

　第三に、各観光協会との役割分担と連携ができていることである。具体的には、①各観光協会から選出された計10名で当ビューローの運営委員会を設置し、組織としての重要事項の意思決定、迅速な組織運営を行っていること、②観光客からの問合せ、取材対応等に必要な地域資源情報の共有と、各観光協会とのきめ細かな連携調整ができていること、である。

　第四に、行政から組織的に独立することで迅速な意思決定ができることが重要なポイントである。ややもすると理論構築や正当化に時間やエネルギーを必要以上に要する。政教分離や観光素材の差別化等についても、民の利を活かした思い切ったプロモーションや取扱いをすることが、比較的容易になる点が挙げられる。

3　着地型観光への取り組み

　田辺市は、宿泊客約40万人を含め、観光入込客約400万人を受け入れている。しかし、広大な地域に点在する地域資源の中には、なお磨きをかけることが必要なものも多く残されており、今後、それらが相互に効果を及ぼす関係を築いていくことが期待される。

　本組織の特徴であるグローバル戦略の第一段である外国人スタッフによる世界への発信と受け入れ体制づくりの充実や、伝統的な温泉観光地である「湯の峰温泉」等の活用により、観光地としてのグレードアップ化が可能である。さらに、市域内外での新しい取組みも芽生えてきており、田辺市内の農業法人「秋津野」の「秋津野ガルテン」「NPO法人 熊野本宮」、白浜町日置川地域の「大好き日置川の会」等との連携強化が望まれる（図表5）。また、高速道路の延伸に伴い、通過されないよう交通立地条件の変化への対応も求められる。

図表5　田辺広域市町村圏での着地型観光への取り組み（例）

項目	秋津野ガルテン	NPO法人熊野本宮	大好き日置川の会
地区の概要等	・田辺市上秋津 ・市街地に近接するミカンや梅の栽培が盛んな農村地域 ・旧上秋津小学校の活用	・田辺市本宮町 ・熊野古道を中心に、いにしえの歴史・文化、自然が存在している魅力的な地域	・白浜町日置川地域 ・清流、日置川の恩恵と太平洋の黒潮の恵みを頂き、心豊かに暮らすことのできる町
経緯・推進主体	・1957年　㈳上秋津愛郷会設立 ・1994年　「秋津野塾」設立 ・1999年　産品販売所「きてら」設立：住民出資 ・2007年6月　農業法人「㈱秋津野」設立：住民出資	・2006年7月　設立 ・地域資源を活用した熊野滞在のメニューを提供することで心の交流を図り、地域活性化運動を推進	・2002年　ほんまもん体験：県推進 ・2004年　官民協働で結成：日置川地域のJA等13団体と住民 ・2007年11月　教育旅行誘致協議会設置：町、観光協会、旅館組合、商工会、本会等10団体で構成 ・商品企画や宣伝活動、修学旅行や合宿の誘致の活動窓口
企画内容等	・子どもらへの食育 ・都市と農村の交流 ・団塊世代の短期滞在の受け入れ等 ・オーナー樹制度、貸農園 ・ミカン狩り・梅もぎ・野菜体験、ジュース加工体験	・熊野セラピスト養成講座：森林療法やウォーキングなどの基礎的な知識を習得 ・熊野トラベルケアスタッフ育成研修：介護技術を学ぶ ・「入浴剤」開発中：スギ、ヒノキの端材の袋詰め入浴剤 ・疲れた人が元気になれるようなプログラム開発中 ・熊野古道ウォーク、熊野で健康ウォーキング、熊野清流ロハス、郷土料理体験、魚あぶり焼き体験、川えびとり体験（ナイトプログラム）：地元の人の同行必要	・当地域でのほんまもん体験学校数：2005年4校、06年7校、07年9校 ・藍染め、紀州備長炭作業、陶芸、カヌー、酪農ソーセージづくり等58の体験メニュー ・ほんまもん体験と田舎暮らしを体験する民泊をセット化し、大都市の旅行代理店に提案 ・2008年夏　民泊受け入れ開始を目標 ・2〜3年で地域のコーディネートを目標
課題等	・地域の人口は増加傾向 ・学習し、地域づくりを実践しながら、外の空気を取り込むことも重要 ・県内出身の中高年者から短期体験滞在の問い合わせあり ・経済の視点を加え、農業と観光を結びつけ、周辺地域への波及を期待	・多様化するニーズに応え、新しいプランを提案していくのが目標。そのための組織づくりが課題	・ほんまもん体験の教育効果が重要 ・PRポイント：地球温暖化や海の汚染等の体験学習が可能 ・体験リーダーやメンバーの中にも日置川が気に入りIターン、Uターンして頑張ってくれている人もある
備考	・映画「幸福のスイッチ」ロケ地	・NHK朝の連続テレビ小説「ほんまもん」ロケ地	・近隣では、みなべ町、串本町、日高川町で教育旅行誘致協議会等が既設

（出典：紀伊民報2008年1月1日等）

田辺市が多様な資源と広大な面積を持ち、観光交流をテーマとするまちづくりを進める多数の自治体に隣接することから、ビューローとして旅行業（第3種）取得も検討課題である。

　以上より広域連携による着地型観光への取組みのメリットは、第一に、域内にある地域資源そのものが増加し、資源の組合せも含め多様な選択肢を持ち、魅力的な地域情報の発信やプログラムづくりができる点である。また、個別化、多様化しつつある観光ニーズに対応できる観光商品開発により、ポテンシャルの質的向上が可能である。

　第二に、人口規模の小さい地域では、新しい観光サービスを生み出すための人材が乏しい場合が多い。広域連携によって圏域内はもとより圏域外の多様な人材とのネットワークを構築し、さらに人材を採用するなどの可能性が高まり、観光ニーズに対応したさまざまな観光サービスを創出できる。

　第三に、観光施設の魅力的な活用が可能となる。例えば、各地域ごとに整備された体験交流施設などのネットワーク化や集積による共通テーマ化を図ることで、体験等の組合せによる魅力的なプログラムづくりなどが期待できる。

　第四に、新たな観光ルート開発に合わせて地域資源や観光施設をネットワーク化する際に、アクセス道路や情報基盤の整備などのハード整備を効率や効果を考慮し計画的に進めることができる。

　第五に、圏域内の各地域ごとに別々に行われていた観光情報の発信を一元的に行うことによって、より効率的、効果的な情報提供が可能となる。

　さらに、広域連携を具体化するためには、各地域ごとの仕組みの構築を基礎としつつ、住民、事業者、行政等の協働による地域振興を効果的に進める広域圏を対象とした仕組みづくりが望まれる。広域連携を図る場合、地域横断的かつ分野横断的な事業推進が不可欠となる。都市と農山村、海・山・川の連携、環境保全と地域振興の一体的推進、地域住民と外国人を含めた来訪者との交流など多面的で横断的事業が考えられる。そのため、そうした多様なテーマに対応するコーディネート機能を備えた柔軟な組織づくりが重要となる。

〈参考資料〉
・田辺市熊野ツーリズムビューローウェブサイト http://www.tb-kumano.jp/
・紀伊民報ウェブサイト http://www.agara.co.jp/modules/dailynews/article.php?storyid-5516

終章 地域が活きる着地型観光

　これまで述べてきたように、全国での着地型観光への取組みは近年、着実に拡大しており、観光による地域活性化やまちづくりへの取組みは、かつてない広がりを見せている。地域住民が行政との協働や地場産業との連携、NPO活動などにより、地域の観光を盛り上げようとする動きが各地で展開されている。

　現代の地域における観光のあり方には、わが国の抱える「地方」という問題への視点が常に欠かせない。経済のグローバル化が、世界都市東京への一極集中のもとに進むなか、地方の経済が閉塞しつつある現状は、地方分権や道州制の政治改革とともに、文化においてはローカリティ（地域性）によって克服されるべきであろう。かつて地場産業に結晶したローカリティは、グローバル経済社会への反動として、観光へと向かいつつある。地方小都市や農山村での住民参加による観光への取組みは、地方から都市住民に対する交流の呼びかけでもある。そのような意味で、地域住民の観光への取組みである着地型観光は、都市農村交流を目指すコミュニティ運動ということができるが、同時に都市側においてもそれに応じたコミュニティ運動が求められる。

　終章では着地型観光の課題と展望を述べる。着地型観光は、まちづくりという住民活動に加え、一次産業・二次産業との連携を深め、同時に都市圏マーケットへのアプローチを必要とする。そのための集客システム、広報宣伝、運営管理、

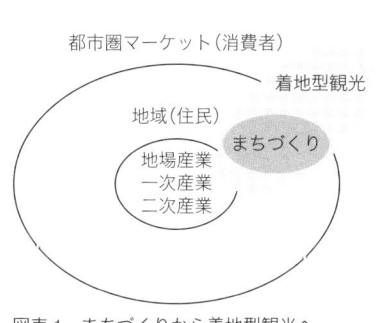

図表1　まちづくりから着地型観光へ

事業経営などの課題は多い。図表1のように、着地型観光は「まちづくり」の一環ではあるが、ステークホルダー（利害関係者）はより拡大し、観光事業としてのマネジメントが欠かせないのである。

1　ニューツーリズムの台頭

「ニューツーリズム」は観光学者のオリアナ・プーンが論文「『ニューツーリズム』の競争的戦略」(1989年)で使い始めた用語である。プーンは国際観光の急速で急進的な発展のなかで、①観光はサステナビリティを維持するために変わらなければならない、②旅行者は新しい観光形態を求めている、という二つの仮説から変化する観光を捉え、それを「ニューツーリズム(New Tourism)」と名づけた。すなわち、1950年代、60年代、70年代の大量輸送による標準化された、融通の利かない団体旅行のオールドツーリズムから、本物の体験へのニーズ、細分化された市場、情報技術による富の創出のニューツーリズムへと観光革命が進行した。すなわち、マスツーリズムの時代(1960～80年)に主流であった各種団体旅行、名所旧跡めぐり、リゾート滞在などの観光は、1980年代以降、サステイナブル・ツーリズム(持続可能な観光)の理念とともに普及し始めたエコツーリズム、グリーンツーリズム、ヘリテージツーリズム、町並み観光、産業観光、ヘルスツーリズムなどの、地域活性化につながる体験交流観光へと多様化し始めた。

わが国で「ニューツーリズム」という用語が一般に普及し始めたのは2004年3月に日本商工会議所が「地域における『ニューツーリズム』展開に関する提言」で、商店街を中心にした観光まちづくりのキーワードとして使い始めた頃からであろう。2007年には国土交通省が国内旅行需要の拡大策である「ニューツーリズム創出・流通促進事業」の中で使い始め、地域独自の魅力を活かした体験型・交流型観光、具体的にはエコツーリズム、グリーンツーリズム、文化観光、産業観光、ヘルスツーリズム、長期滞在型観光などを指した。

図表2は、オールドツーリズム（あるいはトラディショナルツーリズム）からニューツーリズムへの変化を図式化したものである。旧来のオールドツーリズムからゲスト（旅行者）の新しい観光需要とホスト（住民）の地域活性化活

動に作用され、ニューツーリズムが生まれる。

ここでは住民参加による地域開発を通して伝統的な暮らしや文化がよみがえり、新たな観光文化の付与によって創出された観光交流を概念で図示している。観光交流産業とは体験や交流、学習という新しい観光概念を取り入れ、訪問者と住民の交流を通して、住民側からは教育産業を興し交流人口の拡大につなげ、都市と農山村あるいは地方小都市との連携を深めようというものである。

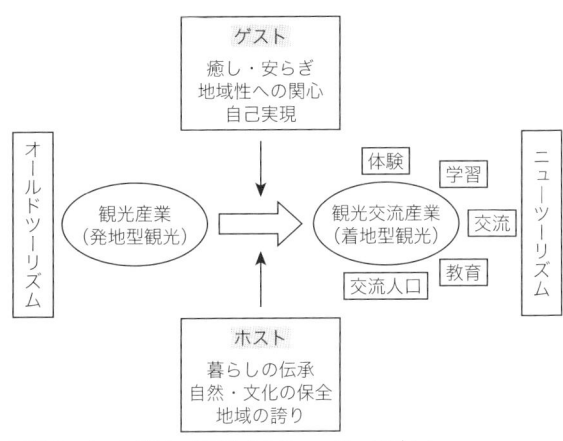

図表2　オールドツーリズムからニューツーリズムへ

2　子ども農山漁村交流プロジェクト

全国2万3000校の小学校の1学年120万人を1週間ほど農山漁村に滞在させるという、政府の「子ども農山漁村交流プロジェクト」は、住民総がかりでの交流人口の拡大と地域づくりに直結する画期的な政策として注目される。

このプロジェクトは2008年度から全国50のモデル地域、175校のモデル校において取組みが始まり、2012年度から本格的に実施される。文部科学省・農林水産省・総務省の3省連携により推進され、2012年には全国に約500地域の受け入れ拠点を設け、全国の小学生を対象に送り込むという壮大な国家事業である。その目的は、小学生の農山漁村での長期宿泊体験活動を通じ、学ぶ意欲や自立心、思いやりの心、規範意識などを育み、力強い子どもの成長を支える教育活動にある。

子ども滞在の受け入れ拠点となる地域には、100人以上の子どもたちが1週間程度宿泊することができ、体験活動をすることのできる施設と人材が必要となる。そのモデル構築となる初年度（2008年度）には全国31道県50地域の受

終章　地域が活きる着地型観光　217

け入れモデル地域が決定している。受け入れモデル地域の多い道県は長野県4地域、青森県・兵庫県・長崎県・大分県がそれぞれ3地域である。これらの地域には本書の着地型観光の事例にも取り上げられている長崎県の松浦市や、福井県の若狭町などのように着地型観光の事業推進を通じ受け入れの基盤を構築しているところも多く含まれている。

　このプロジェクト構想の実際の展開がどのようなものになるかは明らかではない。仮に1学年の8割がこの長期宿泊交流体験に参加したとすると、1地域につき年間平均5.5ヶ月の受け入れ期間となる。受け入れ地域にとって100名以上の宿泊施設の整備や食事の提供、体験の運営はたやすいことではなく、住民の負担も大きいが、実現すれば安定した交流人口の需要は地域の活性化と地域づくりに大きく貢献することになる。そのような都市農村交流の受け入れ施設と滞在プログラムの基盤づくりにより、小学生の受け入れだけでなく中高生や一般人・ファミリーの来訪の波及効果も期待できる。

　このプロジェクトは、養老孟司氏の環境教育への大胆な提案である、都市住民はすべからく年に3ヶ月の農山村滞在を行い、農山村生活と農業林業体験により環境意識を体得すべきだという国民参勤交代制[1]にも通じるものがある。国民が身体で環境を体験し意識すれば、おのずから環境問題は解決に向かうという根本的治療である。全国の小学生の大移動は社会へのインパクトも強く、広く都市農村交流のきっかけにもなりうる。農山漁村地域の中心地である地方小都市への社会経済効果も期待できよう。何より、参加する子どもに与える情操教育、環境教育、自律教育への教育効果は計りしれないものがある。

　ともあれ、このプロジェクトにより、農山漁村における着地型観光の確実な市場がもたらされる可能性は大きい。

3　オンライン・トラベルと着地型旅行商品

　1995年以降の観光産業構造の最大の変化として、旅行業の宿泊予約業務へのインターネットの専門サイト、つまりオンライン・トラベルの進出が挙げられる。

　「eコマースとは、既存産業からの売上げの強奪である」[2]。1999年のこの言葉

図表3　主な着地型旅行商品情報サイト

サイト名称	サイト主催者	開設時期	対象
ふるさとプラザ東京	まちむら交流きこう	02年10月	ML登録
エコツアー総覧	日本エコツーリズム協会	06年4月	一般
チキタビ	アイーダ	08年4月	一般
着旅（ちゃくたび）	JTB	08年3月	一般
ニューツーリズム・旅行商品データベース	国土交通省	08年4月	業者用
たびけん！	モバたび（JTBグループ）	08年6月	一般
旅の発見	ティー・ゲート（近畿日本ツーリスト出資）	08年6月	一般

は旅行産業の変化を如実に予言していたといえる。楽天トラベルやヤフー！トラベルなどのオンライン旅行会社は旅行業の基幹である宿泊の部門で、すでに既存の旅行会社へのシェアの侵食に成功している。高級旅館・一流ホテルに特化した宿泊予約サイト・一休ドットコムや、クチコミ旅行情報サイトのフォートラベルの出現は、旅行業の予約業務にとどまらず、コンサルタント業務をも侵しつつある。アメリカではインターネットの画面上で旅行情報の収集と旅行の計画・予約を行うことを「セルフ・パッケージング」と呼んでいるが、まさにそういう変革をインターネットはもたらしている。

　着地型旅行商品、つまり地域の人たちが地域資源を掘り起こして住民参加で企画した旅行プログラムを市場に発信し、販売する手段として、インターネットは重要な媒体となる。全世界へ向けた文字・画像情報の発信が、廉価に可能なウェブサイトの登場がなければ、着地型観光は発生しなかったであろう。

　着地型旅行商品の流通と販売には全国・広域プラットホーム的な販売サイトの構築が期待される。現在、図表3のような全国的な販売サイトが稼動中である。全体に現時点では大きな数のヒットにはつながってない。登録会員数が少なかったり、リンク数が限られていたり、あるいは供給サイドにこのような旅行サイトの存在が知られてないという現状がある。今、ようやく着地型観光商品のインターネット販売がプラットホーム形式で始まりつつあるという状況である。

4 ツアーオペレーターのマネジメント

わが国の観光産業構造の特徴として、外国では一般的な地域ツアーオペレーターがほとんどないに等しいことが挙げられる。ツアーオペレーターとは「いくつかの旅行手配の要素を組み合わせ、それらを単一の代金で販売商品として提供する人や組織をいう。典型的にはツアーオペレーターはパッケージツアーや包括旅行として知られている商品を手配し販売する」[3]。

欧米においてツアーオペレーターは大きく2種類あり、主にチャーター便を利用した海外パッケージツアーを商品化し供給する旅行会社を指す場合と、地域の旅行を扱う旅行会社を指す場合がある。前者はわが国の大手旅行会社あるいはホールセーラーと同じ機能を持つ。一方、後者の特定の地域の旅行を扱う地域ツアーオペレーターは、わが国では京都や沖縄、北海道を除いて、ほとんど見られない。着地型観光の経営主体は欧米の地域型ツアーオペレーターに当たるということができる（図表4）。なお、旅行商品販売のみを店頭やオンラインで行う旅行会社は、欧米ではトラベルエージェント（旅行代理店）と呼んで区別されている。

欧米の地域ツアーオペレーターは小規模な経営ながら、欧米の各地において地域限定のツアー、あるいは市場細分化されたニッチマーケット・ツアーを提供し、地域の観光文化を豊かにしている。わが国でも今後、着地型観光の発展により、各地にツアーオペレーター機能を持つ旅行会社が現われることであろう。

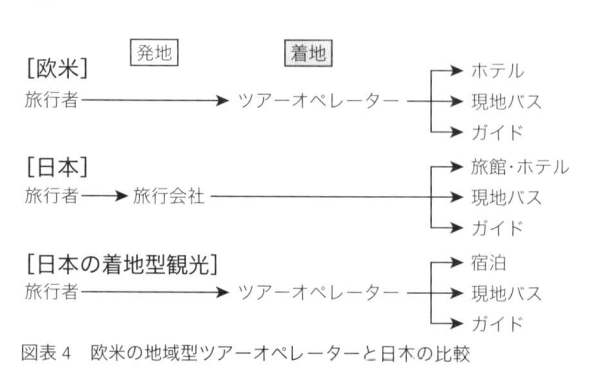

```
          [発地]          [着地]
                                    → ホテル
[欧米]
旅行者 ─────────→ ツアーオペレーター ─→ 現地バス
                                    → ガイド

                                    → 旅館・ホテル
[日本]
旅行者 → 旅行会社 ──────────────────→ 現地バス
                                    → ガイド

                                    → 宿泊
[日本の着地型観光]
旅行者 ─────────→ ツアーオペレーター ─→ 現地バス
                                    → ガイド
```

図表4　欧米の地域型ツアーオペレーターと日本の比較

第Ⅱ部の事例で取り上げた「㈱観光販売システムズ」はツアーオペレーター機能を併せ持つ数少ない地域の旅行会社である。そこにはバス運輸会社の三重交通の関連会社として

2000年に設立された三交トライバル㈱の実績が大きく関係している。同社は三重交通のバスを利用した名古屋発着のユニットツアーの卸業者として、大手の旅行会社のパッケージツアー企画担当部門と取引きを行ってきた。この実績によって三交旅行は大手旅行社各社の商品企画部門の信用を積み重ねてきており、大手旅行会社の内情を知悉し、同時に信頼をも得た。従来の観光産業では、初動の観光開発に対するコンサルティングは多く存在したが、観光を開発から販売まで一本化してコンサルティングする組織は皆無であったといってよい。観光という複雑な消費構造と産業構造に対してマネジメントとマーケティング、広告とセールスまでをサポートすることは総合的なノウハウと実績を要することである。

観光販売システムズは発地と着地にまたがるネットワーク型の企業であるといえる。観光販売システムズの観光コンサルタント・マネジメント事業は着地型観光の観光素材開発、観光商品化、販売促進計画、販売ルートの開発までを一括して行うもので、今後の事業展開が期待される。観光事業マネジメントの一つのあり方がここにある。

全国各地で地域の着地型観光事業者、すなわち地域のツアーオペレーターが地域密着の事業展開を行うことが、わが国の観光を豊かにし、観光文化を創出し、地域産業を興す原動力となる。ひいては、それが外国人観光客を各地に勧誘することのできる地域文化を創造し、観光立国を推進する大きな産業基盤となろう。

5 外国人観光と日本文化

外国人観光（インバウンド）は、2003年に発足した「観光立国宣言」とその施策である「ビジット・ジャパン・キャンペーン（VJC）」の展開により、順調に入国者数を増やし、政府目標である2010年の1000万人に、2007年の実績であと165万人に迫っている。2003年から2007年までの平均増加率は12.5％であり、1000万人の達成は射程内に入ったといえる。これは中国人観光客の増加によるところが大きいが、世界中から日本を訪れる外国人が増えているのも確かである。そこには「ビジット・ジャパン・キャンペーン」に応じ、観光主要

国へ赴き観光客誘致を展開した地方の観光関係者の努力も大きい。

　日本を訪れる外国人の旅行動機には、従来アジア系のショッピング志向と欧米系の異国情緒志向との違いがあった。しかし、最近の傾向ではアジア系と欧米系にある共通した動機が浮き彫りになった。それは「日本文化」である。日本文化を求めて来日するのは欧米人だけではなく、アジア系の人たちにもはっきりとした日本文化志向が読み取れる。アジアでは体験できない雪景色や桜の開花に最初に興味を示したのはアジアきっての日本通である台湾人観光客であったが、急成長している中国本土からの観光客にも日本料理から日本のマンガまで日本文化への幅広い関心があることが、外国人観光客への大阪での聴き取りからもうかがえる。現在のアジア系観光客の日本でのショッピング熱が薄らぐのも、30〜40年前、海外への日本人観光客が競って腕時計や香水・酒などの免税品ショッピングに熱中した時代を振り返ると、時間の問題と思われる。拡大する国際観光の熾烈な競争の中で、わが国の最大の観光資源が「日本文化」そのものにあることは改めて認識されるべきである。それは自然文化であり、歴史文化であり、暮らしの文化であり、我々日本人の伝統的な生活スタイルそのものである。

　わが国の地方には都市化されたとはいえ、伝統的な日本文化の残照が多く残されている。農村、山村、漁村の風景はアジアモンスーンに共通の特質を含んでいるものの、日本独特の特性を強く有している。また、都市には第二次大戦の空襲で多くの町並みが失われながらも、洗練した伝統文化が芸能や建築に残されている。大都市に集積する大衆文化は暮らしの資源そのものであり、非日常の中に日常性を求める現代の観光と一致する。このような津々浦々に広がる地域資源を観光資源としてどのように活かすかは、外国人観光客を迎え入れるためのみでなく、地域に個性豊かな地方文化を伝承し育成、創造するためにも大きな課題となろう。それは着地型観光の大きな目標でもある。

〈注〉
1) 養老孟司『いちばん大事なこと』集英社新書、2003年。
2) 梅田望夫のウェブサイトより、「インターネット産業最前線からの報告」(1999年10月6日「コンセンサス」http://www.mochioumeda.com/archive/consensus/991006.html)。
3) Allan Beaver, *A Dictionary of Travel and Tourism Terminology*, CAB International, 2002 より著者訳出。

おわりに

　着地型観光の具体化に関心のある者が集まり、3年かけて検討した成果がこの出版物である。事業関係者を訪問したり、アンケートをしたり、多くの方々の貴重な助言と知恵を集めた。最も重視したのは、観光地において定着し、実際に活用してもらえるビジネスモデルづくりだった。

　検討する過程でいろいろと具体化すべき課題が多く出た。旅行商品化と発信・流通など事業化の全過程をつなげて成果にしていく努力と粘りが大切なことである。さらに事業のマネジメントも大切になる。

　出版に際し、まず、研究の場を提供していただいた日本観光研究学会に感謝申しあげる。また、アンケートやヒアリングに心よく応じていただいた観光事業関係者の皆様にあらためて、深く感謝いたします。そして、出版の初期から丁寧なご指導と助言をいただいた学芸出版社の前田裕資氏と編集部の宮本裕美さんには、われわれの思いを形にしていただき、心よりお礼申しあげます。

　今後、観光を活用した着地地域のまちづくりが着実に実践されていき、地域の活性化や地域再生に結びついていくために、さらに検討を進めたいと念願している。この本が着地型観光の発展のきっかけのひとつとなり、地域づくりのお役にたてば望外の喜びである。

2008年9月　金井萬造

編著者・執筆者略歴

[編著者]

尾家建生（おいえ・たてお）　　　　　　　　　　　　　［序章、第Ⅱ部序論、第6章事例2、第7章事例11、終章］
大阪観光大学観光学部教授。1971年山口大学文理学部理学科卒業。近畿日本ツーリスト㈱に32年勤務。2005年立命館大学大学院政策科学研究科博士前期課程修了。専門は旅行ビジネス論。共著書に『観光学入門』。

金井萬造（かない・まんぞう）　　　　　　　　　　　　　　　　　　　　　　　　　　　　　　　　［第1章］
立命館大学経済学部教授。1966年京都大学工学部土木工学科卒業。同大学院修士課程修了。工学博士。㈱地域計画建築研究所（アルパック）代表取締役社長・会長を経て、2008年より現職。地方シンクタンク協議会代表幹事、日本観光研究学会会長、日本都市計画学会副会長を歴任。専門は観光学、地域再生。

[執筆者]

高田剛司（たかだ・たけし）　　　　　　　　　　　　　　　　　　　　　　　　　　　　　　　　　［第2章］
㈱地域計画建築研究所（アルパック）大阪事務所研究主査。1994年埼玉大学教養学部卒業。96年名古屋大学大学院国際開発研究科博士前期課程修了。技術士（建設部門・都市及び地方計画）。

野竹鉄蔵（のたけ・てつぞう）　　　　　　　　　　　　　　　　　　　［第3章、第8章事例12、13、14］
名鉄観光サービス㈱関西営業本部。北海道を中心に企画に携わり26年。帯広市観光大使。1982年甲南大学文学部社会学科卒業。まちづくり観光研究所客員研究員。㈳日本旅行業協会登録講師及び一般旅行業務主任者試験出題委員。

小林裕和（こばやし・ひろかず） ［第4章］
㈱JTBグローバルマーケティング＆トラベル企画総務部。北海道大学大学院観光創造専攻博士後期課程在籍。1990年東北大学理学部地理学科卒業。㈱JTB本社経営企画室、GMT総合研究所所長等を経て、現職。

原田弘之（はらだ・ひろゆき） ［第5章］
㈱地域計画建築研究所(アルパック)大阪事務所計画部次長。1990年大阪大学工学部環境工学科卒業。92年同大学院工学研究科博士前期課程修了。技術士(農業部門・農村環境)。専門は農村計画、観光まちづくり。

近藤政幸（こんどう・まさゆき） ［第6章事例1］
㈱わかやま産業振興財団観光産業プロジェクトマネージャー。1974年同志社大学文学部社会学科新聞学専攻卒業。30余年近畿日本ツーリスト㈱にて支店長、海外仕入部長を歴任。専門はイベント・ビジネス、国際市民交流ビジネス、地域資源発掘と地域ブランドづくり。

国枝よしみ（くにえだ・よしみ） ［第6章事例3、第7章事例4、第8章事例15、16］
大阪成蹊短期大学観光学科准教授。1992年慶應義塾大学文学部卒業。2001年関西学院大学大学院経営学修士。㈱日本航空、㈱ホテル日航大阪を経て、2003年奈良県幹部職員公募により地域戦略分野で採用、広報広聴課参事、観光交流局参与。2007年より現職。

中子富貴子（なかこ・ふきこ） ［第7章事例5］
大阪市立大学大学院創造都市研究科都市政策専攻博士課程在籍。㈱トラベルジャパン代表取締役。1990年大阪市立大学文学部社会学専攻卒業。サンクト・ペテルブルグ大学へ留学、国際親善交流センター（JIC）職員を経て、現職。

清水苗穂子（しみず・なほこ） ［第7章事例6、7、8］
阪南大学国際観光学部准教授。1983年大阪女学院短期大学卒業後、近畿日本ツーリスト㈱、アメリカン・エキスプレス・インターナショナル.Inc.勤務を経て、2002年同志社大学文学部社会学科卒業。04年大阪市立大学大学院文学研究科前期博士課程修了。文学修士。共著書に『生きている文化遺産と観光』ほか。

中井郷之（なかい・さとし） ［第7章事例9、10］
大阪市立大学大学院経営学研究科後期博士課程在籍。㈲伏見プランニングセンター勤務。2004年立命館アジア太平洋大学アジア太平洋学部卒業。

小阪昌裕（こさか・まさひろ） ［第8章事例17］
㈱地域計画建築研究所(アルパック)大阪事務所計画部部長代理。1978年京都工芸繊維大学工芸学部住環境学科卒業。80年筑波大学大学院修士課程環境科学研究科修了。専門は広域圏・市町村総合計画。

これでわかる！着地型観光　地域が主役のツーリズム

2008年11月10日　初版第1刷発行
2011年6月20日　初版第3刷発行

編著者………尾家建生・金井萬造
発行者………京極迪宏
発行所………株式会社学芸出版社
　　　　　　　京都市下京区木津屋橋通西洞院東入　電話075-343-0811

装　丁………上野かおる
印刷／製版…イチダ写真製版／山崎紙工

Ⓒ尾家建生・金井萬造ほか 2008、Printed in Japan　　ISBN 978-4-7615-2445-6

JCOPY 〈(社)出版者著作権管理機構委託出版物〉
本書の無断複写（電子化を含む）は著作権法上での例外を除き禁じられています。複写される場合は、そのつど事前に、(社)出版者著作権管理機構（電話03-3513-6969、FAX 03-3513-6979、e-mail: info@jcopy.or.jp）の許諾を得てください。また本書を代行業者等の第三者に依頼してスキャンやデジタル化することは、たとえ個人や家庭内での利用であっても一切認められておりません。